русское безрубежье

ГОСТИНАЯ

выходит с 1995 года

Наше всё

ВЫПУСК 102. Лето, 2019

HC Publishing
Philadelphia, 2019

РЕДАКЦИЯ ЖУРНАЛА "ГОСТИНАЯ":

Главный редактор
ВЕРА ЗУБАРЕВА (США)

Отдел прозы –
Елена Литинская, зам. Главного редактора (США)
Отдел поэзии –
Ефим Бершин (Россия)
Марина Кудимова (Россия)
Раздел «История первого стихотворения» –
Сергей Надеев (Россия)
Раздел "Литературный архив" –
Едена Дубровина (США)
Раздел "Одесская страница" –
Людмила Шарга (Украина)
Веб-дизайнер и технический редактор –
Вадим Зубарев (США)

ISBN 978-0-9861106-3-4
ISSN 1076-691 X

© Гостиная 2019

Содержание

Лауреаты «Гостиной» за 2018-й год
Лауреаты Премии Фонда Русского Безрубежья 5

Колонка редактора
Вера ЗУБАРЕВА. Алмазный век русской поэзии 6

ОТ РЕДАКЦИИ
Елена ЛИТИНСКАЯ. Вместо вступительного слова 8

РУССКОЕ БЕЗРУБЕЖЬЕ
Слово о Пушкине
Надежда КОНДАКОВА. Свет правды 11
Вокруг Пушкина. Круглый стол с участием *Игоря Шайтанова, Александра Маркова, Марии Бушуевой, Марины Кудимовой, Виктора Есипова, Лианы Алавердовой, Елены Черниковой, Татьяны Янковской* 16
Ирина РОДНЯНСКАЯ. Ответы на «пушкинскую анкету» о состоянии литературной критики 39
Ефим БЕРШИН. Машкерад 45
Евгений Голубовский. Что мерещится под запах акации 50
Елена Черникова. Exegi monumentum 53
Юбиляры Гостиной
Виктор ЕСИПОВ Стихи и предисловие Б.М. Сарнова к книге стихотворений «Стихи разных лет» 58
Страница памяти
Елена ЛИТИНСКАЯ Памяти Бориса Кушнера (1941-2019) 65
Евсей ЦЕЙТЛИН. Путешествие через поля жизни»: светлой памяти Бориса Кушнера 67

ПОЭЗИЯ
Владимир ГАНДЕЛЬСМАН. В точке мира 82
Наталья ГРАНЦЕВА. «Века царскосельская печаль…» 92
Лидия ГРИГОРЬЕВА. Сны в Синайской пустыне 98
Ирина МАШИНСКАЯ. Над безымянной водой 108
Михаил ЮДОВСКИЙ. В отражённом свете 115

ПРОЗА
Олег МАКОША. Старуха Васильева. Рассказ 117
Евгений МИХАЙЛОВ. Ответный выстрел. Рассказ 120
Борис ПЕТРОВ. Ошибка. Рассказ 125

Игорь СЕРЕДЕНКО. Вещий сон. Рассказ 128

СМЕШАНЫЙ ЖАНР
Людмила ШАРГА. Равновесие 138

ПЕРЕВОД
Александр МАРКОВ. Переводы иноязычных стихов
русских поэтов..154

ЭССЕ
Марина КУДИМОВА. Гоголь-баштан...160
Александр МЕЛИХОВ. «Дай нам руку в непогоду…» 186

ЛИТЕРАТУРОВЕДЕНИЕ

Тайны «Пиковой дамы»
Вера ЗУБАРЕВА. «ПИКОВАЯ ДАМА»: Ловкость рук или проделки старухи?...197
Виктор ЕСИПОВ «Швейцар запер двери…» (К теме фантастического в «Пиковой даме»)..208

КРИТИКА
Марина ВОЛКОВА. Критика глазами культуртрегера 213

РЕЦЕНЗИИ
Валерия ШУБИНА 219
Эмиль СОКОЛЬСКИЙ. Книжный обзор 233

ОДЕССКАЯ СТРАНИЦА
Олег ГУБАРЬ. Пушкинские адреса Одессы: дом Лучича 247
Владислав КИТИК. «По праву лирного родства…» 253

ЛИТЕРАТУРНЫЙ АРХИВ
Иван ЛУКАШ (1892-1940)
Правнучки Гоголя и Пушкина в Париже. Публикацию подготовила Елена Дубровина...257
Саша ЧЁРНЫЙ (1880-1932) Пушкин в Париже. Публикацию подготовила Елена Дубровина..266

АВТОРЫ 272

Лауреаты «Гостиной» за 2018-й год

Литературно-художественный тематический журнал «Гостиная» поздравляет лауреатов 2018 года

В номинации «Дебютанты Гостиной в поэзии и прозе»

• Вадим СЛУЦКИЙ. Снега Аннапурны. Рассказ. Выпуск 97. МАРТ, 2018

• Татьяна ВОЛЬТСКАЯ. «Перед тем, как отправиться в дальний путь…». Стихи. Выпуск 97. МАРТ, 2018

В номинации «За лучшее эссе в рубрике "Страница памяти"»

• Мария БУШУЕВА. Ольга Бешенковская. Выпуск 99. СЕНТЯБРЬ, 2018

БЛАГОДАРНОСТЬ ГЛАВНОГО РЕДАКТОРА «ГОСТИНОЙ»

Главный редактор выражает особую благодарность основателю и редактору «Литературного архива» Елене ДУБРОВИНОЙ за работу с архивами и публикации ценных и редких материалов о писателях и литературной жизни первой и второй волны эмиграции.

Лауреаты Премии Фонда Русского Безрубежья

ПРЕМИЯ ФОНДА «РУССКОГО БЕЗРУБЕЖЬЯ» за вклад в русскую литературу на территории России и за её пределами объявила своих лауреатов.

Лауреатами премии стали:

Марина КУДИМОВА (Москва)
Людмила ШАРГА (Одесса)

Вера ЗУБАРЕВА. Алмазный век русской поэзии

Пушкин был той Вифлеемской звездой в литературе, которая возвестила о рождении русской поэзии, её розах и терниях, её Голгофе и воскресении. Сегодня, в год его 220-летия можно говорить о том, что русская поэзия, прошедшая свою Голгофу, воскресла в полном объёме и засияла на всех континентах. И если Серебряный век отличала конвергенция к главной звезде, вокруг которой собирались другие звёзды, а в последующие суровые времена конвергенция сводилась к плеяде в лице Ахматовой, Цветаевой, Блока, Есенина, Маяковского, Пастернака и – позднее – к Ахмадулиной, Вознесенскому, Евтушенко, Рождественскому, а все прочие замечательные поэты обитали уже в другом радиусе, то в наш век, который смело можно назвать Алмазным веком русской поэзии, наблюдается обратное.

Это век дивергенции, где россыпи имён усеяли небо русской поэзии, не конвергируя при этом к единому имени или плеяде. Их объединяет высокий профессионализм, неоспоримый талант и уникальный голос. Взять хоть русских поэтов, проживающих в Штатах. Владимир Гандельсман, Владимир Друк, Катя Капович, Бахыт Кенжеев, Ирина Машинская, Алексей Цветков… Не стану продолжать этот ряд, дабы не утомить читателя. Дотошное перечисление имён – не цель моей заметки. Никто из вышеназванных поэтов не является центральной фигурой по отношению к другим, но каждый – централен. Это поэты яркой поэтической индивидуальности. Их не спутаешь ни с другими, ни друг с другом. То же и в России, где имён, естественно, куда больше. Вот, навскидку – Ефим Бершин, Владимир Берязев, Игорь Волгин, Мария Ватутина, Анна Гедымин, Ирина Ермолаева, Сергей Золотарёв, Геннадий Калашников, Светлана Кекова, Надежда Кондакова, Марина Кудимова, Олеся Николаева, Наталия Лясковская…… Из восходящих – Евгения Баранова, Надя Делаланд, Наталия Елизарова, Елена Лапшина…… Они не ищут свой голос – не экспериментируют, не придумывают – они всего лишь прислушиваются к себе. Когда есть к чему прислушаться, то это уже много. В Украине – Ирина Евса, Ольга Ильницкая, Александр Кабанов, Ганна Шевченко, Людмила Шарга, Анна Яблонская…… В Германии – Даниил Чкония, Ефим Ярошевский, Михаил Юдовский…… И то же во всех странах, куда занесла судьба русских поэтов. Имена их знакомы, и называя их, я лишь пытаюсь очертить то безрубежное пространство, которое велико и вмещает в себя гораздо больше, чем мне удалось здесь назвать. Это несмотря на то, что литературным трудом нынче не проживёшь. «Не продаётся вдохновенье, / Но можно рукопись продать» – не работает сегодня. Применимо к сегодняшней ситуации, более адекватно: «Не продаётся вдохновенье, не можно рукопись продать». И тем удивительнее всплеск большой поэзии. Попутно растёт и поток любителей, но не это показатель. Показатель – рост профессионалов и многообразие их голосов. Так что не знаю, как насчёт физической, а поэтическая вселенная большой русской литературы явно расширяется. И если в физической вселенной светила удерживаются на орбитах благодаря таинственной силе гравитации, то в литературе всё многообразие русских поэтов удерживается пушкинским гравитационным полем.

Елена ЛИТИНСКАЯ. Вместо вступительного слова

Весна в этом году в наши края не спешила. То мелькнёт теплым днём и розово-белыми всполохами первоцвета, то задует северным ветром и зарядит на целый день прохладным дождём. Не пушкинские ли это проделки? Общеизвестно, что А.С. Пушкин предпочитал весне и лету зимнюю и осеннюю пору. «Теперь моя пора: я не люблю весны// Скучна мне оттепель; вонь, грязь — весной я болен...». Думаю, что такое весеннее опоздание порадовало бы поэта и, может быть, даже вдохновило на игриво-шутливое стихотворение. Гениальный насмешник, Пушкин любил включать в свои творения образы греко-римских богов и героев. Его олимпийцы отнюдь не всегда всевластны. Они скорее напоминают смертных со всеми их слабостями, как, например, в эпиграмме на поэта Андрея Николаевича Муравьёва (1806—1874):

> Лук звенит, стрела трепещет,
> И, клубясь, издох Пифон;
> И твой лик победой блещет,
> Бельведерский Аполлон!
> Кто ж вступился за Пифона,
> Кто разбил твой истукан?
> Ты, соперник Аполлона,
> Бельведерский Митрофан.

Размышляя обо всё этом, я написала некую поэмку-фантасмагорию, которую приурочила ко дню рождения поэта.

Предвесенний переполох на Олимпе
Фантасмагория

> Не приходит весна, не приходит.
> Посидела денёк визави,
> показала фигу погоде
> и исчезла. Зови-не-зови…
>
> И клюёт печально жар-птица
> туч унылое ассорти.
> Видно, Гелиоса колесниц
> затерялась на Млечном пути.
>
> Из подземного царства Аида
> пересечь роковую черту
> устремились тени всех видов.
> Злобный Цербер аж впал в немоту.

От такого финта природы
разыгрался переполох.
Посейдон взбаламутил воды.
Громовержец от грома оглох.

От зимы ошалевшие музы
поругались, выпустив пар.
Мельпомена, полна конфуза,
отняла у Эрато нектар.

Терпсихора в депрессию впала:
разучилась совсем танцевать.
А Евтерпа лиру сломала,
поминая какую-то мать.

Калиопа склерозит безбожно,
ноша эпоса ей тяжела.
Верить Клио, увы, невозможно.
Всю историю переврала.

Дионис, в темноте перепутав,
выпил водки вместо вина.
И под дозою «Абсолюта»
лучше истина стала видна.

Упрекнул Гефест Афродиту.
Мол, не стыдно гулять нагой?
А она супругу: «Пойди ты…
со своею хромой ногой!»

Среди хаоса у Аполлона
сексуальный возрос аппетит.
И нацелился он на лоно
сразу нескольких нимф и сильфид.

Бог Арес размечтался о мире,
снял доспехи, отбросил меч.
Отдыхает в своей квартире,
избегая с коллегами встреч.

Вечнодевственная Артемида
выйти замуж решила, ей-ей!
В Интернете сидит с умным видом

и просеивает друзей.

А у Афины Паллады
случился крутой облом.
Встречала богов Эллады
она заграничным «Шалом».

Жена громовержца Гера
воскликнула: «Это бунт!
Наслать бы на вас холеру,
чтоб знали, почём лиха фунт!»

Селена, меняя наряды,
прикрылась тьмой паранджи.
О Зевс, наведи порядок
и бунтарей накажи!

Позови на ковёр Персефону –
пусть раскается в лени она
и покроет ковром зелёным
Олимп. И наступит весна!

И хоть, Александр Сергеич,
Вам больше по нраву зима,
но кормилицу нашу Гею
мы не будем сводить с ума…

Надежда КОНДАКОВА. Свет правды

Полная версия статьи помещена в сетевом номере:
http://gostinaya.net/?p=18490

Вот уже 220 лет читающая и думающая Россия – а это и есть истинная Россия! – разгадывает загадку, в чем же кроется неиссякаемая притягательность Александра Сергеевича Пушкина, поэта и человека. И вторая загадка – почему все попытки сбросить Пушкина с корабля современности, забыть, переврать или исказить его, все эти попытки, как прошлые, так и нынешние, а равно и будущие (а уж они явятся непременно!) кажутся нам только жалким эпатажем, пустым желанием пристегнуть себя к Пушкину, прокатиться за его счет на вороных его неумирающей славы.

Почему, даже на время увлекшись какими-нибудь «прогулками» с эпатажных дел мастерами, Россия все-таки возвращается к первоисточнику, минуя апокрифы и всех его исказителей? Почему мы все-таки верим Пушкину, а не его соглядатаем и толкователям? Ответ, на мой взгляд, очень прост. Александр Сергеевич Пушкин никогда не врал. Все, что он написал, сказал и сочинил в своих стихах – чистая правда. Правда его великой души, его гениального ума. Он на бумаге словно передал нам себя самого таким, каким его сотворил Господь. А Господь вложил в этот сгусток божественной энергии столько света, столько любви, что в пересчете на минуты его короткой по земным меркам жизни получились огромные, неизмеримые величины.

Есть большие поэты, сочинившие себя, придумавшие свою позу, свою подчас очень убедительную легенду, в которую мы можем поверить и верим. (К примеру, Николай Клюев, Михаил Кузмин, или тот же Бенедиктов; ранний Блок). Но стоит только копнуть глубже – обязательно наткнешься на разночтение стихов и жизни, поэзии и судьбы. У Пушкина этого нет по определению. У него нет даже малейшего зазора между личностью и поэзией. Он был в юности «афеистом» и написал «Гавриилиаду» и некоторые стихи, о которых сожалел потом всю жизнь. Он стал с возрастом глубоко верующим человеком, и его стихи об Иуде: «И сатана, привстав, с веселием на лике, / Лобзанием своим насквозь прожег уста / В предательскую ночь лобзавшие Христа» (Подражание итальянскому») или знаменитое «Отцы пустынники и жены непорочны» ни на минуту не заставляют нас усомниться в истинности этой веры. То же самое можно сказать и о любовной лирике Пушкина. Разысканы практически все адресаты этой лирики. О ней написаны томы и томы ученых книг. По дням восстановлены его романы и пылкие увлечения. И опять же никакого зазора, никакой трещины между самим поэтом и вылившимися в стихи чувствами.

Отдельно я хочу коснуться лишь одной страницы, в жизни Пушкина, той, которую считаю своим маленьким открытием, скорее даже – догадкой.

Еще отроковицей я очень любила стихотворение «Зимнее утро». Хрестоматийное. «Мороз и солнце, день чудесный. / Еще ты дремлешь, друг прелестный – / Пора, красавица, проснись: / Открой сомкнуты негой взоры, / Навстречу северной Авроры / Звездою севера явись…» И никак не могла взять в толк, сначала – почему эти стихи трактуются школьным советским курсом только как стихи о природе, о русской зиме, а позже – почему среди всех разысканных адресатов нет той, к кому обращены эти нежные строки:

Вечор, ты помнишь, вьюга злилась,
На мутном небе мгла носилась;
Луна, как бледное пятно
Сквозь тучи мрачные желтела,
И ты, печальная сидела –
А нынче… погляди в окно…

Ведь совершенно явно – в стихах речь идет о конкретной женщине, причем, близкой поэту, находящейся рядом с ним …

Позже, когда мы с мужем, физиком и пушкинистом, стали работать над книгой «Пушкинский календарь», я решила разобраться в этой истории.

Стихотворение «Зимнее утро» датируется 1829 годом. Написано оно в начале декабря. Где был поэт в это время? Открываем письма. 16 октября 1829 года. Пушкин по пути из Петербурга в Москву ненадолго заезжает в тверское имение Вульфов Малинники и оттуда сообщает своему другу А.Н. Вульфу: «В Малинниках я застал одну Анну Николаевну…».

Что происходит дальше? Заехав на денек, он задерживается в Малинниках почти на полтора месяца! Пишет там 7 главу «Онегина», Посвящение к «Полтаве» и… стихотворение «Зимнее утро», обращенное к некой печальной женщине, с которой поэт в описанное им время находится в одном доме. «Пора, красавица, проснись…» И в этом обращении – уже есть «наводка»…

Захотелось заглянуть поглубже, познакомиться с Анной Николаевной Вульф поближе.

Впервые увидела она Пушкина, практически своего ровесника, в 1917 году. Но настоящее , глубокое и жертвенное женское чувство пришло позже. Летом 1824 года Тригорское, соседнее с Михайловским имение Осиповых-Вульф, стало для опального поэта на целых два года вторым домом. Здесь пережил он не одно увлечение, знал к себе расположение не одного женского сердца обитательниц и гостей

Тригорского. Здесь происходил знаменитый его роман с Анной Керн, близкой родственницей Прасковьи Осиповой-Вульф. Да и сама Прасковья Александровна, хозяйка имения и мать Анны Вульф, как известно, любила Пушкина заботливой и нежной, не столько материнской, но, может быть, самой сильной, последней женской любовью… Эта история не раз описана.

Но Анна Николаевна – статья отдельная. Она была умна. И знала, что больших волнений в Пушкине не вызвала. Всё понимала, всё видела, но ее собственные чувства к нему были сильнее разума. Она считала себя прототипом Татьяны. Ее сохранившиеся письма к поэту по духу действительно напоминают знаменитое письмо его героини. Но, как мы понимаем, поэт в своих поступках не следовал Онегину. Он принял любовь Анны, уверял ее, что она слишком умна, чтобы «иметь предрассудки», и, не будучи сам захвачен сильным чувством, подарил ей короткое счастье и привязанность на всю жизнь. Забегая вперед, скажем, что замуж Анна Николаевна так и не вышла. Умирая, завещала сестре уничтожить все письма поэта. По счастью, часть из них сохранилась – и даже по ним мы можем реконструировать этот не совсем обычный роман.

Многие пушкинисты считают, что поэт относился к Анне Николаевне иронически, основывая это мнение на его письме от 21 июня 1825 года. «Итак, Вы уже в Риге, одерживаете ли победы? Скоро ли выйдете замуж? Застали ли уланов?»

Однако то был еще период платонический в их отношениях, и насмешливость здесь действительно прочитывается.

Но несколько дней 1826 года, проведенных Пушкиным во Пскове, где в то же время оказалась и Анна Николаевна с матерью, судя по всему, изменили характер этих отношений. Ее письма – последующего периода прямо свидетельствуют об этом. «Должна ли я проклинать или благославлять Провидение, пославшее Вас на моем пути в Тригорское?»… «Боже, какое волнение я испытала, читая Ваше письмо, как я была счастлива… Вы разрываете и раните сердце, цены которому не знаете…» «Боже, когда же я Вас увижу опять…» «Много счетов нужно было бы мне свести с Вами, но горесть, что я больше не увижу Вас, заставляет меня все забыть… никто в жизни не заставит меня испытать тех волнений и ощущений, какие я пережила рядом с Вами…»

И вот, спустя почти три года, завернув в Малинники, поэт случайно застает там эту любящую его женщину в одиночестве. И задерживается подле нее, как уже сказано, на полтора месяца. Все это время, он много и плодотворно работал. Но в начале декабря засобирался в Москву. И, по-видимому, один из последних дней его пребывания в Малинниках так детально, так правдиво и точно описан в стихотворении под скромным и закамуфлированным названием –

«Зимнее утро».

> Вся комната янтарным блеском
> Озарена. Веселым треском
> Трещит натопленная печь.
> Приятно думать у лежанки.
> Но знаешь: не велеть ли в санки
> Кобылку бурую запречь?
> Скользя по утреннему снегу,
> Друг милый, предадимся бегу
> Нетерпеливого коня
> И навестим поля пустые,
> Леса, недавно столь густые,
> И берег, милый для меня.

Стихотворение «Зимнее утро» – убедительный образец поэтической искренности и благородной, благодарной мужской нежности к печальной женщине, другу «милому» и «прелестному», расставание с которым – неизбежно.

В том же 1829 году в альбоме сестер Ушаковых Пушкин изобразил молодую женщину, стоящую на дороге, у верстового столба с надписью «от Москвы 235». Он был, как известно, хороший рисовальщик. Внешнее сходство ее с Анной Николаевной Вульф несомненно, а цифра соответствует расстоянию от Москвы до Малинников, где она тогда жила…

И еще о письмах. Надо сказать, эпистолярный жанр в творчестве Пушкина занимает особое место. На сегодняшний день эпистолярное наследие Пушкина, это один 900-страничный том, который лично я, уезжая их дома надолго, всегда беру с собой. Почему именно его, спросите вы? Да потому что письма Пушкина – это прежде всего – сам Пушкин, от первого лица, где он и комментатор, и интерпретатор своих художественных текстов, это Пушкин без двухвекового «хрестоматийного глянца». Письма можно читать с любой страницы, с любого абзаца, и они, читанные не однажды, не надоедают, не утомляют, в них Александр Сергеевич – твой собеседник, твой конфидент и неназойливый, смелый учитель жизни, всякий раз удивляющий и восхищающий то благородным сердцем, то гениальным умом.

Письма Пушкина – одно из удивительнейших проявлений его гения. Чуждые всякой искусственности, всякого сочинения, они поражают разнообразием своих особенностей; те из них, которые писаны жене или друзьям, отличаются горячностью чувства, задушевностью, порывистой откровенностью и нередко блеском остроумия; другие же письма, обращенные к лицам официальным или малознакомым поэту… несут на себе печать ясности и благородной правоты. Пушкин умеет в них быть приветлив и приятен, отменно учтив и даже когда нужно – почтителен, но решительно никогда не впадает в приторную любезность и всегда умеет избежать сухости, если только не ставит себе целью быть сухим.

Переписку с большинством адресатов женского пола Александр Сергеевич ведет по-французски. Единственная женщина, с которой практически вся переписка велась по-русски – это его жена Наталья Николаевна Пушкина. Чудесны пушкинские послания из Болдина, куда он отправился осенью 1830 года решать хозяйственные дела (подготовки к свадьбе) да и застрял в холерном карантине (Первая «Болдинская осень»).

Наталья Николаевна бережно сохранила все письма мужа к ней. Более того, до какого-то времени были в целости и сохранности и ее письма. Внук Пушкина передал их в Румянцевский музей. (С 1861 года он находился в Доме Пашкова!) И в 1920 году они были подготовлены к печати. Целых три печатных листа! И вдруг исчезли. Никаких следов этих писем за прошедшие 99 лет так и не обнаружено. Остается слабая надежда, что эта драгоценность еще найдется. Возможно, они и по сей день находятся в какой-то частной коллекции… Эти письма, возможно, пролили бы свет и на последние трагические месяцы в жизни Пушкина. И уж во всяком случае, они бы могли снять печать неприязни многих пушкинистов к Наталье Николаевне. На мой взгляд, почти все они, (включая наших великих поэтесс Цветаеву и Ахматову) были к ней предвзяты. Пастернак едко заметил однажды: «Лучше бы Пушкин женился на ком-нибудь из пушкинистов!»

Переписка с женой многое открывает в характере Пушкина, в его привязанностях и его внутреннем строе после женитьбы. Особенно хорошо виден переход от «афеизма» его молодости к христианской сдержанности и вере. Практически каждое письмо он заканчивает одинаково со словами «Христос с тобой и с Машей…» (дочь - НК) или «Целую Машу и благославляю, и тебя тоже, душа моя, мой ангел. Христос с вами».

Цитировать письма Пушкина можно бесконечно. И секрет этих писем таков, что и всему остальному творчеству поэта они придают дополнительный свет достоверности и безусловной художественной правды.

220 лет эту правду и этот свет не состарили.

ВОКРУГ ПУШКИНА. КРУГЛЫЙ СТОЛ

Отличается ли, на Ваш взгляд, критика пушкинского круга от современной критики?

Игорь ШАЙТАНОВ. Критика пушкинского времени еще не вполне перестала ориентироваться на законы нормативной (классической) поэтики.

Когда Пушкин говорил о том, что драматического писателя нужно судить по законам, им над собой признанным, то, во-первых, имел в виду именно «драматического» писателя, а не писателя вообще (как теперь цитируют), а, во-вторых, все понимали, о каких законах он говорил. Важным критическим ходом было ироническое переиначивание нормативных правил, что делало критику остроумной и едкой, поскольку критика была самокритичным жанром. А новая критика, рождающаяся в том числе в частной переписке и стихотворных посланиях, поражает тонкостью суждений, была адекватна тому, что в поэзии назовут «гармонической точностью». Вообще не критика, а пушкинский круг ценил остроумие (подчас очень злое) и презирал хамское поношение.

Александр МАРКОВ. Пушкинский круг, и сам Пушкин прежде всего, стремился изобрести критику как необходимую часть литературы мирового уровня. Чтобы не делать больших исторических экскурсов, просто скажем, что критика "Сына Отечества" и "Библиотеки для чтения" не радовала Пушкина и его друзей. Но в пушкинскую эпоху возникает критика современного типа, критика Белинского, особенность которой в том, что читают критика, а не критический журнал, "читатели Белинского" — это совсем другое, чем "читатели "Северной Пчелы"". Сам Пушкин, привлекший Гоголя как критика в "Современник", поневоле создал образец такой критики: статья Гоголя "О движении журнальной литературы" и стала образцом новой критики, способной оценить не только что произведение дает читателю, но и что произведению дает журнал. Исследование отношений между писателями и институтами освободило критику от того, что она опережает оценки читателей, и это такой же важный поворот в культуре, как, например, умножение переводов, которые и позволяют посмотреть на местную литературную традицию со стороны.

Современная российская критика, как критика толстожурнальная, конечно, продолжает традицию Гоголя и Белинского: оценка произведений литературы как необходимой части существования журналов и существования культуры. В этом смысле критика тонких журналов, газет, блогов, сетевых изданий, делает в основном то же самое, только оспаривая авторитет толстых журналов, указывая, например, что "событием" становится отдельное произведение. Но всякое указание на параметры этого "события" не просто не может вернуться к допушкинской наивности вкусовых оценок, но напротив, не менее внимательно к газетно-журнальной жизни, чем толстожурнальная критика. Критики, конечно, жестко спорят, но не столько о том, как оценивать произведения, сколько о том, какие выводы следуют из тех режимов внимания к произведениям, которые каждый из критиков создает.

Мария БУШУЕВА. Отличается. Критика пушкинского круга (то есть до конца 30-х годов XIX века) ставила иные вопросы (о классицизме и романтизме, о русском языке, о народности и так далее). Параллель с реализмом и постмодернизмом провести можно, однако, на мой взгляд, она будет искусственной.

Марина КУДИМОВА. В смысле разведенности по «лагерям» отличается мало. Но по другим критериям — как небо от земли. Критика пушкинской эпохи еще дышала романтическим воздухом. К тому же не существовало понятия «лирический герой», сегодня значительно затемняющего «считывание» смыслов и творческих мотиваций. Личность и творчество воспринимались в нерасторжимом единстве. Сегодня о личности художника чаще ничего не известно — в том числе и из его текстов.

Лиана АЛАВЕРДОВА. Критические сочинения первой трети 19-го века — это зарождение русской литературной критики. Читая критические произведения того времени, бросаются в глаза три особенности. Во-первых, тесная родоначальная связь русской литературы с европейской. Разговор о русской литературе постоянно перемежался отсылками к примерам литературы европейской (Байрон, Гете, Гюго и др). Руская критика полемизирует с критикой европейской. Так, русский критик Н. А. Полевой подробно разбирает критическую статью г-на Шове о «Соборе Парижской Богоматери» В. Гюго, обозначенную в тексте «Церковь Парижской Богоматери». («О романах Виктора Гюго и вообще о новейших романах. Против статьи г-на Шове»).

То есть русская литература пока еще не претендует на какую-либо самобытность и особенность, а видит себя органической составляющей европейского литературного процесса в целом, как провинциалка, только подающая надежды. Литература была молода и незрела, языкового барьера не было, не говоря уже о железном занавесе. Да и сам роман в начале 19-го века только нарождался. Родоначальником современного романа критика почитала Вальтера Скотта, черпающего приемы мастерства у Шекспира. Вот что писал Надеждин: «Роман только в наши дни получил свое высшее достоинство гением В. Скотта. Этого нельзя отрицать».

Вторая бросающаяся в глаза особенность — свободная форма критических сочинений, не стесненная какими бы то ни было рамками. То автор использует аллегорию, то подробно и долго философствует, не озабоченный собственными длиннотами, рассуждая об истории и философии, а не о конкретных произведениях. Вот Жуковский в статье о проблемах литературы («Письмо к издателям «Вестника Европы») рисует сценку беседы-спора между неким «Стародумом» и «Общим приятелем». Или его же статья «Два разговора о критике», представленная в форме диалога между музыкантом и математиком. Или статья Н.И. Надеждина «Борис Годунов», написанная в виде сценки с несколькими действующими персонажами, включая автора. Кто бы сегодня отважился на подобную условно-литературную форму? Хотя обзоры уже писались (см., например, обзоры А. А. Бестужева-Марлинского, И. В. Киреевского), но рецензия как литературная форма еще не отлилась в устоявшиеся канонические рамки, и каждый чувствовал себя свободным в выборе формы изложения.

В-третьих, критические сочинения пушкинских времен более страстные, полемичные, чем нынешние. Превозносится романтизм, отодвигается в сторону сентиментализм, отвергается классицизм, нарождается реализм. Идет борьба против омертвевших схем и догм классицизма, и критика увлечена ею. Критик не стесняется критиковать самых крупных и знаменитых авторов. Вот что пишет Н.А. Полевой в отклике на пушкинского Бориса Годунова. «Карамзинское образование в детстве, а потом подчинение Байрону в юности — вот два ига, которые отразились на всей поэзии Пушкина, на всех почти его созданиях доныне, а карамзинизм повредил даже совершеннейшему из его созданий — Борису Годунову». Н.И. Надеждин, отмечая сильные поэтические стороны пушкинской пьесы, критикует ее с драматургической стороны. А как подробно и несправедливо громит Н. А. Полевой «Мертвые души» Гоголя? Не оглядываясь на то, что имеет дело с автором известным и любимым многими...

Елена ЧЕРНИКОВА. Современный критик — тоже человек. Когда критика вместе с литературоведением перейдут к искусственному интеллекту, а журналы смогут устанавливать цифровые приложения, тогда посмотрим. Мне кажется, это удобно. Написал автор стишок, поднёс к пёстрому квадратику QR и через секунду получает диссертацию по своему творчеству. Можно будет корректировать заказ: «напиши-ка мне, ИИ, тенденциозную рецензию с точки зрения (указать точку)», или «разгроми меня, как Толстой Шекспира», или «похвали меня, как любящая мать — своего малыша, сделавшего наконец в горшок»...

Татьяна ЯНКОВСКАЯ. В критике пушкинского круга было меньше самоцензуры, меньше непримиримости внутри групп единомышленников из-за политических и идейных разногласий. Не было «неприкасаемых» – они появились позже, с развитием критики как отдельной профессии. Современная критика отдалилась от жизни (это в большей степени относится к молодым её представителям). Нет той широты и всеохватности, к которой стремился Пушкин: не только литература, но и экономика, история, наука находили отражение в его критических статьях. «Состояние критики само по себе показывает степень образованности всей литературы вообще» (А. С. Пушкин).

Изменились ли по большому счёту критерии оценки худ. произведения со времён Пушкина и если да, то как?

Игорь ШАЙТАНОВ. Пушкинская критика освобождалась от обязательности норм, современная освободилась от всего, включая вкус, который якобы субъективен и потому порочен. Индивидуальный вкус — это отточенность литературного суждения, присущего самому языку и способности его слышать. Сегодня критика в своем основном течении пристрастна (свои — чужие) и туговата на ухо. Более всего ценится групповая и направленческая преданность. Отдельно взятый и незнакомый текст чувствуют плохо.

Александр МАРКОВ. Конечно, изменились в сравнении с "Сыном Отечества". Ни один критик сейчас не требует от произведения живости воображения или легкости словесного выражения. Но изменились ли в сравнении с Белинским и Добролюбовым — сказать уже труднее. Можно сказать только, что поскольку вряд ли сейчас кто-то из критиков может просто физически прочитывать всё достойное, что выходит на русском языке, современному критику приходится даже с каким-то упором декларировать свою избирательность. Конечно, критик 200 лет назад тоже не читал все выходившие календари, но он читал всю ту литературу, которую видел как "новую", а сейчас даже самое традиционалистское произведение может оказаться "новинкой", хотя бы, потому что заставляет по-новому поглядеть на традиционализм.

Мария БУШУЕВА. Лестно было бы считать, что мы поумнели и критерии изменились, но, на самом деле, несмотря на новые тенденции в критике, основные критерии оценок неизменны. Я приведу всего лишь несколько высказываний:

П.Плетнев:
— «Истинная поэзия (…) не теряет своего могущества и влияния при всех переменах, свершающихся в гражданских обществах».

— «Язык великого писателя (…) есть тайная, никому не доступная сила его, которою он сперва вносит в душу свою счастливейшие явления физического и духовного мира, а потом подчиняет себе мысли и страсти читателей».

И. Киреевский
— «Слово, как прозрачное тело духа, должно соответствовать всем его движениям. (…) В его переливчатом смысле должно трепетать и отзываться каждое дыхание ума. Оно должно дышать свободою внутренней жизни».

В. Белинский:
— «…чем бессознательнее творчество, тем оно глубже и истиннее».
— «Имена в нашей литературе — то же, что чины в нашей общественной жизни, то есть легкое внешнее средство оценять человека… Не всякому дана способность судить верно о качествах человека и узнавать безошибочно, хорош он или нет. Так точно, не всякому дана способность судить верно об истинном значении и достоинстве писателя; но нет глупца и невежды, который бы, услышав громкое или известное имя, не догадался бы тотчас же, что это — большой сочинитель».

Он же разделил уже поэзию и версификаторство, не умаляя последнего: «Не приписывая не принадлежащего ему титла поэта, нельзя не видеть, что он был превосходный стихотворец (версификатор)».

А. Пушкин:
— «Скажут, что критика должна единственно заниматься произведениями, имеющими видимое достоинство; не думаю. Иное сочинение само по себе ничтожно, но замечательно по своему успеху или влиянию; и в сем отношении нравственные наблюдения важнее наблюдений литературных».

Разве эти мысли (и многие другие) сейчас не актуальны?

Марина КУДИМОВА. Да, изменились — причем коренным образом. Исчезла жанровая нормативность. Романом теперь называют и дневник, и растянутую, как рейтузы, повесть, и сборник рассказов. Пушкина регулярно обвиняли в «безнравственности». Сегодня категория нравственности в критике вообще обходится стороной и не служит критерием как таковым. Постмодернизм вместе с основоположением творчества — дара — или хотя бы природных способностей уничтожил оппозицию «литературной аристократии» и «черни». В эпоху Пушкина это имело огромное значение. Сегодня писателем — и, соответственно, объектом критики — может быть любой, кто владеет навыками компьютерного набора.

Виктор ЕСИПОВ. На мой взгляд, критика пушкинского круга применяла к рецензируемым произведениям неизмеримо более высокие требования. Недаром этот период русской литературы назван «золотым веком»: русская классика возникала на глазах у восхищенных современников. Пушкинское творчество, «Вечера…», «Петербургские повети», «Ревизор» Гоголя; перевод «Илиады» Гнедичем; лирика Баратынского…
Современные критерии при оценке того или иного нового произведения чаще всего далеки от «гамбургского счета».

Лиана АЛАВЕРДОВА. И да, и нет. Как и сейчас, уделялось большое внимание языку, подчеркивались и обозначались его неправильности у авторов типа «кто так говорит?» или «откуда он это взял?». Еще П.А. Вяземский опровергал тех, кто находил в гоголевском «Ревизоре» отсутствие правдоподобия. Однако будут ли сегодня выговаривать автору за отсутствие правдоподобия персонажей или за избитость сюжета, в чем Н. Полевой винил Гоголя? Рамки представлений о том, что дозволено литературе, расширились необычайно и несопоставимы с представлениями двухвековой давности. И ныне известно уже, что сюжетов ограниченное количество и не в сюжетах дело, если речь идет о достоинствах того или иного произведения. Некогда Н. Полевой писал, что в «Герое нашего времени» и в «Мертвых душах» преобладает слишком мрачный односторонний взгляд на жизнь: «избирая из природы и жизни только темную сторону, выбирая из них грязь, навоз, разврат и порок, не впадаете ли вы в другую крайность и изображаете ли верно природу и жизнь?» Современные критики за то же самое упрекали Ф. Горенштейна и его роман «Место».

Елена ЧЕРНИКОВА. Был у меня случай: вышел роман. С эпиграфом из Пушкина. Давно. Один критик (в США, женщина) написал(а), что это с ума сойти какое явление. Практически философское. Другой критик (в России, мужчина) написал, что это смелая порнуха, ибо пишущие бабы нынче продвинутые. Спорить этим двум критикам не пришлось, океан помешал, да и о чём тут, собственно. Критериальный недолёт.

Татьяна ЯНКОВСКАЯ. В современной критике представлены разные подходы – одни хвалят авторов за искренность, подлинность, другие за оригинальные приёмы, – но сегодня громче голоса тех, кто придаёт большее значение формальным приёмам, оригинальности как цели. Три «Э» – этика, эстетика, эмоциональное наполнение – подвергнуты жёсткому пересмотру авторами, которые пользуются наибольшей симпатией части критиков, призывающих отказаться от старого языка в трактовке искусства. Их тезисы: многое в искусстве подошло к своему концу, перестало работать; нельзя, чтобы прошлое становилось ключом к пониманию современности. Но ведь всякое понимание, по Бахтину, есть соотнесение данного текста с другими текстами. Отказавшись от литературных достижений прошлого невозможно построить мост в будущее. Стремление к новизне во что бы то ни стало приводит к тому, что народность, реализм, нравственность, бывшие объектами внимания критиков при Пушкине, в загоне, новые идеи и теории зачастую иллюстрируются примерами, недостойными внимания, а вдумчивые читатели переключаются на биографии, воспоминания, документальную и историческую прозу.

Известно, что Пушкин и его круг относились с иронией к схематичной жанровой литературе, представленной перекочевавшим из Англии романом нравов со всеми его жанровыми разновидностями, включая любовный, готический и др. романы. Каково отношение современной критики к популярной жанровой литературе и её преуспевающим авторам?

Игорь ШАЙТАНОВ. Пушкин и его круг вышучивали и отчасти презирали (Булгарин) предтеч массового вкуса. Но они умели путем пародии превращать массовые поделки в новую литературу («Повести Белкина»).

Александр МАРКОВ. Ироническое отношение Пушкина и его единомышленников к коммерческой литературе легко объясняется: для Пушкина это были произведения вялые, растянутые, расслабленные, с готовыми амплуа, не лучший образец для развивающейся русской прозы. Пушкин был готов терпеть любые схематичные произведения, в том числе и те, которые мы сейчас относим к блестящим образцам прозы, как часть библиотеки Онегина, как момент самосознания героя, за которым должны последовать другие моменты. Для меня проблема в том, что пока нет такой новой "библиотеки Онегина", никто из писателей и критиков особо не выясняет, что из себя представляет современный человек, читающий все коммерческие новинки. Хотя сама по себе тема чтения и читателя не уходит из внимания русской прозы, что и заставляет критиков описывать ее как "постмодернистскую".

Мария БУШУЕВА. Сегодня навязывает свои правила коммерческий издательский процесс. Умные критики это оценивают адекватно.

Марина КУДИМОВА. Во времена Пушкина не было понятия «массовая литература». И романы Ричардсона читали светские барышни и деревенские временные затворницы типа Татьяны Лариной. Но русский социально-психологический. тем более полифонический роман, составивший славу отечественной словесности, был только еще на подходе. В лице Нарежного и Булгарина русский роман обрел первые контуры. Разумеется, «Евгений Онегин», как уже тысячу раз отмечалось, дал огромный энергетический заряд, но роман в стихах — это нечто совершенно иное не только по жанру, но и по общей интенции. Иронию по отношению к английским романам вызывало, скорее, напряженное ожидание, которым жила русская литература с развитием пушкинского гения.

Презрение современной критики к жанровым романам связано с ревностью в отношении упорно промоутируемых ими «премиальных» произведений, с пропорциональным упорством отвергаемых широким читателем. Феномен популярности Акунина или Донцовой во всяком случае заслуживает серьезной дискуссии, а не только сардонической ухмылки.

Лиана АЛАВЕРДОВА. Амбивалентное и тогда, и сейчас. Я не уверена, насколько отношение Пушкина к готическому роману, например, можно ограничить иронией. О. В. Барский в диссертации «Творчество А. С. Пушкина 1813 — 1824 гг. и английский "готический" роман» в автореферате диссертации по гуманитарным наукам приводит примеры положительного отношения Пушкина к роману Чарльза Роберта Метьюрина, написавшего «Мельмота Скитальца» (1820). Пушкин упоминает автора в примечаниях к «Евгению Онегину», а его роман называет «гениальным произведением». Более того, Пушкин, по мнению некоторых исследователей, кое-что заимствовал из этого романа (обороты, выражения, ситуации и пр.)
Серия романов Джоан Роулинг о Гарри Поттере или роман Джона Толкиена «Властелин колец», безусловно, примеры невиданного коммерческого успеха, и современная русская критика не может закрывать глаза на очевидные литературные достоинства и значимость этих произведений. «Семитомный цикл о Гарри Поттере стал, как ни пафосно это звучит, Библией 20-го века или отчасти 21-го века, подведением итогов этого века» сказал Дмитрий Быков. Автора называют и новым Диккенсом, и Новым Евангелистом... «Главное — это превосходно написанная литература, литература увлекательная, в которой воплощены лучшие традиции британской апологетики, традиции Честертона, Льюиса... Роулинг удалось создать бессмертного героя...». Критик А. Григорьев на Первом образовательном российском канале отзывается о «Властелине колец», как «об одном из самых значимых событий литературного процесса второй половины 20-го века».

Но это если говорить о лучших образцах жанровой литературы, то в целом жанровая литература, написанная просто, увлекательно, но без особых уникальных литературных достижений и рассчитанная на массовую популярность, воспринимается литературной критикой как неизбежное зло, против которого бессмысленно бороться. Похоже, критика смирилась с тем, что литература высокого уровня не может быть популярна. Сомневаюсь, что сегодня она вообще могла бы пробиться или завоевать литературный рынок.

Елена ЧЕРНИКОВА. Самый популярный критик в современной России (Галина Юзефович) говорит, что хватит делить литературу на качественную (элитарную) и массовую (популярную). Она считает, что деление устарело. «Они сошлись…»

Татьяна ЯНКОВСКАЯ. Пушкин приветствовал всё живое и плодотворное – влияние английской словесности и германской поэзии, «народные законы драмы Шекспировой», «язык честного простолюдина» в стихах английских поэтов – в противовес французской жеманности и придворным обычаям. Сегодня те, кто «в тренде», приветствуют жанры, получающие всё более широкое распространение благодаря влиянию западного книжного и кинорынка – фэнтези, хоррор; говорят о жанрах weird и doc, подтверждая тезис Пушкина, что «леность наша охотнее выражается на языке чужом, коего механические формы уже давно готовы и всем известны». При этом они же обычно скептически относятся к более традиционным популярным жанрам – детективу и любовному роману. Часть критиков безоговорочно принимает и оправдывает требования, установленные издателями жанровой прозы: короткие предложения, упрощённый словарь, сюжетные шаблоны и т.п., тогда как всё это тормозит развитие литературы как вида искусства, сводит её к уровню вербальных комиксов. Сегодня некоторых авторов, вполне состоявшихся профессионально, исключают из поля зрения, относя их к мейнстриму, массовой литературе. При этом далеко не весь мейнстрим непременно демонстрирует дурной вкус «толпы». Так, уже многие десятилетия жив в народе интерес к авторской песне. Песня вообще играет особую роль в русской культурной традиции, и неслучайно «поющая поэзия» пережила эпоху исторических катаклизмов и звучит на всех континентах, где есть русская диаспора. И. Роднянская объясняет это тем, чего всегда искали в литературе, – «жаждой самоотождествления с поэтом как с родственным "я"…, где субъект расширяется до каждого, любого из слушателей, приближаясь к "я" всеобщему. [Авторскую песню] не стоит снобистски относить исключительно к "масскульту"».

Что важно сегодня критику видеть в литературе? Что побуждает его писать о том или ином авторе или произведении?

Игорь ШАЙТАНОВ. Желание судить и высказываться сейчас велико. Очень ценится оперативность высказывания: «утром в газете — вечером в куплете», точнее в сетевом отклике. Пишут чаще всего о том и о тех, о ком уже написали. Есть, конечно, желание «открыть», но открывают чаще всего хором, на личное мнение решаются лишь в заданном русле: этого поносим, а тот — гений.

Александр МАРКОВ. Видеть в литературе, наверное, важнее всего то, как она уже стала частью нашей эпохи, и как следующая эпоха уже в ней намечается. А побуждает писать об авторе, как мне кажется, удивление, что не просто появился необычный автор со своими темами, а сбылся, хотя критик может бранить, как именно этот автор сбылся. Но опять же, я не могу говорить за всех критиков, а называть имена, кто как пишет — это огорчить и упомянутых, и не упомянутых критиков.

Мария БУШУЕВА. Мотивы критиков разные: для кого-то статья о литературе удобный способ самовыражения: размышляя о произведении писателя, такие критики на самом деле пишут исключительно о себе; для кого-то литература стала всего лишь «вопросом, с которым незаметно слились многие вопросы о жизни» (Белинский), то есть отличный повод поговорить о том, что волнует в общественной сфере: так использовали литературу политические деятели и почти так же она воспринималось в конце 80—х—начале 90—х годов прошлого века массовым читателем. Вариантов мотивов много. Но все-таки и сейчас есть настоящие критики, движимые (не побоюсь высоких слов) любовью к литературе, призванием, поиском истины и стремлением к идеалу.

Марина КУДИМОВА. Отчасти я уже ответила. Критика сегодня является в целом пиар-сопровождением литературы, а не ее конструктом — в философском смысле этого понятия — и тем более не аналитическим инструментом. Побуждают к критической статье в основном лонг и шортлисты различных премий, реже — личные пристрастия и симпатии критика.

Лиана АЛАВЕРДОВА. Современная критика находится в печальном состоянии, если не сказать в вырождении. Причин тому несколько. Во-первых, огромное число публикаций, самоиздающихся авторов и стремление к саморекламе, подстегиваемое социальными сетями. Во-вторых, упадок интереса к большой литературе. Люди разучились или обленились читать сложные тексты. Индустрия массовой культуры и развлечений заполонила умы или то, что от них осталось. Как писала Анна Кузнецова в интернет-журнале Лиtеrrаtуrа «мне безумно жаль исчезновения из литературной реальности критики с её возможностями… Книжный бизнес, слившийся с литературным процессом, изменил условия бытования критики: критическое мнение воспринимается как экспертное. Если что-то требуется продать, нужно сделать товару рекламу — при чём тут критика, зачем она?… Сражаться с этим бесполезно, констатировать неинтересно…. профессиональная задача критиков с их критериями — создать среду для профессионального роста писателей, то есть обеспечить бытование литературного процесса. Литературный процесс сейчас вытеснен премиальным и книгоиздательским, где критик не нужен, а нужен эксперт. Поэтому и критика, лишаясь профессиональной реализации, становится просто литературным жанром». (Опубликовано 28 июня 2017 года). Написано два года назад, но актуально и сегодня. Литература на Западе тоже политизирована и далеко не беспристрастна.

Елена ЧЕРНИКОВА. Будь я критиком, ждала бы вдохновенья: тянет меня поговорить о книге вообще и хоть с кем-нибудь — или не тянет. Иногда тянет, но я поговорю с мужем — и мне достаточно. Есть (сама слышала в подкасте) особенные люди, которые просто любят читать. Видят книжку — и давай читать. И так каждый день. И не высказаться по прочтении физически не могут. Прочитал — высказался. Уважаю. Психопатология, которую надо всячески поддерживать, поощрять и ни в коем случае не лечить. Их вообще в кунсткамеру надо. Они могли бы одними пересказами зарабатывать. У нас в Литинституте был ушлый парень, который для темнокожих принцев вкратце переписывал русские романы недоступного для иноземцев объёма: «Войну и мир», например. Неплохо приваривал к стипендии.

Татьяна ЯНКОВСКАЯ. Две стороны вопроса: 1) что объективно важно и 2) что конкретные критики считают важным для себя. После потрясений последних десятилетий русская литература переживает непростой период, и мнения по первому вопросу разнятся. Что касается второго, много статей заказных, но пишут и по велению сердца о тех авторах и произведениях, которые поразили талантом и глубиной.

В пушкинское время полемика вокруг литературных направлений велась со страниц различных газет и журналов, яро отстаивающих свою точку зрения. Существует ли нечто подобное сегодня? Если да, то где разворачивается открытая полемика, на страницах каких известных Вам литературных журналов или газет?

Игорь ШАЙТАНОВ. В газетах фактически критики нет, есть информационно-рекламный отдел. В журналах осели критики прежнего времени (увы, совсем не юные) и появилось несколько новых имен, кстати, по отдельности весьма толковых, даже в поэтической критике, что совсем уж редкость. А дальше — море разливанное, свобода фаст-критики на сетевых и электронных площадках: «…шум, кричат витии…»

Александр МАРКОВ. Конечно, все мы знаем, как полемизировали "Арион" и "Воздух", "Вопросы литературы" и "Новое литературное обозрение", как сохраняется некоторое эстетическое напряжение без прямой полемики между Петербургом и Москвой, сколь различны эстетические программы московских толстых журналов, как задиристы бывают газеты и сайты, от "Литературной России" до "Цирка Олимп", как полемически настроенные литераторы, как Вадим Левенталь или, скажем, круг "Нашего Современника", создают собственную литературную индустрию со своими книжными сериями, проектами, критикой. Мне интереснее то, что у нас нет литературной борьбы как таковой, скажем, карикатур и шаржей на писателей, или остроумных пародий, за случайными исключениями. Много сил уходит на обоснование "другой" литературы, и в этом смысле "патриотические" издания или сайты, как "Парус" или "Молоко" так же обосновывают себя, свое видение "другой" литературы, оставшейся вне поля зрения ведущих медиа, как ориентированные, иногда провокативно, на современный мир "Транслит" или недавно возникший "Контекст". На конкуренцию с телевизором, причем даже не магистральными, а нишевыми программами, в которых могут, причем на равных, показать Александра Архангельского и Александра Проханова, уходит слишком много сил.

Мария БУШУЕВА. Полемику чаще вызывает идейная платформа направления. Критика того же Белинского была ярко окрашена социально-публицистическим пафосом, что многим до сих пор мешает увидеть его гениальные литературные прозрения. Мне кажется, сейчас в журналах, как бумажных, так и сетевых, виден отход от такой позиции. И он понятен: есть разнообразная публицистика, литературная критика естественно отделена от нее. Однако в прозе происходит размывание границ художественного и публицистического. На мой взгляд, сужение задач писателя и критика до выражения определенной социальной (а не нравственной) идеи обедняет литературу, хотя читателей, конечно, привлекает то, что задевает их жизнь напрямую. Есть и другая крайность: выделение литературы и критики в некую почти эзотерическую сферу, — что превращает критика в адепта своего рода герметизма, а количество читателей резко сокращает. Но, учитывая что литературная критика граничит не только с литературоведением, но и с философией, историей, психолингвистикой, социологией, психологией и пр., мне кажется, компромиссный вариант возможен — и не столько на основе подхода к литературе в системе чисто «эстетических» координат (что имело место уже в пушкинскую эпоху), но как раз на основе подходов культурологических, то есть синтетических. Но — не теряя своих главных задач и связи с текущим моментом истории.

Марина КУДИМОВА. . Открытая полемика сегодня существует только в соцсетях. Толстые журналы давно от нее отказались, что безусловно является одной из причин их угасания.

Виктор ЕСИПОВ. На мой взгляд, какая-то полемика случается очень редко на страницах толстых журналов, когда об одном авторе или произведении высказываются разные мнения. Два разных взгляда на одно и то же произведение можно встретить в журнале «Вопросы литературы». При этом градус полемики, как правило, невысок. Действительно острая полемика возможна сегодня только в фейсбуке, где участие в дискуссии может совершенно свободно принимать любое количество заинтересованных лиц. Нередко, правда, в обсуждении принимают участие люди, недостаточно подготовленные для серьезного разговора на литературные темы, что уводит обсуждение в сторону от рассматриваемого вопроса.

Лиана АЛАВЕРДОВА. Нынешний да и предыдущий век характерны невиданным разнообразием литературных направлений. При социализме, естественно, советских писателей лупили дубиной социалистического реализма. Но вот пал социализм и открылись невиданные перспективы для любого пишущего: пишу в каком угодно жанре, выбирай какое угодно направление — хоть рыцарский роман, если угодно. Полемизировать по поводу того или иного направления никто не собирается: каждый волен выбирать то, что по вкусу. Невиданная свобода, однако, обманчива, так как на смену довлеющей внешней и внутренней цензуры пришел диктат литературного рынка. Писать можно как угодно и о чем угодно: но кто будет это читать, вот в чем вопрос? Современное литературное сообщество озабочено не вопросами литературных направлений, а проблемой выживаемости настоящей литературы в условиях монополизации российского книжного рынка и преобладания на этом рынке легко доступного чтива в противовес настоящему и талантливому.

Елена ЧЕРНИКОВА. Полемика как самый энергичный и жёсткий вид спора разворачивается сейчас вокруг политических пристрастий тех или иных людей. Писатели вообще редко любят друг друга, а говорить о святом — о литературе — с нелюбимыми, — зачем это! В моём литературном клубе постоянно выступает критик, делает обзор понравившихся ему публикаций. Я радостно предоставляю ему эту двадцатиминутную возможность, поскольку вообще читаю его сочинения. Знаю, что он сам лично умеет писать, поэтому имеет, с моей точки зрения, право говорить: он хорошо представляет себе ход событий, так сказать, изнутри: что примерно происходило с автором, когда того занесло за письменный стол. Ведь это же интересно! Зачем имярек, будто не бывал в библиотеках и книжных магазинах, садится сочинять? Что ему неймётся-нездоровится? Вопрос!

Татьяна ЯНКОВСКАЯ. Сегодня трудно уследить за информационным потоком, поэтому трудно дать исчерпывающий ответ. Но очевидно, что журналы и газеты не играют той роли в полемике, как раньше, потому что не обеспечивают естественный в нынешних условиях динамизм в обмене мнениями и читательскую доступность. Даже если у них есть интернет-версии, ожидание публикации может составлять месяцы и годы. Основные словесные баталии разворачиваются сегодня в сети. Однако полноценная дискуссия отсутствует. Не везде есть возможность оставлять комментарии, открытое же комментирование нередко выливается в непродуктивную свару. Стало меньше объективности, больше политкорректности. Чаще приходится наблюдать, что кукушка хвалит петуха, а кулик своё болото, тогда как Пушкин и его единомышленники стремились объединить и осветить всё наиболее талантливое и широко читаемое. Он писал Катенину: «Ты отучил меня от односторонности в литературных мнениях, а односторонность есть пагуба мысли».

Интересен опыт И. Волгина с его «Игрой в бисер» на канале «Культура». С 2011 года он собирает критиков, филологов и литераторов для обсуждения классических, а в последнее время и современных авторов. Это удачный опыт использования современных технологий для ведения публичных литературных дискуссий. Идёт постоянный поиск эффективных форм общения. Проводятся лекции, встречи в библиотеках, музеях, книжных магазинах, на книжных ярмарках и фестивалях, интервью на радио и ТВ и т.п. Недавно липецкие писатели А. Пономарёв и А. Новиков совершили литературный пробег, проехав на автомобиле через всю страну до Сахалина. Каждая остановка начиналась с символического посещения местного памятника Пушкину и включала встречи с литературной общественностью и читателями. Всё это вносит свою лепту в будущее литературы.

Наблюдается ли концептуальный спор по поводу путей развития русской литературы и её места на мировой арене или современная критика ограничивается лишь разговором вокруг

отдельных авторов и произведений, не затрагивая концептуальные моменты?

Игорь ШАЙТАНОВ. Концептуальный момент предлагает сама ситуация, ставящая под сомнение существование не только критики, но и всей литературы. Здесь сказать трудно, быть может, действительно перемены будут радикальными, скорее всего. Противно другое — крикливые поминки с хлопом-притопом. И страшновато другое: если это кончается, то новое неразличимо (а, быть может, то, что различается, не хочется различать).

Александр МАРКОВ. Целый ряд проектов создавалась и создается заведомо для того, чтобы у русской литературы было место на мировой арене, хотя история этих проектов еще не написана. Я бы не сказал, что проект "глобальных русских", выдвинутый "Снобом", не удался, во всяком случае, русское литературное присутствие в США, Великобритании, Франции или Германии нельзя назвать совершенно незаметным: везде есть русские двуязычные писатели, получившие некоторую известность. В этом смысле критика особо не ведет концептуального спора хотя бы потому, что эта глобальная русская литература обычно не обсуждается: я не встречал подробных высказываний об Андре Макине, Зиновии Зинике, Алексее Макушинском, Александре Петровой, Ларе Вапняр и многих других западных русских (порядок имен условен), хотя и были прекрасные отдельные рецензии. Равно как мало обсуждаются писатели ближнего Зарубежья — Сухбату Афлатуни приходится самому работать критиком, чтобы его замечали и как писателя, в смысле, как участника литературной жизни. Возможно, такая критика возникнет в ближайшие годы. Поэтому существуют отличные проекты, как проект "Русское Безрубежье", по любезному приглашению которого участвую в этом обсуждении, но о концептуальных спорах просто говорить рано — всё может перемениться в несколько ближайших лет.

Мария БУШУЕВА. По сути любые направления современной (да и не только современной) литературы — концептуальны. К примеру, неореализм или модернизм— это концепции. Человеческое сознание индивидуально, а на более глубинном уровне — коллективно, поэтому идейный или концептуальный спор часто есть следствие общих настроений, а не личных пристрастий.

Близкий мне по духу П. Плетнев писал: «Изучая произведение, самый критик, без сочувствия, без равенства эстетических сил, данных природою художнику, не впадает ли в собственные ошибки? Все подобного рода соображения надобно иметь в виду, когда мы желаем произнести или принять мнение касательно всякой новой книги, а тем более создания ума высшего и необыкновенно оригинального». И это очень верно.

Тени главных тем литературно-критической полемики XIX века, конечно, постоянно возникали и возникают. Однако они тенденциозны и потому порой просто карикатурны.

Во времена Пушкина перед критикой стояли те глобальные вопросы — например, вопрос о роли русского языка как языка литературы и культуры, — на которые ответило само время. Думаю, и нам нужно верить: время все расставит по местам, высветит имена талантливых писателей, находящихся сейчас в тени, а не в мейнстриме, определит живые пути литературы, независимо от концепций.

Марина КУДИМОВА. В пространстве своего круга чтения я таких споров не наблюдаю. Лишь достаточно равнодушную констатацию «шагреневого» сжатия поля русской литературы в мире — или, напротив, надувание щек, не сопровождаемое серьезными аргументами, кроме ссылок на классику и апелляции к былому величию.

Лиана АЛАВЕРДОВА. Скорее второе, чем первое. Русская литература занимает почетное место в интеллектуальном багаже мировой интеллектуальной элиты. Но знания этот и интерес ограничиваются литературой 19-го и первой половины 20-го веков. По инерции интерес этот переносится и на современных авторов. Все еще теплятся надежды на обнаружение новых Достоевских и Чеховых. Современной русской литературы на мировой арене просто нет. Ее знают русские читатели и слависты. Американская и английская литературы ее почти не замечают, что происходит попросту оттого, что западный читатель заинтересован прежде всего в том, что происходит вокруг него. Американский читатель почти не интересуется переводами художественных произведений, а потому русская литература хоть и пробивается небольшими десантами на американский рынок, но популярности среди читателя не приобретает.

Увы, не существует «путей развития» литературы, поскольку все упирается в возникновение настоящих талантов, то, что непредсказуемо, как было непредвиденно открытие в Австралии черного лебедя. Не родился бы Бродский – не знали бы мы целой ветви современной русской поэзии.

Елена ЧЕРНИКОВА. На конгрессах, проводимых Фондом Достоевского (президент фонда Игорь Волгин), бывают докладчики, которых интересно послушать, но они, в основном, литературоведы. А из критиков... помню, выступала как-то Валерия Пустовая и сказала, что большой роман (это мой вольный пересказ её слов) не по силам современному читателю. Критики, включая экспертов на премиях, ждут масштабных полотен, а читатель не выдерживает: соцсети рулят, потребителей мозг окорачивают. Так, может, пусть авторы подумают о миниатюризации себя. Или сложат роман из кусочков, чтобы легче впитывалось. Или вот ещё что было: об Алексее Макушинском (Германия) один критик сказал(а), что он, Алексей, вернул в русскую прозу точку с запятой (;). Следовало понимать, видимо, так, что фраза у писателя Макушинского длинная, но хорошая, и читатель не задыхается к концу фразы, то есть автор справляется сам с собой и в этом есть изрядная отрада. Алексей прекрасный прозаик, это факт, но критик, отмечающий особенности пунктуации, это вообще блеск. Так что, как видите, концептуальные расхождения наличествуют: кто-то просит авторов выражаться покороче, а кто-то хвалит за подлиннее. Что до мировой арены, то в России надо жить долго (знаю как минимум пятерых авторов этой мысли), и тогда, возможно, и до мировой арены успеешь дотянуться.

Татьяна ЯНКОВСКАЯ. Обсуждение путей развития русской литературы проявляется, пожалуй, больше в литературоведении, чем в «чистой» критике, где преобладает разговор о конкретных современных авторах. Вокруг их творчества преимущественно и крутятся литературные дискуссии. В лице Пушкина мы имели и литературоведа, и критика. Позднее критика и литературоведение разделились: Белинский, Добролюбов, Писарев – «чистые» критики. Профессиональные критики существовали и в советский период, и сейчас. Сосредоточиваясь на литературе текущего момента, они зачастую не отражают в полной мере глубинных изменений в обществе и в мире. Поэтому наиболее интересны критики с литературоведческим уклоном. Говоря о прошлом, можно подчас больше сказать и о настоящем, и о будущем, не вызывая неприятия коллег. Особо интересны литературно-критические статьи самих поэтов и писателей. Здесь традиция богатейшая – Пушкин, Достоевский, Лесков, Цветаева, Ходасевич, Бродский, тот же Волгин и многие другие. Пушкин мечтал «забрать в руки общее мнение и дать нашей словесности новое, истинное направление», полагая, как писал Ю. Оксман, что «критика должна быть делом прежде всего самих писателей». Писатели кровно заинтересованы в развитии русской литературы и её закреплении на мировой арене, а достаточно ли для этого делается – другой вопрос.

Существуют ли оппозиционные группировки, отстаивающие свой взгляд на развитие русской литературы, как это было во времена Пушкина?

Игорь ШАЙТАНОВ. Кажется, я об этом уже сказал. Группировки существуют, но литература ли то, о чем они спорят?

Александр МАРКОВ. Думаю, свой взгляд на развитие русской литературы отстаивает любая премия. У Премии Андрея Белого один взгляд, у Большой Книги — другой. В этом смысле и любой толстый журнал, премирующий своих авторов, и даже сайт, премирующий только своим вниманием, отстаивает свой взгляд. Есть взгляд "Воздуха" и взгляд "Просодии", взгляд "Урала" и взгляд "Волги", или взгляд интеллектуального книжного магазина в любом городе, запустившего свою издательскую программу. Но проблема в том, что образ "группировок" подразумевает борьбу за лидерство в литературном производстве, тогда как здесь скорее речь идет о том, чтобы вообще наладить полный цикл такого производства.

Мария БУШУЕВА. Обычно противоположные взгляды концентрируются вокруг традиции и авангарда. Это просто естественный процесс литературы. Попытки разных исследовательских подходов (деконструкция текста и пр.) тоже не лишены интересных ракурсов.

Что касается идейной платформы критика, то, в отличие от пушкинской критики, она часто уже к литературе не относится, порой это обычная ангажированность, а не искреннее, идеалистическое служение тем или иным идеям. Мне кажется, нам недостает такого журнала как совершенно самостоятельный, отдельно отстоявший от всех остальных журналов «Московский телеграф» Н. Полевого (при всей неоднозначности его литературных оценок).

Марина КУДИМОВА. Существуют личные, индивидуальные проявления таких воззрений. Самоуверенно отношу себя к такой «группировке».

Виктор ЕСИПОВ. Да, безусловно. С распадом Советского Союза прекратил своё существование Союз писателей СССР, вместо него постепенно сформировались четыре крупных творческих объединения: Союз писателей Москвы — демократический (если оценивать в категориях, принятых в момент возникновения новой, постсоветской России); Союз российских писателей — демократический, но, в отличие от московского союза, с опорой на региональные писательские подразделения; Союз писателей России — унаследовавший позиции Союза писателей РСФСР, противостоявшего происходящим в конце 80-х — начале 90-х годов XX века политическим изменениям в стане; Союз московских писателей, солидаризирующийся в своих общественно-политических установках с Союзом писателей России. Соответственно разделились позиции толстых журналов. Участники демократические объединений публикуются в журналах «Новый мир», «Знамя», «Дружба народов», участники Союза писателей России и

Союза московских писателей — в журналах «Наш современник» и «Москва», а также до последнего времени в Литературной газете. Особенностью нынешнего периода литературной жизни является полная отчуждённость двух этих направлений друг от друга. Как две параллельные прямые, они нигде не пересекаются и никаких дискуссий между ними не возникает. Они существуют изолированно друг от друга. Причем писатели из, назовём их условно, антидемократических объединений, могут публиковаться и публикуются в журналах демократических, а вот обратного явления не наблюдается. Ни один из входящих в демократические объединения литератор не будет публиковаться, например, в «Нашем современнике». В последнее время в связи с изменением редакционной политики Литературной газеты в ней начинают печататься литераторы демократической ориентации. Таким образом, возникает возможность дискуссий двух оппозиционных направлений на страницах Литературной газеты. Осуществиться ли такая возможность на практике, покажет время.

Лиана АЛАВЕРДОВА. Не ведаю о таковых. Современная критика беззуба, лишена принципиальности, заражена меркантильными соображениями. Грустно, но факт. А круглые столы и конференции — этого много и по каким угодно поводам. Но насколько их узконаправленная полемика влияет на что-либо? Разве на самомнение участников.

Елена ЧЕРНИКОВА. Не знаю. Возможно. Хотя вряд ли. Развитие само по себе, а вот если моя подруга, преподающая русскую литературу в Италии, вздумает реально просветить студентов (например, упомянет какого-нибудь Шолохова), то её уволят. В программе три богатыря — С., Е., ещё кто-то, забыла. Других нельзя: оппозиционненько выйдет.

Татьяна ЯНКОВСКАЯ. Оппозиционные группировки существуют, но их взгляды, как мне кажется, сильнее поляризованы, чем в пушкинские времена. Накал противостояния ближе к послепушкинской критике, которая, по словам С. Чупринина, «добровольно взяла на себя роль и арбитра в спорах, и вдохновительницы идейных распрей, … и, если потребуется, литературной инквизиции». Те, кто сегодня контролирует большинство литературных премий, часто продвигают произведения, заведомо «неспособные по-настоящему увлекать» – недостаток, о котором писал ещё Борхес. В беседе В. Пустовой и Е. Погорелой с А. Жучковой критики говорят о рассыпающемся романе, рассыпающемся герое, о рассыпающейся структуре современной литературы как о знамении времени. Такие произведения – фактически отказ от жизни, распадение личности. Но реальные люди не хотят отказываться от жизни, и в результате подобные сочинения не находят широкого читателя. Криком души прозвучал вопрос студентки по ходу разговора: «Каковы же всё-таки тенденции современной литературы? Неужели она вся рассыплется? Или есть более благоприятный прогноз?» Есть! И литература такая есть. Но люди, не входящие в наиболее влиятельные литературные тусовки, слишком разобщены, а потому их голоса недостаточно слышны. От этого страдает и общество, о чём писал Чупринин в предисловии к книге Л. Аннинского о Лескове, Писемском и Мельникове-Печерском, и сама критика: «Её суждения о литературе второй половины века, не принявшие в расчёт творческий опыт трёх первоклассных романистов, вышли на поверку и обуженными, и более плоскостными, схематичными… Соединенные усилия литературоведов нынешнего столетия не могут до конца восстановить справедливость, нарушенную в раздорах между собою критиками столетия минувшего». А как раз мнение этих «еретиков» и «было собственным мнением народа». Именно они «безбоязненно, правдиво и … с родственным, а не сторонним пониманием исследовали душу русского простолюдина.., проникли в заповедные, в закрытые для интеллигентского взгляда сферы собственной нравственности русского простонародья». Как это созвучно Пушкинской риторике: «Кто отклонил французскую поэзию от образцов классической древности? Кто напудрил и нарумянил Мельпомену Расина?.. Придворные Людовика XIV. Что навело холодный лоск вежливости и остроумия на все произведения писателей 18 столетия? Общество… очень милых и образованных женщин».

Каково сегодня влияние критики на процесс развития литературы в сравнении с пушкинским временем?

Игорь ШАЙТАНОВ. Критическая рефлексия — сегодня не сильная сторона не только в литературе. Существующая рефлексия не слишком проницательна. И уж совсем плохо различима в общем гвалте крик-шоу. Так что главный вопрос для сегодняшней критики: «Что такое литература?» О ней стоит пожалеть, на нее надеяться? Или «все прочее литература»?

Александр МАРКОВ. Влияние невелико: писатели иногда слушаются критиков, но не меньше слушаются и внимательных читателей. Чтобы было как в пушкинскую эпоху, надо чтобы была видна вся основательность позиции критиков. А для этого нужно, например, чтобы на филологических факультетах писалось больше выпускных работ по современной литературе, а издательские программы малых издательств получали поддержку.

Мария БУШУЕВА. К сожалению, коммерциализация и ангажированность тормозят развитие критики и уменьшают ее влияние.

Марина КУДИМОВА. Пушкин куда больше влиял на критику, нежели она — на него. Пушкин задавал тон и вызывал огонь на себя. Но при этом главным критиком своей литературной эпохи он сам и был — до появления Белинского. Сегодня критика влияет не на развитие — здесь необходим дар предвидения и мышление наперед. Критика если и влияет, то на вкусы читателей, постоянно (возможно, невольно) обманывая их ожидания. Это в том числе связано и с тем, что интернет является одной из основных критических площадок. А в сети все вообще весьма относительно.

Виктор ЕСИПОВ. Думаю, современная критика, в отличие от критики пушкинского времени, не оказывает никакого влияния на литературный процесс и даже не ставит перед собой такой задачи. Белинский, конечно, формулировал задачи литературы своего времени, мог создавать репутацию и разрушать репутации. Но в постсоветском литературном пространстве утвердилось негативной отношение к такого рода «формулирующей задачи» критике, основывающееся на неприятии какого-либо диктата над писателем, потому что такое «наставничество» критики очень легко переходит в диктат идеологический. Еще Блок в знаменитой речи «О назначении поэта» в феврале 1921 года высказался по этому поводу вполне определенно: «То, что слышалось в младенческом лепете Белинский, Писарев орал уже во всю глотку».

Лиана АЛАВЕРДОВА. Критика только тешит себя мнением, что влияет на какой-то процесс. На самом деле и в пушкинские времена, и ныне, критика не может повлиять на то, как будет писать тот или иной автор и полюбят читатели произведение этого автора, или нет. Скорее по обратному принципу: чем больше будет ругать, тем больше интереса пробудит к ошельмованному. Что толку от того, что Н.А. Полевой подробно раздраконил «Мертвые души»? Читали школьники и будут читать, восхищались и будут восхищаться, и имя им — легион.

Елена ЧЕРНИКОВА. Я не верю в процесс развития. Хотя критик всё ещё кое-что может: никогда не упоминать писателя. И писателя не будет. Критиков почитывают учителя средних школ, чтобы расширять свой кругозор. И когда у них вдруг находится время на разговоры со школьниками о современной литературе (почти фантастика), они могут сослаться. Учителя, кстати, умеют читать, но у них реально нет времени: отчётность заела.

В пушкинское-то время-то грамотных-то было, небось, числом поболее, чем в наше-то.

Татьяна ЯНКОВСКАЯ. Сегодня влияние критики на умы

читателей, которые обеспечивают спрос на книги, не столь значительно, как в XIX и XX веке. Её влияние на литературный процесс осуществляется через авторов, которые читают рецензии на свои и чужие произведения и прислушиваются либо не соглашаются с высказанными оценками, пытаются или не пытаются писать «под форматы премий» и жанровые форматы. В США уже утвердилось царство форматов. Но лучшие произведения русской литературы, начиная с её Золотого века, часто нарушали общепринятые форматы, и это ценилось в том числе на Западе. Часть современных критиков отказывается от унаследованного богатства: «Все накопленные знания и умения русской литературы не для нас, потому что они были приложимы к тем людям, о которых писали раньше. Сейчас нас, современных, надо ухватывать какими-то другими инструментами» (В. Пустовая). Невыразительные герои, сор обыденности как содержание жизни провозглашаются нормой в литературе. Но, как писал Пришвин, «без навоза не вырастишь розу, но поэт всё-таки будет славить розу, а не навоз… Надо показывать самую розу и оставить немного навозу, перегнившего, осоломленного, чтобы показать рядом с красотой добро, рядом со свободой и необходимость, из которой она выбралась». Человек не может жить без высокой цели. Отчасти пристрастие к литературе, оторванной от жизни, связано с принятым в некоторых кругах отрицанием национального характера литературы. Между тем, как заметил Пушкин, «климат, образ правления, вера, дают каждому народу особенную физиономию, которая более или менее отражается в зеркале поэзии». Лафонтен и Крылов – представители духа своих народов, писал он в отклике на предисловие к французским переводам басен Крылова. И ещё: «Разговорный язык простого народа (не читающего иностранных книг и, слава богу, не выражающего, как мы, своих мыслей на французском языке) достоин также глубочайших исследований. Альфиери изучал итальянский язык на флорентийском базаре: не худо нам иногда прислушиваться к московским просвирням».

Как и в пушкинские времена, на литературный процесс оказывают влияние главные редакторы журналов через отбор публикаций, включая литературно-критические. Но современная аудитория толстых журналов невелика. Наверно, неплохо было бы воспользоваться опытом и мудрой гибкостью Пушкина в привлечении государственной поддержки. Он писал Бенкендорфу (!) в 1831 году: «С радостью взялся бы я за редакцию политического и литературного журнала…, около которого соединил бы писателей с дарованиями и таким образом приблизил бы к правительству людей полезных, которые всё ещё дичатся, напрасно полагая его неприязненным к просвещению». Просьба Пушкина была удовлетворена царём в 1832 г. Сегодня «высочайшее» разрешение не требуется, но финансовая поддержка – журналов, форумов, издательств, мероприятий по популяризации чтения среди детей и взрослых – не будет лишней. Но прежде всего необходимо покинуть башню из слоновой кости, заняться изучением потребностей общества и новых возможностей распространения информации. Будет ли жить русская литература, зависит во многом от самих литераторов. Ответственность велика. Басня любимого Пушкиным Крылова «Сочинитель и Разбойник» напоминает об этом. И, раз мы говорим о критиках, нелишне вспомнить слова Пушкина о В. Белинском: «Если бы с независимостью мнений и с остроумием своим соединял он более учёности, более начитанности, более уважения к преданию, более осмотрительности, — словом, более зрелости, то мы бы имели в нём критика весьма замечательного».

Ирина РОДНЯНСКАЯ. Ответы на «пушкинскую анкету» о состоянии литературной критики

Я не специалист по общему спектру критики пушкинского круга и тем более пушкинского времени, притом в сопоставлении того и другого с современностью; это была бы серьезная филологическая работа, требующая немалой эрудиции. Поэтому я буду плясать от печки, от всесогревающей и всегда пламенеющей печки, – от самого Пушкина, как правило, опережающего свое время и выходящего за пределы своего круга. (А.С. Пушкин цитируется ниже по т. 7 его ПСС в 10 тт., М., 1949, с указанием стр.).

Вероятно, все, отвечавшие на эту анкету, не обошлись без знаменитой цитаты: «Критика – наука открывать красоты и недостатки в произведениях искусства и литературы. Она основывается на совершенном знании правил, коими руководствуется художник или писатель <…> на глубоком изучении образцов и на деятельном наблюдении современных замечательных явлений» (1830 – год, когда Пушкин активно занялся журналистикой и много думал над подобными вещами; с. 159-160). Здесь речь идет о критике как эстетической экспертизе, что было и остается ядром литературно-критической деятельности, несмотря на периоды, когда оно отодвигалось у нас на относительную периферию, будучи вытесняемо «реальной критикой» 1860-х гг. (для которой произведение становилось лишь поводом к социальному анализу текущей действительности) или советским идеологическим догматизмом. Замечу, что Пушкин, говоря о правилах, коими руководствуется художник, имеет в виду не только преобладающий в данное время канон (или, на нашем суконном языке, – «художественный метод»), но принципы и приемы, выработанные для себя лично художественной индивидуальностью. «Старайтесь полюбить художника, ищите красот в его созданиях», – пишет он тут же. Без такой «любви к художнику», т. е без деликатного вхождения в его акцентуацию, содержащую разгадку замысла, литературно-критический анализ теряет смысл, – так что это лаконичное указание Пушкина бесценно. Собственно, здесь кроется и ответ на вопрос, обращенный к «анкетируемому»: что побуждает его, критика, писать? Именно восхищение красотой художественного творения и стремление передать это впечатление читателю косвенным аналитическим образом. Обнаружение же казусов, когда объект критики занимает в общем мнении незаслуженно высокое место или попросту несостоятелен художественно, – занятие, для критика важное, но все-таки второстепенное. А «деятельное наблюдение» за движением литературы в его наиболее примечательных вехах – задача, в сущности, историософская, при наличии выводов и прогнозов, действительно, сближающая критическую мысль с наукой, каковым именем Пушкин ее и называет.

Касаясь взаимодействия пушкинского круга с «жанровой» (то бишь массовой) литературой, с «масслитом», как сказали бы сегодня, составитель анкеты констатирует ироническое отношение «литературных аристократов» (соучастников пушкинских периодических изданий, прозванных так их оппонентами) к роду словесности, услужливо удовлетворяющей непритязательные читательские запросы. Но, если обратиться к самому Пушкину, тут все не столь однозначно. «Скажут, что критика должна единственно заниматься произведениями, имеющими видимое достоинство; не думаю. Иное сочинение само по себе ничтожно, но замечательно по своему успеху или влиянию, и в сем отношении нравственные наблюдения важнее наблюдений литературных» (статья «О журнальной критике» того же 1830 г., с. 99). Это неоспоримое указание Пушкина нашей современной критикой исполняется очень худо. Либо от «масслита» отмахиваются как от предмета, недостойного внимания, либо по отсутствию художественного вкуса не ощущают грани между произведениями «строгого искусства» (В.Г. Белинский) и продукцией массовой беллетристики и стихописания. После штудий раннего Виктора Шкловского (и то, относящихся к объектам давно минувшего для него времени) не припомню ни одного концептуального исследования на эту тему, ни одного, к примеру, опыта контент-анализа, так уместного при выяснении влияния на публику больших беллетристических массивов.

Итак, Пушкин дал нам приведенное выше определение литературной критики с точки зрения ее эстетических задач. Но этой стороной ее роль и ее способы влияния на публику для него не ограничивались, не зря же он не единожды повторяет (см. с. 167, 199), что «состояние критики само по себе показывает степень образованности всей литературы вообще» и «ничто иное не дает нам лучшего понятия о состоянии нашей литературы» (с. 99). Издавая «Современник» («толстый журнал», вошедший в знаменательную отечественную традицию, которую не дай Бог нынче утратить), он ориентировался на авторитетнейшие европейские образцы (Edinburgh review, Le Journal des débats) и сам дал образчики большинства, из числа свойственных этому типу изданий, литературно-критических видов и жанров. Среди них из-под его пера не выходило, пожалуй, лишь одно – ежегодный обзор текущей литературы, каковой у нас в его классическом виде связывается скорее всего с именем Белинского, хотя у последнего были, конечно, предшественники. Случайно или нет, но сегодня именно этот тип критической статьи совершенно вымирает, хотя наша послеперестроечная толстожурнальная критика всеми силами пыталась его не утерять…

В моей памяти сохранился период, когда, неожиданно очнувшаяся в бесцензурном поле литературно-художественная журналистика почти отказалась от критических жанров, рассудив, опять-таки вслед Пушкину, что для публики «истинная критика не занимательна» (с. 100) – хотя в его устах это была не рекомендация, а сожаление. Тогда с журнальных страниц исчезали не только короткие рецензии, аннотации и рекомендательные списки новинок, но целые рецензионные отделы и подчас даже аналитические статьи. Однако со временем эти зияния стали заполняться одно за другим, отстающие потянулись за лидерами литературно-критической реставрации, и в конце концов всё стало соответствовать разновидностям, чьи примеры были заданы еще Пушкиным-критиком. Не знаю, объяснять ли это «памятью жанра», свойственной не только сфере романистики, применительно к которой употреблял свою терминологическую метафору М.М. Бахтин. Но, так или иначе, не трудно показать, что почти ни один род критических проб Александра Сергеевича не ушел сегодня в небытие.

Прежде всего, Пушкин утвердил принципиальную – являющуюся «драйвом», мотором литературного движения и каналом влияния на общество – ценность идейно-значимой полемики. (В силу литературоцентричности русской культуры и долгих периодов цензурирования других, внелитературных, форм общественной мысли, эта миссия литературной критики закрепилась за ней прочно). Полемические схватки 1830-х гг., еще в обруче николаевской эпохи, не идут ни в какое сравнение с тем непримиримым ожесточением сторон, каким характеризуется эпоха Великих реформ 1860-х. Тем не менее, когда речь идет о конъюнктурно-официозных текстах и об утилитарном морализме тех, кто «видит в литературе одно педагогическое занятие» (с. 189), перо Пушкина достигает того же накала язвительности. Немилосердно преследуя своего зоила, не гнушавшегося и доносами на А.С., Фаддея Булгарина, Пушкин одарил нас образцами как памфлетного жанра («Торжество дружбы или оправданный Александр Анфимович Орлов», «Несколько слов о мизинце г. Булгарина и о прочем» – оба в 1831 г.), так и прозаической пародии («Настоящий Выжигин» – увесистая в своем энергичном лаконизме оплеуха одиозному, но весьма популярному роману Булгарина и заодно – самому автору с его позорным жизненным поведением). Что ж, пародия как косвенный, но эффективный вид литературной критики закрепилась в нашей словесности, надеюсь, навсегда. (Обращу внимание на еще одну короткую пародию Пушкина, включенную в его «Опровержение на критики», – уморительный пересказ Расиновой «Федры» критическими устами записного блюстителя нравственности, с. 185). А вот памфлетами мы не богаты – как в советские цензурные годы, так и в пору наступившей свободы. Статья «Памфлет» в «Краткой литературной энциклопедии» не дает впечатляющих примеров – откуда их было бы взять? Из текущего времени вспоминаю только памфлетный разбор исторических измышлений А.Т. Фоменко, предпринятый ныне покойным гениальным лингвистом А.А. Зализняком, – но это вне области литературной жизни, которая у нас все еще скована чопорностью, контрастирующей, к слову, с наглостью сетевых осмеяний.

Кстати, вышеупомянутое пространное «Опровержение...» свидетельствует об отсутствии у Пушкина малейшего снобизма по отношению к журнальным и прочим сочинителям критических отзывов на явления текущей литературы. Он внимательно читал все отклики на собственные публикации и с удивительным спокойствием объяснял свои несогласия и единичные согласия с ними. То же он советовал собратьям по творчеству: «Обыкновение, весьма вредное для литературы: не отвечать на критики» (с. 203). Литературный процесс мыслился им как большой диалог, как полилог.

Как обстоит сейчас дело с этим полемическим полилогом? Плоховато. В XX веке яростно спорили между собой сначала литературные группировки и объединения, пока им не закрыли рот постановления партии и правительства, потом, в оттепельное время, – интеллигентский «Новый мир» и антилиберальный «Октябрь», но всё это дела давно минувших дней. Сейчас «патриотическая» и «либеральная» периодика отделены друг от друга чем-то вроде железного занавеса, за исключением редких взаимных выпадов, и спорить им, даже переругиваться друг с другом, как бы не о чем и незачем. Перебранку в этой тлеющей под пеплом гражданской войне оживил – не в лучшую сторону – юбилейный «Год Солженицына», когда, контрастируя с парадным фоном узаконенной славы, столпились на немалых просторах одиозной печати старые и новые клеветы и инсинуации, порочащие память писателя и дело его жизни. Единственная идейно-литературная полемика, которую можно подвести под выделенную в анкете категорию «концептуального спора по поводу путей развития русской литературы» – это не прекращающееся, несмотря на затишья, направленческое столкновение между «Вопросами литературы», отстаивающими классические принципы литературного анализа и «старомодную» эстетическую вменяемость, и «Новым литературным обозрением», стремящимся импортировать ревизионные находки авангардных западных школ.

Вернемся, однако, к жанровым инициативам Пушкина-критика, не утерянным нашей периодикой по сей день. В статье о Баратынском он дает пример литературного портрета выдающегося современника, и такого рода портретирование сейчас вошло в привычку (критический отдел «Знамени» даже завел специальную рубрику Nomenclatura). Но особенно поражает пушкинское искусство в области малоформатной критики, без разнообразных подборок которой сейчас не обходятся ни один журнал и, пожалуй, ни одна газета (а в дореволюционных толстых журналах таковое помещалось даже под отдельной пагинацией). Вот пушкинская заметка о трагедии Шекспира «Ромео и Джюльета» (сохраняю правописание оригинала), сочиненная не как набросок внезапно пришедшей в голову мысли, а как ответственный отзыв о новинке (напечатана в «Северных цветах» на 1830 г.)! В 15-ти или около того журнальных строках развеиваются сомнения в авторстве Шекспира и выделяется главное характерологическое достижение драматурга – образ Меркуцио (с чем не поспоришь). Эталонная «коротышка», просящаяся как учебное пособие в современные мастер-классы. Настолько же в рамках и духе жанра – отзыв о ранних произведениях Гоголя. И, напротив, Пушкин порой предваряет рассматриваемый объект широким теоретическим обобщением, заполняя ту или иную обширную лакуну еще только становящегося на ноги литературоведческого знания («О народной драме и драме "Марфа Посадница"», 1830; статья не окончена).

Наконец, для сопоставления с нашей ситуацией любопытно и значимо то, что Пушкин склонен относить к объектам актуальной критической работы – а не к области «успокоенного» исторического анализа – творчество уже отдалившихся в прошлое авторов, пересмотр их репутаций, поиски их свежего понимания. «…Ломоносов, Державин, Фонвизин ожидают еще египетского суда. Высокопарные прозвища, безусловные похвалы, пошлые восклицания уже не могут удовлетворить людей здравомыслящих» («О журнальной критике», с. 99). «Египетский суд» – это беспристрастный посмертный суд, выяснение истинной цены персоны на точных весах уполномоченных на то божеств. Нечто «египетское» через пять лет соверши – с перехлестом («у нас нет литературы!») – сразу сочувственно замеченный Пушкиным дебютант Белинский в своих «Литературных мечтаниях». Но и сам Александр Сергеевич сверкнул неожиданным образчиком такого «египетского суда». Имею в виду его пастиш (pastiche – стильная мистификация) «Последний из свойственников Иоанны д'Арк» (1837 г., напечатано в посмертном для Пушкина номере «Современника»). Здесь поэт окончательно разделывается с кумиром своей юности: устами вымышленного пра-племянника Орлеанской Девы бросает дуэльную перчатку Вольтеру, автору скабрезной поэмы о национальной героине Франции, святой Жанне, – ну а попутно мстит за поруганную литературную честь Шекспира, возвращая классику французского Просвещения кличку «пьяный дикарь», которою тот в свое время наградил сочинителя «Гамлета». Вот такая «египетская» загробная разборка, восстанавливающая справедливость.

Я не припомню у нас нынешних примеров пастиша (наряду с пародией, пригодного на роль литературно-критической акции); может быть, кто-нибудь укажет мне на упущенное. Но вот жанр «нового прочтения», свежей, как бы с чистого листа, интерпретации давно закрепившегося в общелитературной памяти художественного текста, получил на моем веку большое развитие и обещает процветать впредь, параллельно с изысканиями академической филологии и в некотором ощутимом отличии от нее. Отчасти мы обязаны его подъемом всё той же советской цензуре. Когда актуальная критика совсем уж застонала на прокрустовом ложе, ее деятели постепенно начали перебираться в прошлое, не теряя из виду горизонта современности, иногда путем прямых аллюзий, иногда, сохраняя общую перспективу «большого времени». Таков, например, был путь Игоря Золотусского от актуальной критики наследию Гоголя. Имя Достоевского открыло возможность пойти подобным путем многим другим. Да и в не стесненном сегодня поле печатаются яркие работы, вершащие идейно-злободневный, «египетский» суд над прошедшим и всею сутью принадлежащие домену литературной критики, а не филологической экзегезы. Из недавнего назову статью О. Лекманова и М. Свердлова «Для кого умерла Валентина?» («Новый мир», 2017, № 6), где из подосновы поэмы Эдуарда Багрицкого «Смерть пионерки» выпрастывается на поверхность танатология и танатолатрия большевистского мифа.

Остается в ответ на последний вопрос анкеты заметить, что мера влиятельности литературной критики в пушкинское время и в наше являют альфу и омегу на двухвековом отрезке пройденного пути. Пушкин констатировал, что еще не пришло, но придет время для «постоянного влияния» критики на художественную словесность и на общество (см. с. 168). Его предсказание, как мы знаем, сбылось с убедительной полнотой. Но время это в нашей литературе минуло в свой черед. Что, при постепенном накоплении симптомов, стало наглядно на грани XX и XXI веков. Литературно-критический цех располагает неимоверным количеством имен, достаточной пестротой вкусов и идейных ориентаций. Критические жанры, как уже говорилось, в целости, хотя неуклонно стремятся к всё более малому формату, поскольку на нынешнего читателя развернутая аргументация, за которую ратовал Пушкин, высмеивая суждения: «это хорошо, потому что прекрасно, а это дурно, потому что скверно» (с. 168), наводит скуку, ему подавай сразу выводы... Но в целом критика не имеет в себе той энергии, которая позволила бы ей влиять на умственную жизнь общества или даже сравнительно узкого круга интеллигенции, на формирование литературных направлений с явственным идейным рельефом. Я уже воспользовалась словом «цех». Да, теперь это цеховое занятие, которое не бросят те, кто прикипел к нему, что называется, «из любви к искусству», без надежд на эхо значительного радиуса. «Омега» – конец культурно-общественного цикла. Но следом начнется новый.

Ефим БЕРШИН. Машкерад

Из книги «Маски духа»

Странно, между прочим, что я на это раньше внимания не обращал. Написано же черным по белому: «…Но всякий раз переодевался в разные костюмы. Вот уже смотришь: Пушкин серб или молдаван, а одежду ему давали знакомые дамы. Издали нельзя и узнать, встретишь – спрашиваешь: «Что это с вами, Александр Сергеевич?» – «А вот я уже молдаван». А они, молдаване, тогда рясы носили. В другой раз смотришь, уже Пушкин – турок, Пушкин жид, так и разговаривает, как жид…»

Так вот оно, вот! Догадался, черт кудрявый. Догадался и подыграл. А чего ж не подыграть? Любил игру. «Ведь мы играем не из денег, а только б вечность проводить». Мало того, что, вместо лица, бог весть что. Так еще и кривлялся все время. Не человек – пародия. Понял, понял, черт. Дотумкал, что никакой разницы нет – что так, что эдак. Все равно маскарад. И дальше вот: «Танцевали под волынку местный танец джок. Приезжали смотреть на народ в каретах. Приехал и Пушкин… в феске, обритый…» Да еще и ногти эти – длиннее ногтей китайских ученых. Люди видели, вспоминали, врать не станут. Да и с чего бы им врать? Прятался! Все время кого-то изображал. Чтоб не узнали.

Тут, материализовавшись из лужи, подошел ко мне какой-то цыганенок – маленький, но уже несчастный. И пристал:

– Дяденька, купи семечек. Или так денег дай, а то я уже неделю не ел.

Врет, конечно. И семечки его мне без надобности. Но пришлось купить. Не отвяжется ведь. Да из-за кустов вон еще двое выглядывают. Еще грязью замажут. В Тирасполе как раз дождь прошел. А здесь как дождь пройдет, сразу одно болото. Этим-то что? Они все равно чумазые. Им и рядиться не надо.

Интересно, когда он в Тирасполь ездил, тоже наряжался? Видать, наряжался, да только неудачно. Генерал Сабанеев-то его признал. Признал. А зачем ездил-то? Понятно, зачем. В крепости дружок сидел, Раевский. Как сказано, «…наряжен был в 6-м корпусе в г. Тирасполе…. под наблюдением генерала Сабанеева». К тому времени уж пару лет отбыл в «наряженных». А Пушкин вырядился и тайно вокруг крепости ходил. По грязи-то. Высматривал что-то. А что? Уж не… Сабанеев его узнал. Дотошный был. Прямо из окошка углядел. И подослал к нему старшего Липранди, Пал Петровича. Чин-чином. Не желаете ли, милостивый государь, Александр Сергеич, прогуляться в крепость, дружка своего навестить? Что ходить вокруг да около, грязь месить? И что? Отказался ведь! Отказался Сабанееву на смех! Зачем тогда приезжал? Младший Липранди вот в Бендерах остался, вроде как останки Карла XII искать. Или Мазепы. А на что Липранди Мазепа? Как козе – конфетка.

Пестель, правда, напрямую высказался: «А не освободить ли силой?» Это еще там, в Кишиневе. Пушкин, вроде, пропустил мимо ушей. Хмыкнул только, гримасу состроил. Но, говорят, с того времени как раз и сочинил себе трость из ствола охотничьего ружья. Тяжеленную. И так с ней ходил. Руку укреплял. И завел обыкновение, проснувшись, палить из пистолета в стену. Запрется, сидит голый в постеле и палит до посинения. Тогда же и задираться стал с кем ни попадя. Молдавана одного чуть не прибил, или прибил даже. За то, что не хотел с ним стреляться. А молдаван был знатный, густых кровей. Теодорашка Болш. Или Балш. И что ему с того молдавана? А вот, нате вам, – прибил. Подсвечником!

Перепрыгнув через лужу, я отправился к приятелю, у которого остановился. Пробрался по грязи переулками, подхожу к дому и вижу, что к калитке коза привязана. Белая, но с черным пятном между рогами. Где-то я ее уже видел. Обхожу козу справа – и она вправо идет. Обхожу слева – и коза туда же. Да еще и рога выставляет. Кликнул я тогда приятеля, он вышел, козу из-за забора отвязал, она и пошла себе.

А приятель спрашивает:

– Ты зачем козу привел?

– Я? Козу? Я что – похож на человека, который коз ворует?

– Да вот, я тоже удивился. – Пожал плечами приятель. – Смотрю – коза стоит у забора. Вроде ее не было. А тут еще одна девочка приходила, маленькая, тебя спрашивала. Конфет, говорит, мне обещал. И ушла. А коза стоит. Чудеса!

Стало смеркаться, и дождь опять припустил. Да с ветром. А у приятеля весь двор виноградной лозой затянут. Она под ветром гнется, и виноградные гроздья бьются о стекло, как будто сразу десятки синих глаз в окно заглядывают.

Но, главное, думаю опять, что он постоянно переодевался, перевоплощался, так сказать. Ни часу без машкерада не обходился. То он серб, то молдаван, то турок, то полу шинели на плечо забросит – вроде как генерал. А сам-то – коллежский секретаришка. А то цыганом нарядился – и в табор, к Земфире. Да только цыган не проведешь. Получил от ворот поворот. Они сами ряженые. Земфира хвостом махнула, и поминай, как звали.

И сразу:

Остались мне одни страданья,
Плоды сердечной пустоты.

Именно что – пустоты. Не человек – колба с ветром. Потому и наряжался – скрыть хотел. Да разве скроешь? Синявский правильно догадался – пустой он, как бочонок из-под вина. С легкостью наполнялся, с легкостью и облегчался. Причем, содержимого не выбирал – что нальют, то и ладно. Выплескивал все подряд. Да быстро так – чтоб место освободить. И место, надо признать, было свято. Редко пустовало. Но он-то причем? Место – оно и есть место. Устал Господь – присел. А когда бы нет?

А тут еще эта коза. Где же я ее видел? Девочка какая-то. Мне еще девочек не хватало. Грязищи все-таки в этом Тирасполе! И как люди живут?

* * * *

А Пушкин хоть и палил спросонья из пистолетов так, что чуть стена не отвалилась, хоть и приставал ко всем подряд со своими дуэлями, и руку тренировал, все ж не преминул заразиться идеями некоего французского аббата Сен-Пьера. Эти французы всегда что-нибудь придумывают. И аббат этот придумал (иначе и не скажешь – придумал) идею о вечном мире. Вот Пушкин и заразился. И стал утверждать на всех углах, что через сто лет не будет больше никаких армий. Видать, об этой идее и размышлял сосредоточенно, когда уже перебрался через Днестр из Тирасполя в Бендеры – от одной крепости к другой. А над чем еще было думать? Никакого Мазепы они с Липранди там, конечно, не нашли. Да и где его найдешь того Мазепу? Может, шведы его с собой утащили, а, может, еще куда делся. В общем, – никакого следа. И времени прошло с того Мазепы – больше века. А если и тут оставался-то под турком. А ты попробуй под турком целый век пролежать. Зарыли поглубже – концов не найдешь. Зачем туркам Мазепа? Им и Карл-то был не нужен, туркам-то. Ясное дело, припрятали, чтоб Пушкин не нашел.

А тут эта французская идея. Армий не будет, войн не будет, вечный мир! Знал бы, что ровно через 171 год на этом самом месте, в Бендерах, среди бела дня его памятник будут расстреливать из модернизированных автоматов Калашникова, а осколки будут сыпаться на мою бедную голову!

* * * *

Мостовая бывшей Итальянской, а ныне Пушкинской улицы в Одессе больше напоминала тот самый луг, где, по свидетельству знаменитого одессита Исаака Бабеля, «пасутся женщины и кони». Поэтому осторожно, чтобы не сломать ногу, я добрался, до бывших владений французского негоцианта Шарля Сикара, где летом 1823 года, перед вступлением в должность коллежского секретаря при канцелярии наместника Новороссийского края, останавливался Пушкин. Нырнув в подворотню, за которой некогда располагался каретный двор, я пошевелил ноздрями и обнаружил, что запах навоза и лошадиного пота до сих пор не выветрился, хотя никаких лошадей во дворе видно не было. С трудом разыскав в этой подворотне вход в музей-квартиру Пушкина А. С., я поднялся на второй этаж и направился было прямо в пушкинскую спальню, но был остановлен сразу тремя экскурсоводами, которые тут же повели за меня форменную войну, поскольку, как выяснилось, я был единственным посетителем, а женщины (все три экскурсовода были исключительно женщинами) из-за отсутствия посетителей прямо на глазах теряли квалификацию. Пришлось брать сразу всех.

Пытаясь блюсти музейную неторопливость и даже академичность, они, тем не менее, постоянно перебивали друг друга, потому что у каждой накопилось немало знаний о Пушкине, которыми необходимо было поделиться немедленно. И вместо того, чтобы отвести меня, как я и просил в спальню, они потащили меня совсем в другую сторону. Смирившись с неизбежным, я вынужден был прослушать весь курс школьной программы, включая чтение «Евгения Онегина», где лучшей, как я понял, была строка: «Итак, я жил тогда в Одессе».

Когда мы, наконец, дошли до спальни, я начал с неожиданным для экскурсоводок любопытством ее оглядывать. И в результате тщательного осмотра обнаружил стол, конторку, два кресла, стул, зеркало, люстру и высокое, выходящее во двор, окно с занавесками. Кровати не было.

Выглянув в окно, которое выходило в тот самый двор, через который я только что проходил, я увидел разобранную карету и двух выпряженных из нее лошадей, одна из которых, послушно согнув ногу, покорно ждала, пока то ли кузнец, то ли кучер внимательно исследовал копыто.

Зажмурив глаза, чтобы избавиться от галлюцинации, я повернулся к сопровождающим меня экскурсоводам и спросил, соблюдая строгость в голосе:

– А где кровать?

– Кровать не предусмотрена! – Радостным хором сообщили они.

– Милые дамы, ответьте мне на один вопрос: это спальня?

– Спальня!

– Видели вы когда-нибудь спальню без кровати?

– Не видели. – Потупили они взоры.

– Значит это не спальня?

– Спальня. – Подтвердили они.

– Не будете же вы утверждать, что Пушкин спал на люстре? Где кровать?

– Не предусмотрена.

Конечно, если бы на месте этих дам был групповод Дмитриев, я бы услышал немало правдивых историй о необыкновенных способностях

Пушкина спать на конторке, на карнизе или даже на потолке. Но его тут не было, а глубокие объясненияего сообщниц у меня доверия не вызвали. Поэтому я потребовал директора. Директор явился через несколько минут в виде благообразного интеллигента старой модели с тяжелой тростью в руке. Сразу оценив обстановку, он взял меня под руку и повел к себе в кабинет.

– Милостивый государь, а знаете ли вы, кому принадлежала эта трость? – Доверительно прошептал он, оглядываясь по сторонам, будто за нами следили ищейки Бенкендорфа. – Она принадлежала Пушкину! Вы не поверите, но трость сделана из ствола охотничьего ружья и весит целых два с половиной кило. Отсюда я делаю вывод, что Пушкин специально укреплял руку и таким образом заранее готовился к дуэли. – Он посмотрел на меня теплыми глазами и добавил: – Поверьте, этой информацией я делюсь не с каждым. Далеко не с каждым. Но вы, я это вижу сразу, вы – это совершенно особенное дело. – И застыл, ожидая моей восторженной реакции.

Реакции не последовало. Зато последовал резкий, как дуэльный выпад, раздраженный вопрос:

– Кто упер кровать из спальни?

Заведующий сразу как-то поник, опустил плечи, прикрыл поплотнее дверь и таинственно зашептал:

– Видите ли, в чем дело…

Я уже не сомневался, что второй раз за этот день услышу невероятную историю, рассказанную Рабиновичем.

Евгений ГОЛУБОВСКИЙ. Что мерещится под запах акации

Уильям Фолкнер создал округ Йокнапатопа, Александр Грин вымечтал Зурбаган, Александр Пушкин придумал Одессу.

Вдохнул в свое произведение и свою африканскую страсть, и галльский смысл, и аглицкий дендизм… А какими замечательными людьми населил город! Для них Онегин, Ленский, Моцарт и Сальери не менее реальны, чем Дерибас, Ришелье и Ланжерон.

Но ведь не может город быть без поэта. И Пушкин нам дарует поэта:

Одессу звучными стихами
Наш друг Туманский описал…

Читали ли вы стихи «нашего друга Туманского»? Все, что осталось от него в памяти – эти две строки Пушкина да его отклик на «одесскую главу Евгения Онегина», которую он, естественно, назвал «грамотой на бессмертие для нашего города».

Здесь, у берега моря Эвксинского, где мало было питьевой воды, и много ветров высадить дерево было не просто. Хорошо принималась белая акация. Как оказалось, Пушкин был не плохим садовником, деревьев не садил, хоть в легендах Одессы ему приписывают и такие подвиги, но он вырастил Город, воспитал его своими стихами. «Прощай, свободная стихия!» – вынужден был сказать. Но не ушел, остался навсегда в сочиненном им городе.

Пройдет сто лет и Эдуард Багрицкий в стихотворении «Одесса» будет писать не о городе, а о поэте города. И закончит стихи строками, которые последующие почти сто лет повторяют все поэты Одессы:

Но я благоговейно поднимаю
Уроненный тобою пистолет.

Эта преемственность была воздухом Одессы.

В 1918 году молодой Юрий Олеша в стихотворении «Пушкин» думал о том же

И здесь, над морем ли, за кофе ль,
Мне грек считает янтари,
Все чудится арапский профиль
На фоне розовой зари.
Когда я в бесконечной муке
Согреть слезами не могу
Твои слабеющие руки
На окровавленном снегу

В самые трудные годы сталинщины рядом с одесситами был Пушкин. В Одессу, совсем как в 1823 году, через сто лет, в 1933, сослали друга Александра Блока поэта Владимира Пяста. И что он писал в Одессе? Правильно – он обратился памятью к Пушкину, в нем нашел поддержку, спасение.

Вспоминаю Одессу семидесятых годов. Как в официальное славословие Пушкина, из которого пытались сделать икону, свежим, пушкинским дуновением ворвалась пьеса-поэма Юрия Дынова «Всего тринадцать месяцев» с ее афористичными, взрывными строками по самым разным поводам нашей (не только пушкинской) жизни:

Ах, саранчовая орава,
Без мысли влезшая в чины!
Кто говорить дает вам право
Со мною от лица страны?
Страны великой из великих,
Хотя б за то, в конце концов,
Что при хранителях безликих
Хранит великое лицо.

При хранителях безликих – это диагноз на долгие времена.

Я написал, что Пушкин автор нашего города. «И тут, я право, не солгал…» Но я мог бы написать, что воспринимаю Пушкина, как ангела хранителя Одессы. Его уроки свободомыслия были усвоены городом. Иначе он не выстоял бы в 1941, иначе он весь превратился бы в дым в 2014-ом…

Но рядом был Пушкин.

Помню, какой злостью ответили правильномыслящие на предложение Олега Губаря, писателя, пушкиноведа, создать в центре города еще один памятный знак поэту – Тень Пушкина. Не всем уютно ощущать себя под тенью гения.

Но создали. Олег Губарь, поэт Олег Борушко, скульптор Александр Князик.

И вот мы не столько под тенью, сколько под сенью Пушкина.

Прежде, чем сел писать это эссе, отправил абсурдную по формулировке записку нескольким одесским современным писателям:

– Зачем Вам Пушкин?

Первым – в той же иронической тональности ответил Олег Губарь, заканчивающий работу над многолетним трудом – путеводителем по пушкинской Одессе 1823-24 годов:

– Нам Пушкин строить и жить помогает!

Если вдуматься, то так оно и есть. Спасибо, Олег Губарь!

Остальные ответы более развернуты, лиричны, философичны. Вот некоторые из них.

Людмила Шарга: «*Попыталась представить себе и себя без Пушкина. Без сказок на ночь, их читал мне отец, у мамы были вечные, нескончаемые горы тетрадей, она преподавала русский язык и литературу. Так вот. Без сказок. Без "Барышни-крестьянки" и "Станционного смотрителя", которые знала наизусть, без письма Татьяны к Онегину, без "Пиковой дамы". Без потрясения в музее на Мойке,12, у кожаного дивана с тёмным пятном. Скептики меня не поймут, тем не менее, смертельный холод и боль овладевали мною дважды, когда я приближалась – на позволенное расстояние – к дивану.Выхолостить всё это, и осталось бы что-то здоровое, серое и ущербное. Румяная серость. Зачем... Чтобы "нежный вкус родимой речи" не потерять. И себя вместе с ним».*

Сергей Рядченко: «*Вопросец, конечно, тот ещё. Притворимся простодушными. Пушкин мне затем, чтобы восхищаться, учиться и со-бытийствовать; читать и перечитывать его поэмы и сказки, его чудодейственную прозу; его путевые заметки, наброски и письма, в которых, как во Вселенной, сколько ни борозди, всего не выборозздишь. А ещё Александр Сергеевич, как-то походя, разъяснил мне, что такое вкус: это чувство соразмерности и сообразности. Внял, применяю, не нарадуюсь. А не будь у нас романа "Евгений Онегин" с недописанными главами, то, сдаётся мне, что и нас бы не было. Мне Пушкин затем, чтобы жить и дышать».*

Мне представляется, что подводить итог этим ответам нет нужды. Признания в любви всегда трудно вымолвить. Для меня Пушкин – урок человеческого достоинства, урок противления злу, урок жизни вопреки складывающимся обстоятельствам.

Другой поэт, сбрасывавший Пушкина с парохода современности – Владимир Маяковский когда-то написал: «Я б Америку закрыл, слегка почистил, а потом опять открыл – вторично»

Перефразирую – я б Одессу закрыл, слегка почистил, а потом опять открыл – вторично…

И вернул бы величие пушкинского замысла. Потому что Пушкин жив. И это не мистика. Пока звучит русская поэзия.

И вновь из Багрицкого. Теперь из стихотворения «Пушкин»:

Цветет весна – и Пушкин отомщенный
Все так же сладостно-вольнолюбив.

Всё правда. За окном – цветет весна. Цветет акация. И Пушкин все так же сладостно- вольнолюбив.

Елена ЧЕРНИКОВА. Exegi monumentum

Читатель данной статьи обязан знать это выражение в лицо

Я памятник себе воздвигнул долговечный,
Превыше пирамид и крепче меди он.
Ни едкие дожди, ни бурный Аквилон,
Ни цепь несметных лет, ни время быстротечно
Не сокрушат его. Не весь умру я, нет...
Капнист

…На острове Родос есть древнее горное село Монолитос. Одноимённая скала – действительно монолит. Изящная громада; чем-то напоминает Кайлас, то есть कैलास पर्वत

Близ верхушки Монолитоса часовня, ибо греки православны. В крохотную часовенку приходят, вскарабкиваясь, поклониться святому Пантелеймону. Это высоко, но святой лечит. Вокруг – неземная красота. Эгейское море. Средиземное море. На Родосе два моря. Воздух медовых, розовых и кипарисовых тонов. Весело прыгают кокетливые козы. Однажды в оливково-лавровом раю родилась девочка Федра. Когда она выросла (с отцом, но при мачехе, а расти при женщинах, которые тебя не любят, читайте мировой фольклор), судьба подарила ей поездку в СССР на бесплатную учёбу. Девочка окончила факультет журналистики МГУ, вернулась в Грецию, где стала телезвездой, а также прекрасным преподавателем русского языка. Познакомил меня с нею русский писатель Юрий Нечипоренко. Мы все содвинули бокалы – навсегда.

Миллионы иностранцев учились в СССР, и многие с горячей благодарностью вспоминают свою молодость и прекрасное образование, а некоторые, испытывая объяснимую жгучую благодарность, действуют. Мне тоже кажется, что любовь, даже если это простая и очевидная любовь – к родине, к Пушкину, к родному языку – гораздо приятнее испытывать в пути, направляясь куда-нибудь что-нибудь сделать – с любовью. Любишь – засучи рукава.

Ты, Муза, не вини меня за то.
Рассудок мой теперь, как решето,
а не богами налитый сосуд.
Пускай меня низвергнут и снесут,
пускай в самоуправстве обвинят,
пускай меня разрушат, расчленят, —

в стране большой, на радость детворе
из гипсового бюста во дворе

сквозь белые незрячие глаза
струей воды ударю в небеса.

Бродский

А наше всё, согласно афоризму Аполлона Григорьева, это Пушкин. А у Пушкина юбилей. А греки обязательно делают любимым подарки, и не только на день рожденья. На Родосе даже к соседке без гостинца не заходят. Идёшь к людям – принеси какой-нибудь символ своего чувства, примету тебя, живого, сущего.

Суровая история была у древнего народа. Согласно Льву Гумилёву, греки – один из трёх окаменелых этносов. Образец, как надо жить, чтобы уцелеть. Технология выживания: своих надо любить. (Может, и у нас попробуем? – ЕЧ., вставка 2019; разницу между народами, этносами, греками разных веков я знаю, и дело не в терминах.)

В 2009 году Федра перевела на русский язык иллюстрированную книгу Вангелиса Павлиди «Родос. Одна история». Многовековая череда завоевателей, войны, человеческие драмы, божьи дары, трагедии, возрождение; греки прогнали всех пришельцев и теперь сами владеют своим миром.

Десять лет назад первый вариант моего очерка о памятнике Пушкину, воздвигнутом пятью авантюристами во главе со мной как инициатором и участником, был опубликован в издании весьма казённом и почтенном – в журнале «Журналист». Почти цитирую.

Чтобы поздравить любимого, то есть Александра Сергеевича, с юбилеем 2009 года, греческий журналист Федра могла поступить банально: приехать в Россию и посетить какое-нибудь торжественное мероприятие. Но Федра чудо и пример антибанальности. Что она подарила бы ему? Цветочки? Пушкину? Федра с детства пишет стихи. Но читать Пушкину? (Боже мой, сколько выслушивают бронзовые александры-сергеевичи по всей стране за один день 6 июня любого года!) Своих стихов друг другу, например, супруги Пушкины не читали. Правильно.

Гречанка и мать двоих детей, Федра уж понимает толк в домашних праздниках. И события пошли по уникальному сценарию.

Черникова, писатель такой, автор этих строк, впервые прибыл на Родос поработать в Международном Центре писателей в декабре 2008 года – уф! я, кажется, добралась до начала story, хотя тут ещё надо бы почему я рванула на остров зимой 2008, но тогда выйдет роман или чистая ода Горацию, как работаю я работаю, между главами дружу с Федрой, и однажды она говорит мне, что на будущий, то есть 2009 год, она хочет сделать в октябре, в Лицейский день, праздник. Частное лицо хочет сделать международный праздник. А для сообщения «Пушкин и Греция» приглашает меня. Дальше – как в кино. Запомните: всё придумала Федра Маландри. Сначала идею: Пушкина должны знать на Родосе. Все, кто не знал. А не знали – все. Родос – остров.

Возвращаюсь (декабрь 2008) в Москву, начинаю готовить доклад к осени, и как-то летом (2009) случайно встречаюсь на выставке со своим знакомым – скульптором Григорием Потоцким. Скульптор спрашивает, как дела, я говорю – пишу доклад «Пушкин и Греция», он вдруг предлагает: а давай Родосу памятник Пушкину подарим! Запомните: сумасшедшую идею дарения памятника выдвинул Потоцкий.

Я пожимаю плечами и говорю Григорию, что никогда не дарила памятников. А ещё проблема острова: море кругом, и Греция далеко. Но слово-то сказано. Скульптор мгновенно делает бронзового Пушкина, и в конце августа 2009 года Пушкин доставлен на Родос. На кухню к Федре. Я не шучу. Фото прилагается.

Федра поднимает мэра и губернатора. А у них выборы. Политика. Пока местные начальники перевыбираются, а потом выбирают место для установки, наш бронзовый друг стоит в квартире у Федры, и она каждое утро здоровается с ним, по голове гладит. Пьёт с ним кофе. Разговаривает. Приходит октябрь. Родосские начальники выделяют для Пушкина место. На Родосе есть аллея филэллинов (малоизвестное у нас слово, означающее, как легко догадаться, тех, «кто любит эллинов», дружит с греками). Близ неё планируется даже улица Пушкина.

Почему наш главный поэт так интересовался Грецией, русским читателям объяснять не надо. Но как объяснить Пушкина – островным жителям? В Афинах все в курсе, но Додеканес, островная Греция, это особый мир, куда порой не доходят культурные сведения из Греции континентальной. Запомните: как следует объяснять островным грекам смысл Пушкина – это моё ноу-хау.

Эврика! (А как же.) Мне помог граф Иоанн Каподистрия, служивший министром иностранных дел России с 1816 по 1822 гг. В 1827 году он стал первым правителем свободной Греции. Запомните: грек был сначала у нас министром, потом у них президентом. Это важное – родственное – соединение, и на Родосе мой доклад был воспринят исключительно серьёзно.

Повторяю. Чтобы нехрестоматийный исторический факт русско-греческих отношений стал общеизвестным хотя бы на одном острове в одном море, нужен человек, который любит. Нужно верное сердце Федры. А чтобы в зал, где русский писатель (я) читал свой доклад, пришёл весь остров, нужно было всех позвать. Федра выступила по местному радио и всех позвала:

The International Writers and Translators' Center of Rhodes in cooperation with Ms. Phaedra Malandri, teacher of Russian language, has the honour to invite you to an event dedicated to the national poet of Russia

Alexander Pushkin on the occasion of his 210th birth anniversary. The event will take place on Wednesday, 21st of October 2009 at 19.00 at the event hall of I.W.T.C.R. (10AA. Laskou str.). Invited speaker: Elena Chernikova, writer and journalist. Pushkin's poems will be read by the poet Mr. Souleyman Alayali Tsialik.

И пришли. Свободных мест в зале Международного центра писателей и переводчиков не было. Я докладывала свои открытия по-русски, Федра переводила на греческий. Местный поэт Сулейман по-гречески читал стихи Пушкина. Компьютер читал Пушкина по-русски, а русская музыка шла фоном. Обстановка была праздничная.

Наутро островитяне от лавочников до депутатов обсуждали новость: главный поэт России прекрасно знал, оказывается, древнегреческую литературу и рвался в Грецию, когда начались революционные события. Русский поэт Пушкин – потрясло греков в высшей степени – служил в департаменте их обожаемого графа Иоанна Каподистрия. То обстоятельство, что Пушкин был непосредственно знаком с Каподистрия, произвело на слушателей моего доклада такое впечатление, будто в их большой греческой семье стало одним родственником больше, да каким! первый поэт России, впоследствии женатый на первой красавице, и первый президент Греции, оказывается, были сотрудники. Чудо. Наш первый и греческий первый – великолепная новость – знакомцы. Всё первое. И тут Пушкин исторический словно вселился в бронзового, только что подаренного острову. Семья – бог греков. Если в семье прибавление, жизнь имеет смысл.

Мне очень понравилось рассказывать грекам о Пушкине в год 210-летия поэта. Это был Пушкинский первый праздник на Родосе, и русская классика впервые провела там свою, так сказать, выездную презентацию. Континентальных-то учёных греков проняли Пушкиным задолго до меня другие вояжёры. А вот рассказать рыбакам и наградить их невесть за что бронзовым поэтом – мне теперь есть что вспомнить. Говорят, все люди умирают. Но Гораций в тридцатой оде третьей книги пишет, что… ну, дальше вы знаете, о чём пишет Гораций, в шести разных переводах на русский язык. Не зарастёт!

А ещё у меня теперь есть серия очерков о «женщинах, которых не так поняли». Видное место в серии занимает ангел –Таша. Обратиться к ней, оболганной ведьмами, меня побудила та же Греция, тот же Родос. Моими как бы содокладчиками в 2009 году были четыре огромные карты – генеалогическое древо Пушкина: сорокалетний труд семьи известных пушкинистов Черкашиных, отца и дочери, проследивших все ветви и доказавших тысячелетние связи, так или иначе приведшие к рождению Александра Сергеевича. В работах Ларисы Черкашиной прослежены и потомки, и переплетения, все линии. Лариса дала мне карты с собой, когда я уже собиралась лететь. Четыре громадные карты мы с Федрой прикнопили к стене зала. После доклада греки подходили к стене, рассматривали карты, трогали и гладили, а когда нашлась и греческая линеечка в боковой ветке, радость перешла в восторг. Овации – семье. Она громадна. Ей тысячи лет!

В журнале, где я впервые об этом рассказала, был и вывод: «Народная дипломатия и частные отношения между журналистами в современном мире сейчас могут и порой должны делать больше, чем заорганизованные и проверенные представители».

Самый удобный двигатель – любовь, как в описанном здесь сюжете, как любовь Федры Маландри к России, к Пушкину. Как моя к Федре, к нашему Пушкину, особенно к тому бронзовому, долго жившему на кухне у Федры в ожидании установки в городе.

(Сейчас секретная часть. Заботливая гречанка так сжилась с ним, что однажды высказала крамольную мысль: «Елена, ведь это произведение искусства! Разве можно ставить его на улице! там голуби…» Я сказала, что Пушкин для Родоса должен быть уличным. При жизни до Греции не добрался, пусть ему наконец повезёт бронзовому. А если птички будут вести себя как попало, то впредь любого русского писателя, кто приедет на этот остров с любой миссией, даже если просто поработать в Центре писателей – для вдохновения надо будет обеспечить инвентарём, и пусть идёт мыть бронзовую голову!..)

Виктор ЕСИПОВ
Стихи и предисловие Б.М. Сарнова к книге стихотворений «Стихи разных лет»
(Л., «Сфера», 1994)

Виктору Есипову недавно исполнилось пятьдесят пять. Стихи он пишет, можно сказать, всю свою сознательную жизнь. Но первый его поэтический дебют (в журнале «Юность») состоялся в 1974 году. И хотя стихи его публиковались время от времени в самых престижных наших поэтических изданиях (альманахе «Поэзия», сборниках «День поэзии» и др.) первая книга его стихотворений увидела свет лишь сравнительно недавно: в 1987 году (издательство «Современник»).

Все это как будто говорит о не слишком счастливой писательской судьбе. Но поскольку речь идет не просто о литераторе, а поэте-лирике, я с полной убежденностью могу сказать, что в профессиональном смысле Виктору Есипову как раз на редкость повезло. Везение это состояло в том, что он далеко не вдруг, не сразу, а лишь, как сказано у Данте, «земную жизнь пройдя до середины», осознал себя писателем-профессионалом.

К великому его счастью у него была другая профессия, что позволяло ему обращаться к творчеству не по велению некоего профессионального долга, но лишь в тех случаях, когда его побуждал к этому странному занятию подлинный, живой и неодолимый душевный порыв. Именно это в конечном счете определило истинность его поэтического призвания, отмеченного не столько овладением разного рода словесными ухищрениями и фокусами, сколько предельной искренностью и безыскуственностью его поэтического голоса.

Бенедикт Сарнов

ИЗ КНИГИ «СТИХИ РАЗНЫХ ЛЕТ»

ЦВЕТЕНЬЕ СИРЕНИ

Б. Сарнову

Довольно нам биться над темной строкой,
Закроем с тесемками папку,
Возьмем да в стеклянную банку с водой
Нарежем сирени охапку!
Сиреневый дух,
как почетный эскорт,

По дому пройдет за букетом, –
Хоть грудью вдыхай,
хоть пищи натюрморт,
Хоть смейся, застигнутый летом.
А, может, не нужно ни вздохов, ни слов,
А зорко прицелясь глазами,
Найти среди тьмы симметричных цветков
Счастливый, с пятью лепестками?
Нам эта забава известна давно,
Как, впрочем, известна досада.
А счастье?.. Распахнуто настежь окно,
И свежестью тянет из сада.
1972

* * *

В том доме возле старого Арбата,
Так крепко в память врезавшемся мне,
Стыл свет неяркий и зеленоватый,
И кактусы стояли на окне.

Смешной чехол на стареньком диване,
Где время так томительно текло!
Дореволюционные изданья
Чернели корешками сквозь стекло.

Висел этюд Туржанского в простенке,
В журналах утопал квадратный стол…
Здесь пили чай, в сердцах кляли Лысенку,
В языкознанье понимали толк!

Шла речь об исторических моментах,
О непонятных школьнику вещах, –
В пристанище «гнилых интеллигентов»,
Как выругалось время второпях.

А на стене из тоненькой фанеры,
Отгородившей угол их жилой, –
Желтеющее фото офицера,
Погибшего под Курскою дугой.
1973

Виктор ЕСИПОВ

В ПАРИКМАХЕРСКОЙ

В сонной очереди этой
Ни волненья, ни обид.
За развернутой газетой
Чья-то лысина блестит.

Металлической гребенкой
Захватив волос струю,
Словно малому ребенку,
Гладят голову мою.

Водят бритвой, словно кистью,
Над шедеврами бород,
Весь набор ходячих истин
Репродуктор выдает.

Кудри, ваша песня спета,
Не жалеют вас ничуть!
Словно пепел с сигареты,
Пряди падают на грудь.

Предвоскресная волынка,
Смотрит лето сквозь стекло...
Напевай, мурлычь, машинка,
Оболванивай чело!
1974

В МАСТЕРСКОЙ ХУДОЖНИКА

Б. Биргеру

Держат высь фонаря переплеты,
Зимний свет не силен, но глубок.
Открывает художник работы –
Все собрались, и дверь на замок.

Приглушенные сумраком краски,
Приглушенных раздумий венец –
Откровение, грустная сказка
Для изломанных былью сердец.

Этих судеб кривых вереница,
Коим ведомы крест и костер,

Эти внутрь обращенные лица –
Сумасшедшему дню приговор.

Тридевятого века заложник,
В этот век залетев налегке,
Средь прекрасных изгоев художник
Сам сидит в шутовском колпаке.

Хороши эти краски иль плохи –
Пусть решает сановный дурак.
Только, кажется, привкус эпохи
Ощутить удалось на губах.

Тощ художник, а глаз его молод…
Темень зимнего дня серебря,
Снег летит на юродивый город,
Снег летит не стекло фонаря.
1978

ПОПЫТКА ПОРТРЕТА

В. Войновичу

За окнами стынущий сад,
Январские сумерки хмуры.
Умерим спортивный азарт,

Условясь, смешаем фигуры.
Прикурим от спички одной,
Взглянув друг на друга при этом,
Отведавший славы шальной

Прозаик с безвестным поэтом.
Вздохну, затянусь, помолчу.
Ты смел, и чиста твоя совесть.
Я тоже быть честным хочу,

Как та твоя ранняя повесть.
Зима как худая свекровь.
На стеклах морозная наледь…
Дай, Бог, нам увидеться вновь
И шахматы снова расставить!
Чтоб снова – вопрос на вопрос,

На фразу – ответная фраза…
Седеющих шапка волос,
Два карих, внимательных глаза.
1978

ИЗ КНИГИ «ЛЕПТА» (2016)

СТАРАЯ РУЗА

1

А помнишь, мы тебя встречал
На остановке в поздний час –
Еще ни горя, ни печали,
Еще судьба щадила нас.
Вставал туман со дна оврага,
Секли зарницы окоем,
Наш зенненхунд, наш пес-добряга
Скулил от радости щенком.
Что угли ворошить без толку?
Но память высветит опять
Твой смех и в волосах заколку,
Едва седеющую прядь.
Ты в тех же джинсах и ветровке,
Ты мне спешишь поведать о…

Придет автобус к остановке,
Да ты не выйдешь из него.

2

Борису и Гале

Не станут памяти обузой,
Со мной пребудут до конца
Тот быт, тот дом под Старой Рузой,
Цветов куртины у крыльца.
Здесь гул стоял в иные годы
И был красиво стол накрыт,
Была хозяйка в курсе моды
И был хозяин знаменит.
В иные дни касалась слава
Стен, переживших свой фурор.
Здесь Галич пел, пел Окуджава
И шумный велся разговор…

Ушли хозяева и гости,
Сирени куст глядит в окно.
Есть две могилы на погосте,
Где я цветы не клал давно.
Здесь вечерами тьма такая!
И час пройдет, и два часа,
И все ж, под утро засыпая,
Родные слышу голоса.
И смех, и слезы в горле комом…
А поутру выходишь в сад:
Трещат кузнечики за домом –
Всё будто сорок лет назад!
2012 – 2015

ИЗ ПУБЛИКАЦИИ В «ЛИТЕРАТУРНОЙ ГАЗЕТЕ»
(10 апреля 2019)

* * *

Сень благодатная первой поры,
ноги горят от ожогов крапивы,
сон еще сладок и беды малы,
живы друзья и родители живы,
господи, как это было давно –
лет пролетевших не спишешь в убытки,
ветки калины стучали в окно,
с шумом вода закипала на плитке…

* * *

Сон прервался от резкого звука,
сумрак в доме лучами прошит,
а одна сумасшедшая муха,
о стекло ударяясь, жужжит,

муха бьется, жужжанье сильнее –
так же буйствует узник в тюрьме,
так же, может быть, бьется идея
в гениальной какой голове…

* * *

Как много воды убежало с тех пор,
теперь вспоминаю с тоской –
и губы твои, и Никольский собор,
что все называют Морской

а рядом весь в отблесках Крюков канал,
июньская зелень везде,
и арка моста образует овал
с ее отраженьем в воде...

* * *

Друзья мои мертвые сраму не имут –
другие горят в инфернальном огне...
Но как пережить эту стылую зиму,
с державинской рифмы знакомую мне?
Вращаются стрелки часов заведенных,
прошедшие годы уносит как дым,
и вот уж Войнович – туда, где Аксенов,
недавно Гладилин отправился к ним...
Банкетка, рояль – запыленная мебель,
заснеженный город в немытом окне,
где графика веток на пасмурном небе
вдруг будит мечтанья о вечной весне...

* * *

Синиц синей февральский день –
наплюйте на фейсбук и блоги,
когда дубы косую тень
роняют поперек дороги,
а солнце слева за плечом
горит как брошь на синем платье
и плавит огненным лучом
остатки снега на асфальте.

* * *

Как тут не вспомнить о Шекспире,
хоть век другой, да в нем всё то ж:
подлог, предательство и ложь –
в ТВ и радиоэфире.
И в сердце ноет, и в боку,
и нет пути – одни развилки –
глотну, пожалуй, коньяку,
как Черчилль, прямо из бутылки.

Елена ЛИТИНСКАЯ Памяти Бориса Кушнера (1941-2019)

Не судьба нам была встретиться в этом мире. Мы жили в разных штатах довольно далеко друг от друга. Оба много работали, в том числе и в области литературной. Я несколько раз приглашала его выступить в нашем Бруклинском клубе русской поэзии, но он так и не смог к нам приехать…

До меня доносились слухи о том, что он болен, но я не предполагала, что конец так неотвратимо близок. Его предпоследнее письмо встревожило меня.

13 февраля 2019 года в ответ на моё How are you? он написал:

«Спасибо. К сожалению, хорошего мало, пожалуй, вообще нет. Применяемые сильнодействующие лекарства разрушительны. Энергия, концентрация почти на нуле. Работать, читать всерьёз не могу. Здоровья, радости, творчества»

Я тут же ответила ему:

«Я так и предположила… Но надеюсь, что всё же наступит период улучшения. Пусть на время. Но вся наша жизнь — на время. Что касается меня, то года не красят и здоровья тоже не прибавляют. Да ещё семейные проблемы. Спасаюсь литературой, как могу. Живу сегодняшним днём. Очень не хватает Ваших поэтических творений и ремарок в Гостиной, и вообще, Ваших емейлов. Держитесь, Борис! Как говорит мой врач, больной на 50 процентов лечит сам себя: своей волей к жизни, позитивным настроем и верой. Выздоравливайте, пожалуйста! И пишите нам с Верой. Мы очень любим Вас и Ваше творчество! Елена»

Ответ последовал в тот же день, ночью 13 февраля:

«Спасибо, дорогая Елена… Кстати, в 7И была сравнительно недавно моя подборка. Так сказать, на излёте… Здоровья, счастья, творчества Вам и Вере. Ваш, Борис»

Даже «на излёте» он думал о нас, его друзьях и коллегах. В этих последних словах снова проявились исключительные свойства его души: талант милостью божьей, щедрость натуры, альтруизм.

Его безвременный уход – огромная утрата не только для его близких и друзей, но и для науки, русской литературы и, конечно же, нашего журнала «Гостиная», прекрасным автором и постоянным читателем которого он являлся.

Он написал прекрасную рецензию на мою книжку «Сквозь временнУю отдалённость» и дал ей путёвку в жизнь. И я, честно говоря, не знаю, что лучше написано: сама книга или его рецензия. Я безмерно благодарна ему за дружбу, доброту и отклики на то, что я делала.

Они окрыляли меня и вдохновляли на продолжение творчества.

Дорогой Борис! Мне будет не хватать Вас в этом мире.

Елена ЛИТИНСКАЯ Памяти Бориса Кушнера (1941-2019)

Мой друг, Вы сможете ль простить меня?
Когда бы знала я, что срок Ваш где-то
вблизи, пришпорив наскоро коня,
сказала б: «Мой Пегас, коснись поэта
крылом целебным, облегчая боль.
Одним жизнь долгую Господь дарует.
Другим он краткую земную роль
готовит. Почему? За что? Перу я
разгадку умысла не поручу.
Попла́чу о безвременной утрате
таланта щедрого и заплачу́
прогулкой одинокой на закате…

Бруклин, Нью-Йорк, 13 мая 2019 года

Евсей ЦЕЙТЛИН. «Путешествие через поля жизни»:
Светлой памяти Бориса Кушнера
Интервью

Известно, что полно и глубоко человек часто раскрывается на своем пути к смерти. Мы общались с Борисом Кушнером в течение двух десятилетий: я с радостью публиковал его стихи в ежемесячнике «Шалом», который редактирую; дарили друг другу свои книги с теплыми и, не сомневаюсь, искренними посвящениями; случалось, подолгу говорили о сложных перепутьях литературы эмиграции. Борис горячо одобрил мой замысел подготовить цикл бесед с писателями Зарубежья: «Какие тут откроются сюжеты, если только не бояться мыслить и говорить честно!» Сам он – не побоялся.

Между тем Борис уже был тогда тяжело болен. И не скрывал от меня: «Это конец». Обычно люди естественно цепляются, как за соломинку, за любые сообщения о целителях, новых «чудодейственных» лекарствах. Борис твердо отодвигал от себя мои напоминания об очередных медицинских сенсациях: «Уже поздно». Но сама тема ухода человека из жизни вовсе не пугала его. Я знал это: в 2009-м Борис Кушнер написал мудрое эссе о моей книге «Долгие беседы в ожидании счастливой смерти». Он назвал свое эссе «Поэма ухода». А начал его так: «Жизнь, в сущности, есть ожидание смерти, путешествие к ней через поля жизни, начинающееся с первого вздоха, если не с самого зачатия».

В ту пору, когда мы работали над интервью (да и в последующие месяцы наших частых бесед по телефону), его бесстрашное ожидание ухода стояло за скобками всего, о чем Борис говорил. Бесспорно, он подводил итоги. Мужественно пересматривал страницы своей жизни и творчества.

...Последний наш разговор. Борис позвонил мне по скайпу. Я увидел небольшую палату; его разметавшиеся в разные стороны седые пряди; пластмассовую трубку, через которую к нему поступал кислород. Лицо, устремленное вдаль.

- Как вы?
- Нормально, хотя часто не понимаю: где я; что со мной; сейчас утро или вечер…

Ему уже оставалось идти совсем недолго.

Евсей ЦЕЙТЛИН. «Путешествие через поля жизни»:

СВОИ И ЧУЖИЕ
Беседа с математиком, поэтом, переводчиком, публицистом, историком, философом Борисом Кушнером

ЕЦ *Начну с очевидного: эмиграция оборачивается для писателя разными гранями. С одной стороны – несёт свободу: физическую и, зачастую, духовную. С другой стороны – нередко мешает творчеству: заставляет писателя мучительно менять профессию. И, случается, он замолкает надолго, порой – навсегда. Давайте и поговорим сейчас об этом. О реальных проблемах и ситуациях, о сложившихся и горьких писательских судьбах. Вы прожили в эмиграции почти 30 лет. Есть что вспомнить и о чем задуматься.*

БК Не берусь судить, можно ли назвать меня писателем сейчас, поскольку я неисправимый дилетант. Но вряд ли такой высокий титул был применим ко мне в момент отъезда. Моя семья покинула Советский Союз в конце февраля 1989-го. К этому моменту было опубликовано несколько десятков моих математических работ, включая монографию (переведённую на английский язык). Что же касается собственно писательства, то мой портфель был почти пуст. Первый мой сборник стихов составила Вера Свечинская – вдова моего товарища Аркадия Шапиро. И она же отпечатала несколько копиий на большом компьютере, который, кстати, имел только один шрифт, да и тот содержал лишь заглавные буквы! Правда, за время нашего трёхмесячного странствия в США через Австрию и Италию мое «открытое письмо Шафаревичу» было опубликовано в Германии и в Израиле, а переводы Сонетов Шекспира – в Москве. Но всё это можно охарактеризовать, как хобби математика. Переводам Сонетов была, вроде бы, суждена долгая жизнь – неоднократные публикации, увенчанные недавним (2016 г.) включением в академический том Сонетов Шекспира (в серии «Литературные памятники»)... И всё-таки я эмигрировал, как математик, а не как писатель. У математиков-эмигрантов, разумеется, есть свои немалые трудности, но языковый барьер здесь всё же не столь высок, а производная синуса она и в Африке косинус. И поскольку круг моего общения – особенно в первые американские годы – состоял в основном из математиков, у меня нет «перворучного» знания «горьких писательских» судеб. Здесь вы могли бы рассказать гораздо больше. Через несколько лет после приезда стали завязываться связи с профессиональными литераторами, но все они к тому времени уже «состоялись». Кстати, писателей, с которыми я общался и общаюсь, легко перечислить по пальцам – поскольку я в своём роде мизантроп.

ЕЦ *Кажется, ваша судьба в эмиграции оказалась счастливой. Вы себя в полной мере реализовали как математик. Да и поэтических сборников выпустили немало. Но это – взгляд со стороны. А каково ваше внутреннее самоощущение: какими были эти долгие, стремительно – как всегда, в эмиграции – пролетевшие годы?*

БК Я смог заняться в эмиграции любимым делом – преподаванием разумного, доброго, вечного, чем, несомненно, является математика (в отличие от, скажем, «политических наук»). Я видел юные лица: мне удавалось зажечь огонь в глазах рассказом о красивом интеграле или о великих творцах науки. Что же касается сочинительства, то я словно раскрепостился: как будто спали невидимые посторонним оковы.

Не буду идеализировать здешнюю реальность – в ней много болезненного, неприятного, порою зловещего. Но, кажется, Черчилль сказал: демократия – отвратительная вещь, однако лучшего способа поддержания цивилизованного общества не придумано. Годы эти – вы правы! – пролетели мгновением. Почти как в Танахе: «И служил Иаков за Рахиль семь лет; и они показались ему за несколько дней, потому что он любил ее»… Так и я полюбил жизнь в эмиграции. И была мне она не сестрой, как у Пастернака, но возлюбленной.

ЕЦ *В своей литературной биографии вы обращаетесь к метафоре игры: «Образ жизни, как игры, знаком всем из литературы, да и собственный опыт ведёт туда же. Не зря говорят о «драме жизни», «трагедии жизни». Как будто каждый из нас на подмостках и руководит нами Всеобщий Режиссёр…» Может быть, это и есть формула счастливой жизни в эмиграции?*

БК Моя метафора уподобляет жизнь развивающейся драме, фабула которой, как и её исход, нам неизвестны. Мы, в меру нашей восприимчивости, сознаём настоящее; память, пока она есть, в какой-то степени позволяет владеть прошлым. Третья грамматическая категория – Будущее – полностью вне нашей власти. Непостижим Автор и Режиссёр этой Драмы. Можно также говорить о жизни, как о гигантской Симфонии. Малер ощущал себя инструментом, на котором играет Вселенная... Но, пожалуй, за меня лучше скажут два небольших стихотворения.

* * *

До излёта взора
Чайки над водой,
Солнце ре-мажора,
Моцарт молодой.
Над волненьем рощи

Пенные поля –
В небесах Настройщик
Тихо тронул «ля»...
19 июня 2006 г., Pittsburgh

* * *
Глаза мои стали тусклы. –
Времени вес.
Меркнут в театре люстры.
За-на-вес.
И всё же шепчу упрямо,
Пишу, карандаш кроша:
«Кончается жизни драма,
Но как была хороша»!
13 июля 2009 г., Route 22, East

ЕЦ *В эмиграции вы, по собственному признанию, обрели особое состояние души. Произошло чудо? «Расставание с Россией... оказалось крайне благотворным. Стихи стали приходить... почти каждый день, бывали дни, когда сочинялось несколько совершенно разных (настроение, метры, метафоры) стихотворений». Ваши поэтические дневники уникальны. Они растянулись на десятилетия. И, конечно, достойны осмысления.*

БК Да, это своего рода лирический дневник. Стихи приходят как бы сами собой, подчас чувствую: только что сочинённое стихотворение уже было где-то в этом мире, и я его только «подслушал». Конечно такое «само собой» имеет цену: короткая, но предельная концентрация утомляет душу. Работая в региональном кампусе университета, я был окружён природой. Университету, в частности, принадлежал обширный лес, на тропах которого я встречал и стада оленей, и стаи диких индеек, да и змея порой переползала тропу. Кстати, коллеги рассказывали о небезопасных встречах с медведями. На тропах леса появилось много моих стихов, некоторые пришли по дороге на работу через поле, сменявшее наряды с временами суток и временами года. Особенно, «задевали» меня весна и осень.

Конечно, мне приходилось слышать упрёки в дилетантизме: нельзя, мол, сочинять, как Б-г на душу положит, надо работать над стихом и т.д. Надо, надо... Что же, «каждый пишет, как он слышит». В моём случае имеется неодолимый импульс, инстинкт, если хотите, самовыражения. По-моему, «поэт» – это вообще не профессия, это человек с особенным устройством души. И я невольно вздрагиваю, когда читаю в мемуарах известного автора советской поры: «В ресторане обедала группа из десяти поэтов». Ну, не ходят поэты «группами»... Каждый сам по себе. Отсюда ясно, что ни к каким «группам» я не примыкаю и, соответственно, никогда ни в какие литкружки, студии и пр. не ходил.

ЕЦ У вас много еврейских стихов. Причем, еврейство присутствует в них не формальными приметами – иудаизм часто определяет суть вашей поэзии. Вы ощущаете глубину еврейской традиции, проходящей через века, особую философию праздников, каждый из которых укрепляет нашу связь со Всевышним. И вы, конечно, сами не раз оглянулись назад, задумались: «Библия (...) оказала на меня сильнейшее воздействие. В ней обнаруживались «неподвижные точки» европейской культуры, образы, ассоциации, пронизывавшие литературу и искусство. Книга Книг проливала свет на многое, что оставалось бы без неё неясным. Какого богатства духа нас лишали, предлагая взамен марксистские прописи! С тех пор образы Танаха, порою просто парафразы стали постоянно появляться в моих стихах. Иногда они приходили сознательно, иногда внезапно, казалось бы, случайно».

Здесь прерву вас, дорогой Борис: в нашем разговоре должна непременно возникнуть важная, хоть и болезненная тема. Вы – один из немногих поэтов «еврейского происхождения», который уверенно остался в иудаизме, не ушел от него. «В отличие от многих сверстников у меня не было проблем с национальной идентификацией. Я ощущал себя с незапамятных моих времён именно евреем, соединённым нитями – духовными и физическими – с Отцами, с Моисеем. Возможно, сказывалась и кровь: дедом по материнской линии моей бабушки Софьи Моисеевны был 4-й Любавический Ребе Шмуэль Шнеерсон». Между тем легко заметить: огромное число русских литераторов-евреев уходили и уходят в христианство. И тут, в общем, нечему удивляться. Русская литература выросла на идеалах и темах христианства, пронизана ими. Однако естествен вопрос к вам: легко ли вам, работая и живя в этом культурном пространстве, оставаться самим собой, быть русским и – одновременно – еврейским поэтом?

БК Вы, в сущности, ответили на этот вопрос - обширной цитатой из моего эссе. Что добавить? Безусловно, я ощущал и ощущаю серьёзный диссонанс, внутренний дискомфорт, сочиняя стихи, особенно еврейского содержания, на языке культуры, которую не могу воспринять как свою. К сожалению, тут ничего не поделать. Меня научили играть на этом инструменте (а русский язык удивительный, великолепный инструмент). Остаётся утешаться тем, что на скрипке, рояле, флейте, кларнете можно исполнять самую разную музыку. У меня – надеюсь – иногда получается музыка еврейская. Припоминаю бесчисленные споры вокруг моей русскости/не русскости. Я спокойно объяснял: при полном уважении к русским, сам себя таковым не ощущаю. На моё «не ощущаю» следовали горячие, до белого каления доходящие инвективы. «Нет, ты так не чувствуешь, ты здесь родился, ты на этом языке говоришь... Россия – родина твоя» (почти по песне Вано Мурадели). Я удивлялся: разве кто-то может знать, что и как я чувствую, лучше меня самого?! И старался прекратить бесполезный спор. Безусловно, я родился в России. Но мои оппоненты явно имели в виду слово «Родина» с прописной буквы, а это гораздо больше, чем констатация места рождения. В русской литературе можно найти удивительные по мощи выражения строки, в которых живет подобное восприятие России - как *Родины*. У меня же отказывались признать полное отсутствие такого чувства. Отказывали наотрез, до крика. Причём именно и особенно соплеменники. Русские друзья практически всегда меня понимали и деликатно умолкали. Возможно, и они чувствовали неловкость, да в отличие от меня не могли высказать её. Например, когда известный поэт «еврейского происхождения» (еврейской внешности, еврейской манеры говорить настойчиво, чтобы не сказать назойливо с упором на прилагательное) повторял: «Я – русский поэт, я – русский поэт, я – русский поэт». Систематические осквернения могилы Пастернака в Переделкино – трагическое подтверждение уязвимости такой позиции. Войти родным в родной язык оказалось трудным делом. Признаюсь, я всегда избегал вмешательства в вопросы, тесно связанные с русским национальным самосознанием. Никогда не стал бы пушкинистом, не читал бы лекций о декабристах и т.д. «Еврейская линия» в стихах возникала у меня сама по себе, без всякого наперёд заданного намерения, скорее как внутренний императив. Трудно выбрать что-то для нашей беседы из огромного корпуса моих еврейских стихов, но всё-таки:

На тьму наложено вето –
Света.
Теперь никаких теней!
Приходит Время Завета,
Наступление Дней.
И тьмы бесполезны уловки,
О, как злодеи слепы!
Повсюду звон перековки
Мечей в орала, в серпы.
Веселье под Любящим Оком, –
Имеющий Душу, внемли!
Осанна Еврейским Пророкам,
Спасителям Звёзд и Земли.
25 декабря 2002 г., Pittsburgh
* * *

Начальнику хора. При появлении зари. Псалом Давида.
Псалом 22(21),1

Но появления зари
Не пропусти, начальник хора. –
Созвездий лопнут пузыри,
И зазвенит твоя кинора. –
При появлении зари.

На вызов тьмы, чреватой злом,
На безнадежье поношенья –
Звучи, целительный Псалом,
Души бессмертной утешенье. –
На вызов тьмы, чреватой злом.

Мой Б-же, я в тоске, один. –
Зачем же Ты меня оставил
Цепляться за осколки льдин?
Я обречён, я – прах, я – Авель. –
Мой Б-же, я в тоске, один.

В слезах молю, услышь, узри.
Начальник хора, тон небесней!
Я оживу не хлебом, Песней, –
…………………………………..
При появлении зари.
3 февраля 2000 г., Johnstown

* * *

Душа, что роздана потребам… –
И пахло утро свежим хлебом,
И дымом – дом, очаг, обед.
Как лемехом, дробилось эхом
Названье тёплое Бет-Лехем –
…………………………………..
Начало стольких наших бед.
29 марта 2000 г., Johnstown

…Евреи и христианство: еще один сложный и – простой – поворот темы. Сложный – потому, что сложна огромная «история вопроса», сложны вовлечённые чувства людей. Вспомним, например, прекрасные стихи Пастернака. Простой – потому что прямой линией через века проходят преследования, гонения евреев, издевательства над ними со стороны христианских церквей. Новый Завет содержит удивительные, чистой печальной поэзии страницы. Но без фундамента Танаха, называемого христианами *Ветхим* Заветом, религиозная концепция не состоится. Таково начальное неудобство новой религии, так называемого Нового Израиля, *виртуального*, выражаясь современным языком, образования, задумавшего вытеснить, заместить Израиль настоящий. (Не так ли Интернет сегодня начинает теснить реальность?) Неоднократно приходилось читать высказывания, да и слышать от собеседников: иудаизм – отжившая, примитивная религия, преодолённая посланием учителя из Галилеи. Многие речи и теории приводились в поддержку этой идеи. Восторгаясь красотами слога, изяществом логических построений, я всё-таки видел простую и резкую истину: а не Эдипов ли комплекс просвечивает сквозь все изыски? Не учит ли яйцо курицу? Что касается крещения евреев, то и здесь для меня всё сложно и просто. Сложно, потому что вовлечены душевные миры талантливых, тонких, попросту очень хороших людей. Мне приходилось близко наблюдать евреев-неофитов из круга вдохновенного проповедника, священника Александра Меня. Деятельность его по обращению евреев в (православное) христианство вызывала и вызывает у меня глубокое сожаление. Ещё один заблудший, одарённый талантом сын Израилев. Но не буду продолжать – жуткое убийство Александра Меня не позволяет. Относительно же еврейского крещения мой моральный ориентир опять-таки прям и прост: ощущаю в этом такую *начальную непорядочность*, что и объяснять неловко. Для тех, кого такое объяснение не удовлетворяет, напомню слова великого православного мыслителя Владимира Соловьёва: «Проходя через всю историю человечества, от самого ее начала и до наших дней (чего нельзя сказать ни об одной другой нации), еврейство представляет собою как бы ось всемирной истории». Родиться на этой оси и поддаться центробежным силам – какое падение!

ЕЦ В эти годы вы часто обращались к истории евреев в России. Вспомню, к примеру, вашу большую работу, посвящённую книге Семена Резника «Вместе или врозь?» Резник писал «на полях» двухтомника Солженицына «Двести лет вместе». И вы тоже вступили в спор. Вообще вы часто вступали в полемику с антисемитами. А какую роль антисемитизм сыграл в вашей собственной жизни?

БК Безусловно, я сталкивался с проявлениями юдофобства – на улицах, в магазинах, поездах... Что касается партийно-государственной политики в «еврейском вопросе», то мне повезло. В университет я поступал во время определённой отдушины. Бесчинства в отношении еврейских детей на приёмных экзаменах начались позже. К сожалению, в этих (назову вещи своими именами) преступлениях оказались замешанными и некоторые мои однокурсники. Они не были энтузиастами-ненавистниками, просто колебались вместе с линией партии. В профессиональной среде эта линия выражалась в не-приёме на работу, блокировании «еврейских» диссертаций, препятствиями в публикациях статей и книг.

Те же самые еврейские спорщики, о которых я упоминал, обычно приводили «неотразимый» аргумент: «Если бы мне не напоминали, я бы не чувствовал себя евреем». Горько было слушать эти признания духовного рабства, которые, кстати, подогревали и подогревают снисходительное, если не презрительное отношение к евреям у некоторых интеллектуалов (вспомним того же Шульгина с его книгой «Что нам в них не нравится»)...

ЕЦ Еще в СССР многие узнали вас по открытым письмам академику Игорю Шафаревичу: они гуляли в самиздате, их читали по радио «Свобода». Как известно, Шафаревич, который с предупредительной вежливостью здоровался с вами в коридорах МГУ, был не только выдающимся математиком, но и, последовательным, убежденным антисемитом. И это ярко проявила его «Русофобия». Конечно, разубедить антисемитов, как правило, невозможно. Думаю, ваши глубокие, страстные письма были нужны, прежде всего, соплеменникам. Тора говорит, что Всевышний посылает нам испытание антисемитизмом и для того, чтобы еврей не смог уйти от себя, не смог покинуть еврейский мир. Ситуация выбора, трудное осознание собственной миссии – это тоже будни духовной жизни еврея.

БК Сен-Санс не публиковал при жизни свой искромётный «Карнавал», опасаясь: эта композиция отвлечёт внимание от его более значительных сочинений. У меня примерно такое же чувство в отношении упомянутой Вами публицистики. «Автор открытого письма Шафаревичу» – эти слова нередко были моим определяющим «титулом». В своём автобиографическом эссе я рассказал об обстоятельствах того давнего дела. Весной 1988 г. мне дали прочесть ходивший в Самиздате список «Русофобии». Шафаревич развивал концепцию «малого народа» и его зловещей роли по отношению к «народу большому». Естественно, с особым упором на Россию и её историю. Хотя формально «малый народ» не определялся в этнических терминах, всё изложение подводило к выводу, что «русский малый народ» – это почти исключительно, а духовно целиком – евреи. На российское еврейство, таким образом, ложилась тяжёлая ответственность за несчастья страны. «Русофобия» на меня особого впечатления не произвела, лишь огорчил уровень Шафаревича публициста, историка, социолога, совершенно не сопоставимый с его масштабом, как математика. К сожалению, отложить пухлую машинопись в сторону не удалось. Тревожила растерянность еврейских друзей, очевидно, не находивших для себя аргументов. Наконец, я получил прямые просьбы ответить.

Пришлось сесть за письменный стол и через несколько часов появилось Открытое письмо. Должен сказать, что на него горячо реагировали и многие мои русские друзья, коллеги. Конечно, появились возражения, причём особенно вздорные, на мой взгляд, с еврейской стороны. «Я бы написал(а) по-другому», «Вам его не переубедить» и т.д. Разумеется, никакого намерения «переубеждать» Шафаревича в моём случае не было и в помине. Недавняя кончина Игоря Ростиславовича глубоко меня опечалила. Это был совершенно незаурядный человек. Вспоминаю университетский трёхсеместровый курс линейной алгебры. Как же нам повезло – Михаил Михайлович Постников в первом семестре, Шафаревич – в остальных двух. Блистательные, неподражаемые профессора! (Шафаревич, кстати, оказывал несомненное внимание одной из наших однокурсниц).

Вы, возможно, заметили, что я избегаю термина «антисемитизм», он и в моей публицистике появляется крайне редко. Слишком часто с лёгкостью употребляют это тяжёлое слово, тем самым с одной стороны его девальвируя, а с другой – сводя к ярлыкам сложные проблемы. Мне неизвестны конкретные антиеврейские поступки Шафаревича – «заваливание» диссертаций, блокирование книг. А ведь возможности были. Он проявлял внимание и предупредительность к любому собеседнику, будь то еврей или эллин. Да, его социо-политические труды в менее щепетильных руках могли (и могут) обернуться огромной бедой, с ними необходимо было полемизировать перед самой широкой аудиторией, отнюдь не ограничиваясь аудиторией еврейской. В последнем случае хотя бы и в попытке вернуть национальное самосознание уже упомянутым еврейским спорщикам. А поддерживать таковое вне рамок религиозной традиции нелегко. Впрочем, сегодня труды российских еврееведов, будь то Шафаревич или Солженицын, представляются мне отнюдь не магистральной нашей проблемой. Совсем не главной опасностью. Многое тревожит куда сильнее, в особенности ситуация вокруг и внутри Израиля. Здесь и зловещая тень почти ядерного Ирана, ИГИЛ и прочие прелести исламского мира, системное преследование (иного слова не подберёшь) еврейского государства европейскими странами, подлое поведение ООН, движение университетских «интеллектуалов», призывающих к бойкоту, санкциям и т.д. Полное энтузиазма участие «либеральных» евреев в таких оргиях – тяжелейшая вещь. В почтовой комнате моего собственного дома систематически появляются листовки организаций, вроде «Евреи за справедливость в Палестине». Во что выльется «палестинская справедливость» не видит только умственно ослепший. Проезжаю мимо очередной демонстрации в защиту невинных овечек из Газы. В первых рядах красуется пожилая идиотка (извините мой французский) с плакатом: «Не все евреи за Израиль». И если бы только «не за»! Против Израиля! А мерзавец Голдстоун с его клеветническим «отчётом»?!

Безусловно, граждане Израиля имеют полное суверенное право самим решать свою судьбу. Безусловно, они видят всё изнутри, из гущи событий. Не осмеливаюсь приставать к ним с советами, но со своего расстояния ощущаю деятельность ряда левых и «правозащитных» израильских организаций, как психиатрическое заболевание, танец с факелами на пороховой бочке. Вот уж наказание Б-жье... Какой тут Шафаревич!

* * *

Евреи – споры, ссоры, гам,
Вагон сочувствия к врагам,
И все мы вместе –
В их перекрестье.
15 мая 2005 г., Pittsburgh

* * *

Ужели взвешено уже
Всё Царство до последних унций? –
Послы, министры, атташе,
Парламентарии-безумцы?
Ослов пустая болтовня,
Паяцы, важные, как дожи? –
Но Свой Народ средь бела дня
За что наказываешь, Б-же?
17 февраля 2000 г., Johnstown

ЕЦ Что вы скажете о литературной жизни эмиграции? Читаю еще одно ваше признание: «Начиная с 90-х годов прошлого столетия, новые средства коммуникации, Интернет в особенности, подарили мне старших друзей, общение с которыми безмерно обогатило мой духовный мир. Яков Хелемский, Иосиф Шварц, Владимир Зак, Марк Азов... С некоторых пор предпочитаю виртуальный мир реальному. С одной стороны электронная почта – мгновенный вид связи, вдобавок не знающий географических границ. С другой стороны - с электронным письмом не связан риск нежелательного вторжения в физический мир корреспондента... Виртуальность общения скрадывает различия возраста, положения, жизненного опыта. Мир, вроде бы, виртуальный, а вот возникающие отношения – самые настоящие»...

Знаете, Борис, вы точно очертили реалии моей собственной жизни – сегодня мое общение с коллегами тоже происходит в основном в виртуальном пространстве. Но тогда возникает вопрос: а существует ли еще литературная жизнь эмиграции в ее традиционных формах?

БК Мне трудно судить о литературной жизни эмиграции в целом, поскольку моё участие в этой жизни (объединения, встречи и т.д.) минимально. Знаю, что в традиционных формах живого общения авторов литературная жизнь существует в Нью-Йорке. В Сан-Диего активно работает литературный клуб «Кактус». Я и сам выступал с чтением стихов в Питтсбурге, Балтиморе, Сан-Диего, Нью-Йорке. Но, действительно, реальность заметно вытесняется виртуальностью. Как во всяком сложном явлении здесь можно видеть и плюсы и минусы. Однако начавшееся движение неостановимо. Мне, правда, удаётся избежать участия в социальных сетях, сам жаргон которых вызывает отторжение: каждый встречный называется «другом», Девятая симфония Бетховена – «песней» и т.д. Нет у меня и «умного» телефона, зависимость от которого уже напоминает эпидемию. Упрёк, что я просто «устарел», безусловно, приму.

Вместе с тем моя библиотека электронных книг далеко превзошла физическую и даёт доступ к изданиям, которые никогда бы иначе не попали мне в руки. Но жаль, жаль добрых старых книг, с потёртыми обложками, пожелтевшими страницами, с запахами клея и типографской краски… Увы.

* * *
Собранье электронных книг,
Теней умерших книг бумажных, –
Пустившись в плаванье однажды,
Находишь всё, что хочешь, вмиг.
И всё ж нахмуришься, жалея –
Убил клавиатурный лёд
Бумаги хруст и запах клея
И ветхий тёплый переплёт.
И вспомнишь вдруг из этой жали
Про книжку сказок дней иных,
Как руки бабушки дрожали,
Когда она читала их…

4 апреля 2017 г., Pittsburgh

Уникальная черта публикаций в Интернете – читатели без границ. Откуда только не приходили отзывы! А вот два удивительных случая из цикла «Нам не дано предугадать,/ как наше слово отзовётся». В эссе «Учитель» (памяти А.А. Маркова) я употребил прилагательное «апокрифический». Соответствующая цитата вошла в национальный корпус русского языка, как иллюстрация словоупотребления этого термина. В эссе об «евреевелческом» двухтомнике Солженицына есть небольшое рассуждение о языке писателя. Оно цитируется в Энциклопедии русского языка для школьников. И, кстати, думая о судьбах эмигрантской литературы, нельзя обойти вопрос о языке, об оторванности от метрополии, от океана живой речи. Не пишем ли мы на своего рода ладино, сохраняя – кто знает, может быть для будущих исследователей – архаичные формы русского языка? Сколько новых слов появилось! Судя по программам первого канала ТВ (только таковой мне здесь ограниченно доступен), по новым фильмам, изменилась сама музыка речи. Многие неологизмы кажутся уродливыми, но мне ли судить? Язык – живой организм. Словари пытаются уложить его развитие в какие-то рамки. Однако сколь часто приходится меняться им самим под натиском народа-языкотворца!

ЕЦ Уходя в эмиграцию, погружаясь в неё, русский (или русскоязычный) писатель, тем не менее, не может проститься с Россией. Не буду задавать вопрос о «долгом прощании», притягивании и отталкивании - отвечу за вас. Вашим стихотворением, оно публиковалось и в США, и в России:

* * *
Россия –
памяти ожог. –
Хоть свечи погасил я, –
Прошу Тебя,
еврейский Б-г,
Пусть выживет Россия.

Храни Россию у межи,
При резкой смене галса –
Прошу за всех,
кому там жить,
За всех, кто там остался...

Спаси простёртою рукой
И Тайною Шумера, –
И пусть придёт в Москву покой,
Достоинство и вера...

БК Спасибо, что напомнили это стихотворение мая 1997-го. По его поводу известный российский филолог, прозаик и критик, профессор Московского университета Владимир Новиков писал: «Для истории отечественной религиозно-культурной мысли Ваше стихотворение «Россия – памяти ожог» означает необходимую и уникальную *нишу*. «Прошу Тебя, еврейский Б-г, пусть выживет Россия» – так до Вас в поэзии не писал никто, а тот, кто скажет *после*, должен будет дать ссылку типа «как Кушнер некогда сказал».

Признаюсь: никакой ностальгии именно по *России* у меня нет. Со времени отъезда там не был, да и не тянет поехать. Иногда оказываюсь там во сне – просыпаюсь в ужасе. Есть печаль по ушедшей молодости, по друзьям, по местам, где был счастлив… И, конечно, воспоминания бывают не всегда радостными. При моей импульсивной манере сочинения стихотворение часто оказывается мгновенной фотографией состояния души. Среди таких «фотографий» были и очень резкие, несправедливые. Они ранили меня самого. Отсюда и «Россия – памяти ожог». Конечно, желаю счастья и благополучия Бельгии, Франции, Канаде, Грузии – назовите страну. Но всё-таки Россия на особом месте в сердце – там остались друзья, родные, наконец, могилы. В кинофильме «Семь стихотворений» я читаю ещё одно такое «ожоговое» стихотворение:

* * *
Зарево над далью,
Тени – блок-посты… –
А по междушпалью
Редкие цветы…

Памятью опалой,
Вдоль болот-осок –
Шпалы, шпалы, шпалы… –
Щебень и песок…

Небо так высоко,
Звёзды высоки –
Камыши-осока,
Жалобы-гудки…

Ржавые кривые,
Звездопад дождём… –
Мы полуживые
По путям бредём…

Из росы горошин
В искрах свет-факир… –
Как же он заброшен –
Этот горький мир…

Тяжесть кирасирья,
Солнце на оси... –
Бедная Россия... –
Б-г тебя спаси...

3 июня 1996 г., Pittsburgh

Счастлив тот, кому довелось умереть там, где он родился.
Октябрь, 2017

Владимир ГАНДЕЛЬСМАН. В точке мира

* * *

Домой, домой, домой,
с Крестовского съезжая
моста, я вздрогнул: боже мой,
какая жизнь простая,
как всё проявлено: торчат
деревья, трубы,
и мокрый снег летит, и спят
в снегу гребные клубы,
и всё молчит, срезаясь за
стекло косым квадратом,
то набегая, то сквозя,
то волочась закатом,
а там, средь серых плоскостей,
смиряются, смиряют,
хоронят, любят, ждут гостей,
живут и умирают,
и надо двери отворить,
и надо чаю заварить.

* * *

Квартира в три комнатных рукава,
ребёнок из ванной в косынке,
флоксы цветут в крови сквозняка,
стопка белья из крахмала и синьки,

тёмная кухня, чашка воды
с привкусом белой рентгеновской ночи,
окна свои заметают следы,
разве ты можешь сказать, что не очень

любишь, и разве не знаешь, как сух,
плох этот стих – мимоходной кладовки не стоит,
той, на которую надо коситься, и двух-
трёх обветшавших на плечиках, съеденных молью историй,

это не время истлело, а крепдешин,
форточку-слух заливает погасшее лето
всё достоверней, и если бессмертней души
что-то и есть, то вот это, вот это, вот это.

ТРИ ВРЕМЕНИ ГОДА

1
Чередование года времён
я застаю у себя в котельной,
с мышью, притихшей в кладовке, вдвоём
слушаем осени шум запредельный
или вдруг слушать перестаём.
Третий уж год параллельно реке
я засыпаю, по левую руку –
парк, и ничто уже не вдалеке.
Дверь отворяю и радуюсь другу,
снегу, тающему на воротнике.

2
За ночь снега под дверь насыпет,
я лопатой его разгребу,
оглянусь – параллелепипед
дома жёлтого на берегу,
дверь открыта и чай не выпит.
А на стенах осела копоть,
невесомый рисунок дней,
тех, что некий безумец копит
и записывает... Ему видней...
Но меня ничто не торопит.

3
В угол, в уголь смотрел чёрно-синий
я вчера и таких длиннот
вдруг услышал – не звук – пустыню,
что замедлило время ход
и пропало в полночной тине.
Но откуда тогда под подошвой
утра хрусткие ямы, бугры,
ночь, утёкшая в темень коры,
мир с голубизною подмёрзшей
накануне цветенья поры?

* * *
В точке мира стоять,
тучным телом её заполнять,
под молочною кожей руки
слабый воздух нежнеет,
и дождём, набираясь сознания, вдруг тяжелеет,

рассыпается на черепки,
и уходит буксир под темнеющий свод,
выворачивая рукав
мирового пространства, его, исчезая, взорвав.
Разве был мне когда-нибудь год?
Черепки, черепица дождя
затихает, и воздух, свежея,
снова ластится, как дитя,
и в ключицы впряжённая шея
человеческий череп вращает для бытия.

* * *

Я о тебе молюсь,
я за тебя боюсь.
Пока живём – живём,
пока вдвоём – вдвоём,
но как вместить обещанную грусть,
какое платье из неё сошьём?
Я не хочу смотреть
на государство-смерть,
и на его зверей,
и на его червей,
но как вместить обещанную твердь,
читатель Иоанновых страстей?
Но как тебя спасти,
когда нас нет почти,
и дар случайный жить
нас понуждают скрыть.
Я ничего не вижу впереди.
Как эту тьму кромешную вместить?
Дай только раз вдохну,
дай только жизнь одну, –
пока живём – живём,
пока вдвоём – вдвоём, –
дай только жизнь ещё раз помяну.
Жить будем ли мы вновь, когда умрём?

* * *

Если это последний
день, то я бы сошёл
в том саду,
где стоит дискобол
и холодный и бледный
свет горит, как в аду.

Дочь моя, или сын мой,
или друг мой идёт
впереди,
чёрен твой небосвод,
город снежный и дымный,
нет другого пути.
Сохрани тебя Боже.
Путь ли это домой
вдоль реки...
Ты и вправду живой?
Дай дотронуться всё же
до пальто, до руки.

* * *

...из тех, кто ждёт звонка и до звонка
за миг уходит из дому, из тех,
кому не нужно ничего, пока
есть не интересующее всех,
из тех, перебирающих листы
с печатными столбцами, находя
в них водяные знаки красоты
и – ничего немного погодя,
из тех, себя увидевших в родне,
как в зеркалах возможного, от них
бежавший и привязанный вдвойне
к отвергнутому, из ещё живых...

* * *

Чёрно-красная ночь Украины,
деревья в руины
обратились, пока добрели
в эти дебри раввины.
Рембрандт выгреб угли,
и на миг загорелись морщины
предыстории – старцев, их стад –
с аравийской пустыни
переписанной в сад.
Паровозный ли окрик,
холодный ли погреб –
по ступеням – на ощупь и вниз –
капель мокрых
просыпанный рис,
там сметана, там масло, там шорох...
Утра влажно-зелёный стручок,

или полдень дрожит на рессорах,
или вечера холодок.
Там подсолнух – затылок шершавый,
зелёный и ржавый,
сонно-белый, когда поперёк
он разломлен коряво,
ночь, звезды огонёк
пересёк небеса за Полтавой,
да урчащий перрон,
где укра́инский говор картавой
буквой «р» засорён.

* * *

Ещё хожу и говорю,
на голос отвечает голос,
из электрички тонкую зарю –
вот эту – я увижу ли ещё раз?
Какую глупость совершить могу –
так втрогаться в стеклянно-пыльный
пейзаж, что говорить: я избегу
тоски грядущей, непосильной,
и не завидую не любящему жизнь.
Но я уже не верю
словам, которые произнеслись.
Мы жаркие, вседышащие звери
и ничего не избежим.
Тем ненасытней потрясенье,
когда в вагоне в тридцать тел дрожим
и дышим сумерками воскресенья.

ТРИ СТИХОТВОРЕНИЯ ИЗ ЦИКЛА, ПОСВЯЩЁННОГО В. ХЛЕБНИКОВУ

Не меч и тать. Мечтать!

Лучится мир: в нём нет лечебниц,
ни смерти, ни чумы предательств,
и ты, летальный вовлеченец,
отныне вечн, без отлагательств.

Нет ни холопов, ни высочеств,
есть равенства священноучасть,
не сбивчивость и брех пророчеств,

но сбывчивость, расчёт, могучесть.

Сверкает город электричеств,
и высших чудотворных качеств,
и благ бесчисленных количеств,
и в звёздном колпаке чудачеств.

Не чад войны, но многочадость,
и в общем воздухе отечеств
мы празднуем с тобой зачатость
и разум встречных человечеств.

И не плачевность и печальность,
не ночи выморочной нечисть,
нам сёстры – речи изначальность
и птичья утренняя певчесть.

Словарное

Устроим Числоводск и Чудесавль!
Слетятся времери и верхари,
пребудет любь, засвищет возлетавль
и в любесах зажгутся благори.

Летчайшие творяне прошлеца
всеучбищем обяжут, нехотяй
узнает стыд при виде бодреца-
мечтежника. Сей, могатырь-светяй!

Людволнами ульяня, Указуй,
Младыка чтожеств и Языковод,
лжаному полю внянчит: не бесуй!
Красавда, небедь, умец, счастьеход.

Манифестация

Песьеголовцы мы, опричнина
в кафтанах жёлтых мы, кромешники
с помелом, помелом.
Речь не речь у нас, а ры́чь она,
трепещите, грешники,
языки ваши вялые вырвем, да и поделом!
Мы посланцы Божьего воинства –
корни слов скрестить

и крестить их, уродцев, крестить,
чтобы вой стоял, вой на сто
вёрст по всей округе, чтобы вам отмстить,
лжу творящим отмстить!

К парфюмерному кровоядны
блуду, к грязной слизи книг,
истребительным помелом
выметем их и выведем, как пятна,
клейма здравых смыслов! – Дик,
речетворцев стих снесёт вас, да и поделом!

Не кощунники – монашеская братия,
распевщики всея Руси,
будущники – мы!
Праздничная утреня – смотри, с распятия
Он сошёл. Зачем Ему на небеси?
Здесь Он чернецов на свет ведёт. Нас тьмы!*

---

* Из воспоминаний Д. Бурлюка известно, что участников сборника «Садок судей»

А. М. Ремизов называл «песьеголовцами», сравнивая их с опричниками Ивана Грозного, которые для устрашения носили за поясом головы мёртвых собак. Чёрные кафтаны опричников в стихотворении стали жёлтыми в угоду футуристам.

ПРЕРВАННЫЙ КОНЦЕРТ

1

Строй струнных ми минор –
и пауза
с оглядкой робости.
И взор –
как вдох подветренного паруса –
вдаль, прочь от пропасти

небытия. С оглядкой. Ми
минор и чуткой
свободы шаг.
О, встречный шаг стреми
к неоспоримой вести чудной,
строй струнных! Так!

Из страха смерти ли,
нота за нотой,
из страха нежного тянись,
тебя приветили
рукою дирижёрской, ввысь,
ввысь, музыка! Звучи, работай.

2

Утешься! – призываю небеса я
и землю, что слезами дней солима,
в свидетели – утешься! – я, Исайя,
пророчествую, айя, айя, айя,
утешься, сердце Иерусалима!

Исполнилось! – ни волчья стая,
ни вавило́няна у стен завои
не устрашат отныне! – я, Исайя,
пророчествую, айя, айя, айя,
раскаявшемуся воздастся вдвое!

Из-под плаща, смотри, ступня босая.
Ты рядом – вот! – стоишь на поле брани,
Ему под ноги ветви пальм бросая.
Ты, колос, на Его взойдёшь дыханьи.
Я голос твой, Исайя, айя, айя.

3

Дно долин, дымных утром долин,
переливы и вёсны долин,
кипарисы и сосны долин,
все соцветия вечнозелёных маслин
или красный песчаник, –
да поднимется дно, да возвеселится печальник!

Мох, трава, бельма пней,
дерево, кривизною корней
в землю вросшее, – да возвеселится прохожий
полной грудью воздух вдохнуть! –
да низложатся эти холмы до подножий,
чтоб Идущему выровнять путь.

4

Стаей встрепенётся хор.
Слава явится Господня.
Слово яснится сегодня.
Стойкий утренний простор.
Свод небесный, голубой.
Свет слепящий, бестелесный.
Станет плотью свет небесный.
Струнные пласты, гобой.

5

И хор взлетел на крыльях партитур:
сто остроглазых птиц. Одна – слепая.
За ней тянулся, прозревая, хор,
и не истаивала в поднебесье стая.
Как всякий зрячий, боль свою тая
и волю, от которой ближним больно,
вслед за слепой хотел прозреть и я,
и потому прикрыл глаза безвольно.

ПЕРЕСКАЗ ИСТОРИИ

Они бежали из города,
взлетевшего на воздух,
передавая друг другу
портрет императора.
Умирающие кричали:
«Да здравствует Хирохито!»
Умирающие и живые,
одетые в пепел
сгоревших людей,
уступали портрету дорогу.
Они бежали к реке,
чтобы погрузить его в лодку
и даровать ему спасение.
Они впервые услышали
голос по радио –
Его Величество никогда
не обращался к народу,
но сегодня
он признал поражение

тех, кто кричал:
«Да здравствует Хирохито!» –
тех, кто был одет в пепел
сгоревших людей.

ДОЧЬ

Она подошла к дому,
в котором умерли
я и моя жена.
По очереди.
Не помню кто за кем.

Последние десять лет
мы не виделись,
хотя жили в одном городе.
Что-то её отвратило.
Наши раздоры?

Она подошла к дому.
Окна молчали.
Ни следов дыхания,
ничего.
Ветреный февраль ледяной.

Замерла возле дерева,
где мы обычно
кормим белок.
Ни ореховых ошмёток,
ни белок.

Из подъезда вышел сосед.
Она вздрогнула.
А что такого?
Мало ли что бывает...
Чужой, не бойся.

Запад горит закатом.
К остановке
она идёт осторожно,
чтобы я не услышал
её шагов.

Наталья ГРАНЦЕВА. «Века царскосельская печаль...»

Из-под храма огромного, башен, химер,
Из-под бездн земляных и скалистых пещер,
Из оков преисподней своей ледяной
Вылетает невидимый всадник ночной.

Повелитель дорог, переправ и мостов,
Эмиссар европейских идей и кнутов,
Чужестранец в чугунном лавровом венке,
Он летит на закат в исполинском прыжке.

Над веками вздымаясь, как черный пластид,
Венценосным путем от востока летит,
Оседлав скакуна на гранитной волне,
Повернувшись спиной к покоренной стране.

Золотого столетья последний герой,
Он летит за всевластьем, забвеньем, игрой,
К невозможным деяниям, верным сердцам,
К превратившимся в прах дорогим праотцам.

Он летит над историей звезд и планет,
И Нева, как вдова, исполняя обет,
Крестит лоб, и обняв неживой парапет,
Никогда не глядит улетевшему вслед.

* * *
Если станет сердцу тяжело,
Мы поедем в Царское село,
Чтобы все забылось и прошло.

Чтобы унеслись в тартарары
Жизни нашей горькие дары,
Тьма, которой душат нас миры.

Только воздух Царского села —
Счастья невесомая скала,
Дом из бестелесного стекла.

Как легко там время избывать,
Юность в тишине отогревать,
Руки муз прощенья целовать.
Вдалеке от страсти и молвы

Слушать в окруженье синевы
Табакерку с музыкой листвы.

Только там прошедшего не жаль
И прозрачен памяти хрусталь —
Века царскосельская печаль.

* * *

Проза жизни прекрасна, как рынок Сенной,
Но особенно утром воскресным, весной,
В толчее у торговых рядов смуглокожих,
Где бросает лукавых весов произвол
В социального равенства чудный котел
Многошумные речи прохожих.

И о чем разговор? А о том разговор
Вавилонской наживы бетонный шатер
Расфасует в пакеты умело.
Все, что взглядом в живот неуемный вместишь:
Молодую клубнику, янтарный киш-миш,
Россыпь дынь золотых, твердотелых.

Пробегай же, душа, по халяльным рядам,
Где бараниной нежной, как новый Адам,
Завлекает Лилиток дородных
Темноглазый Кавказ, не познавший вершин,
Где поодаль осетр, как серебряный джинн
Развалился меж рыб благородных.

Сколько пряностей, масел, солений, сластей!
Сколько лиц волооких, чужих новостей,
Прибауток улыбчиво-странных.
Сколько грузчиков юрких, тележек хмельных,
Коробов многоярусных, чанов стальных,
Колыханий творожно сметанных!

Разбегайтесь, глаза, по торговой стране!
Открывайся, карман, кошелек, портмоне!
Разлетайтесь на волю, деньжата!
Накрывает мозги дешевизны сачок,
И, алчбу насадив на прозрачный крючок,
Проплывает Меркурий пузатый.

Где солома? Где сено? – Весна на плаву!
Выплывает на тракт, как варяг на Москву,
Благодарности спелая вспышка.
Изобилие пиршеств, кастрюль казино,
Золотая брюшина, постыдное дно,
Объеденья земная кубышка.

* * *

Кто-то в каменных палатах
Тонет в мыслях о бабле.
Кто-то в дырах и заплатах
Ищет счастье на земле.

Кто-то рад похлебке постной,
Кто-то клянчит пармезан.
Кто-то жаждет лечь компостом
В новомодный котлован.

Необъятная докука,
Многоглавая герань:
Это лебедь, рак и щука,
Конь и трепетная лань.

Это праздник сил ничтожных,
Гесиод, Гарвей, Кювье.
Перебор стратегий ложных,
Заблуждений оливье.

Случай — смутная улыбка,
Наслажденья пузыри.
Жизнь — янтарная ошибка
С муравьишкою внутри.

* * *

История не то чтоб завралась,
А просто правду вымолвить не в силах.
То лбом надменным бьет с размаха в грязь,
То, в пляс пустясь, хохочет на могилах.

Словесных всесожжений петухи
По кайфу ей, как древнее наследство.
Она себе простит свои грехи
И оправдает избранные средства.

История весь мир перевернет,
Докажет, что свет белый невменяем,
И нас научит задом наперед
Идти за ней — туда, куда не знаем....

* * *

Проиграно сраженье века,
Погибли братья и отцы.
Бесславья каменное эхо
Разносят козьи бубенцы
По дальним пастбищам и водам
Всех четырех чужих сторон...
Под синей сферой небосвода
Пылает павший Илион.

Ты видишь? Жирным пепелищам
Пожары вырвали язык,
Какой-то русский ветер ищет
Следы троянских мертвых книг,
Перебирает пепел трона
И мести угли ворошит,
И топчет жаркий прах закона,
И обезглавить власть спешит.

Лежат обугленные стены
В чаду и копоти торгов.
Троянской унцией измены
Измерен мелкий вес врагов.
Они – предатели народа,
Они – сменили имена.
И деревянный конь свободы –
Их летописец, их стена.

Он, адвокат, хронист и стражник,
Прославит их векам иным
Десницей конскою бесстрашной,
Пером бессмертья ледяным...

* * *

Да, я люблю историю — за то, что
В повествованьях ставит многоточья,
Мол, догадайся, милая, сама.
За то, что Клио, рифму отвергая,
Для жизни путь в бореньях пролагая,

Нам прибавляет страсти и ума.
История – не книга, не учебник.
И не рожден пока еще волшебник,
Способный нас былому обучать.
История — не колба и не клетка,
История – духовная разведка,
Нырнувшая в открытую печать.

И кто сказал, что все ее легенды,
Живущие под маской документа,
Не театральной школы торжество?
И кто сказал, что храм ее — избушка,
Что речь ее — пустышка-погремушка?
Кто знает все, — не понял ничего.

История — хранительница веры.
Но надо ль верить на слово Вольтеру,
И Геродоту, и Карамзину,
А может быть, скучая вечерами,
Таинственных преданий шифрограммы
Исследовать и слушать старину?

Мы сами – битв святые манускрипты!
Мы сами — Рим и Греция с Египтом,
Мы сами — Альбион и Вавилон.
В нас целый мир, достойный удивленья,
Во всех системах летоисчисленья
Жив русский дух как тайны эталон.

Он с лестницей веревочною бродит,
Взбирается на башни и находит
Лишь дымный чад над жертвенным костром.
И кажется таинственной разгадка
Анналов, что написаны в перчатках,
Но — золотым, раздвоенным пером.

* * *

Я по Выборгу скучаю,
По скульптурным медвежатам,
По кувшинкам, иван-чаю,
По бараньим лбам покатым,
По вихрастым паркам птичьим,
По кленовой эспланаде,
По двуверью, двуязычью,

Рыбой пахнущей прохладе.
Там магнитные преданья
Бухт жемчужных плен секретный –
Сердцевина мирозданья,
Ключ поэзии заветный….

Лидия ГРИГОРЬЕВА. Сны в Синайской пустыне

* * *

Тайно в империю въехав,
тайно ее покидаем.
И хорошо, что не пёхом –
едешь, тоскою снедаем,
в еврокомфортном вагоне
или летишь на «конкорде»
житель иных Патагоний –
с гордой кручиной на морде.

Буде господняя милость –
всюду закон непреложен –
выпрем Россию на вынос
мимо прилежных таможен.

Споро просеяв пространство
сквозь потогонное сито,
выпьем за гвоздь постоянства
в рваной обувке транзита.

В лапах тоски завиральной
чует, что песенка спета,
житель Деревни Глобальной –
муха в сетях Интернета.

Мы ж, с переменным успехом,
все в чемодан покидаем,
тайно в империю въехав.
явно ее покидаем.

ТОСКА ПО СНЕГУ

Как много красоты в заброшенной аллее:
и снежные цветы, и вьюжные лилеи,
молочные стога, вся в белых перьях липа –
глубокие снега, любимые – до всхлипа...

И негу, как нугу тянуть. Как конь телегу
сквозь мир тащить тугу: свою тоску по снегу.

Мочалить бечеву страданий – до момента,
когда влетишь в Москву из захолустья Кента.

Во все концы видна (и Гоголю из Рима)
страна, как купина, стоит – неопалима.

В заиндевевший дом войдешь (следы погрома),
любовию ведом (как Пушкин из Арзрума).

Смирись и не базарь: живешь, не в гроб положен,
хоть и один, как царь, (и как в Крыму – Волошин).

Количество пропаж спиши на Божью милость.
Вокруг иной пейзаж – все видоизменилось:
от Спаса-на-крови и до владельцев новых
на Спасско-Лутови-новых лугах медовых.

СОН В СИНАЙСКОЙ ПУСТЫНЕ

Р. Б.

Спи.
Покрывалом Синайской пустыни и небом,
взметнувшимся над головою -
укрою.

Спи.
Звездный путь гипнотических диких гусей
над тобою восстал -
ты устал.

Спи.
Ветер звездное просо так густо и пряно
над нами просеял -
у горы Моисея.

Спи.
Головой на восток, ну а ноги туда,
где горит бедуинский костер -
ты простер.

Спи.
Ведь английская поздняя ночь не напрасно

бела и туманна,
как небесная манна.

Спи.
Там, где сон тебя тяжкий
железной узорной уздою взнуздал -
ты устал.

Спи.
Распластавшись от моря до моря, в пустыне,
и как рукавицу за пояс -
заткнув мегаполис.

Спи.
Мой избранник.
Спи, межзвездный скиталец и странник.
Пусть очнется душа на рассвете
в монастырской мечети .

ВЕЙМАРСКИЕ СТРАСТИ

   «...О Шиллере, о славе, о любви.»
         А.С. Пушкин

Здесь гордый Гете почивал,
безмерной славой утомленный.
А что же Шиллер? Разве мал
его талант непревзойденный?

«Вам не понять, дорогой курфюрст,
малой одной детали:
мокнет под окнами дряхлый куст,
хмурятся дымные дали.»

«Я выбираю одно из двух:
кто-то из нас сфальшивил...»
«Знать я хотел бы из третьих рук:
как поживает Шиллер?»

«Ваш ли фальцет или мой баритон -
петь хорошо дуэтом...»
«Только скажите, все так же он
первым слывет поэтом?

Хоть и пою я, как пьяный лев -
Вам отказать не смею...
После всего покажу, осмелев,
дивную эту камею,

что из античных глубин извлекли.»
«Можно ее потрогать?..»
«Снова, поверьте, я на мели:
канули деньги в пропасть.»

«Но на камею ушли гроши!»
«Древность - дворец творений!
Правда, что Шиллер живет в тиши?
Самолюбивый гений!»

«Эту балладу до дна не испить,
коль не извлечь примера...»
«Я не осмелился в землю зарыть
страсть коллекционера.»

«Так, как мы с Вами, споет не всяк...
Правда - мирами движет.»
«Правда, что Шиллер давно иссяк
и ничего не пишет?

Правда и то, что от злых годин
я изнутри обуглен.
Дымно и душно: опять камин
бурым топили углем.»

«Как бы осенняя морось и мразь
голоса нас не лишили.
Так что, прощайте...» «И все же, Князь,
как поживает Шиллер?»

ПАПА В АВИНЬОНЕ. 1375 ГОД

Папа, Папа, слышишь, в Авиньоне
варят звезды на мясном бульоне,
ветер в дом влетает на метле,
чтоб вертеть быка на вертеле.

Папа, Папа, видишь ли? До срока

прилетел из Африки сирокко,
прах и тлен сдувая с маловеров
в трапезной чудовищных размеров.

Это все проверено на деле.
Золотой сквозняк гуляет в теле.
Золотая тьма царит в душе.
Туша, глянь, обглодана уже.

Наступают времена иные.
Дуют в щели ветры продувные,
вихри мглы взметая без конца
на просторах папского дворца.

Не пора ли поменять жилище?
Грубая и радостная пища
разморила воинство Христово
у подножья Божьего престола.

Жаркий ветер проникает в поры.
Заговоры всюду, заговоры
в злых ущельях папского дворца.
Господи, не отврати лица!

Или при дворе лихие нравы,
или повар подложил отравы,
или ветер веет из пустыни –
как покров последней благостыни.

Катя КАПОВИЧ. Подарок нам

ПЕРЕПИСКА

Вот Пушкин Вяземскому пишет,
и слог его накалом дышит,
вот Вяземский в ответ шлёт письма,
в них – жар души и мысли, мысли.

Вот, значит, было не напрасно
упряжка, черная коляска,
и жизни абсолютно ясной
скрипучий, сонный бег к развязке.

В июне – с бахромою скатерть,
хрустит крахмальное предгрозье,

две девочки, уставши плакать,
в гостиной заплетают косы.

Две девочки-сестры в гостиной,
и это потому так чудно,
что ливень из фрамуги длинной
звук извлекает, как из лютни.

Там на столе – чай и варенье,
и сахара в разломе мрамор,
и всё – одно стихотворенье,
подарок нам той жизни самой.

* * *

На свете счастья нет, а есть покойник в холле
неубранном, пустом. «Прощай навеки, Коля!» -
читаю походя на ленте голубой,
и четко вижу ржавый мотороллер,
и вспоминаю, кто под простыней.

На свете счастья нет. Покоя тоже нету,
вот так откроешь дверь спросонья, а там это,
а там уже в парадной гроб стоит.
А там уж гроб стоит, под ним два табурета,
и слышно, как сосед соседу говорит.

«Допрыгался Колян», — он говорит в раздумье.
На свете счастья нет, был человек и умер.
Надень теперь пальто, на службу выходи.
А за порогом синие петуньи
качаются, как синие кресты.

ДЕТСТВО ОТЦА

Два мальчика катят огромную тыкву,
они ее в поле нашли возле дома,
двадцатого века огромную книгу
читаем сегодня совсем по-другому.

Нет в ней ничего, кроме странных картинок,
ушли господа, что сидели в палатах,
нет в ней ничего, кроме этих тропинок,
смотри, как они ее царственно катят.
Летит самолет сквозь военное небо,

и звезды сияют, как знаки отличья,
тропинка – направо, тропинка – налево,
и тыква грохочет, как желтая бричка.

Они будут есть ее, пить с потрохами,
за зиму военную станут большими
и в небо военное глянут глазами,
и мать не растает в украинском дыме.

* * *

Пусть победит сегодня воинство
другое воинство в войне,
пускай дадут народу вольницу,
какая разница-то мне?

Добро в руках у населения
по-новой превратится в зло,
а мне бы тихое селение,
увеселение моё.

Мою неслышимую музыку,
мою нескучную любовь,
мою вечернюю акустику
скрипящих по снегу шагов.

* * *

В вечерней заспанной аптеке
вдруг вспомнишь: двадцать первый век,
но так и ходит в дыме, в снеге
усталый русский человек.

Всегда пригнувшись под мешочком,
по мокрым лужам скок-поскок
с окурочком, с грудным комочком,
сбиваясь в этом мире с ног.

И вдруг какая-то пружина,
веселая живая злость,
его подталкивает в спину,
и вот он покупает трость.

И жизнь не так уж и напрасна,
и власть не так уж и страшна
ведь мразь везде однообразна,

воображением бедна.

И распрямляется он в росте,
нет злости в мире никакой,
есть только звук веселой трости
по каменистой мостовой.

ДЕВОЧКА ЗА ФОНО

Бог весть что и белый бантик у неё,
от конфеты мятый фантик у неё,
до льняных своих волос на склоне дня
в летнем вечере прописана она.

У неё косая челочка на лбу
и глаза такой зеленой густоты,
и склонила она голову свою,
перелистывая нотные листы.

На неё не положи, прохожий, глаз,
здесь могила для бессмысленных сердец,
здесь играет пианино белый вальс
и всего один в жестянке леденец.

* * *

Музыка ведет на небо нас,
там ни на минуту не смолкает
жизни бестолковейший рассказ
под названьем просторечным память.
А потом опять разводит в хлам,
воду льет на голову больную,
никому тебя я не отдам,
если так ты водишь вкруговую.
Так вот по движению руки
кукла пляшет в пыльной подворотне,
тряпка, на резинках башмаки –
дайте доллар, положите сотню.

* * *

Вот дерево большое, солнценосное,
исполненное света и огня,
вот яблоко, покрытое, как оспою,
насечками сухого сентября.

Возьми в ладони яблоко зеленое,
чьи косточки прозрачны, словно дни,
в нем небо белое с землею черною
вдохни на миг и снова выдохни.

Пока всё тускло в мире навсегда еще —
бессмысленные тучи, небосклон,
есть мир другой, по правилам играющий,
как в кубике циркония — огонь.

И если слышу я все ливни с ветрами
в две тысячи шестнадцатом году,
то это юность яблоками бледными
над миром покатила в пустоту.

* * *

Я ехала в печальный дом,
чтоб друга навестить,
я думала о том, о сем,
тянулась мыслей нить.

Как просто взял он на себя
и тихо нес в миру
простое звание шута
подобно королю.

Когда прямой, надменный друг
выходит в коридор,
он посылает меня вслух,
и так нормален взор.

С такой посадкой головы
глядите в нашу явь,
вы, века взрослые умы,
на детский мир забав.

* * *

В один из дней с глазами с синевой
пойти от электрички на конечной,
весенний пух плывет над головой,
в витрине отражается аптечной.

Какие лица смотрят на тебя
и кто тебя в провинции встречает?

Лишь треугольных листьев вензеля
опять к пустому берегу причалят.

В земле, одетой в облетевший пух,
над родиною – тополиный насморк,
на грозовой отчаявшийся звук
здесь небо осыпается в алмазах.

Здесь дождь идет с окраин к центру лет –
возьми, метеоролог, на заметку -
здесь звук всегда опережает свет
и запах липы попадает метко.

В такое время зреньем свысока
смотреть и различать в кругах по лужам,
какую встречу странную с минувшим
намешивают в чашке облака.

И ничего при этом не поймешь,
отрезанный ломоть, с водою силос,
зачем такую вызывает дрожь
та лодочка, что к берегу прибилась.

Ирина МАШИНСКАЯ. Над безымянной водой

ВОСЕМНАДЦАТЬ ЛЕТ СПУСТЯ

Н. Р.

Любой аэродром немного был тобой
любой! наклонный травяной
и в ноябре
под первою слюдой
был ты, мой боль, мой boy

Стальные бабочки, на крыльях ковыляя,
проколоты насквозь,
ангар находят свой

Всегда я знала, что и мы с тобой,
и мы поднимемся над выгнутой землёй
и полетим к Ангарску и Вилюю
Земля раскрутится под нами,
                        как "Savoy"

Я буду жаворонок, будешь ты совой

Мы полетим над гиблыми местами,
горелыми лесами, и ковыль
поднимется и лес густой за нами
Не будешь ты бобыль

И мы увидим к северу наклон
атласных лент без петель и зацепок,
осколки мочажин, и в ряби цыпок
Байкал. И лес подымется с колен

Их сильные, курсивом, имена,
начав с Урала, с детства наизусть я,
но собственные забывают имена,
дойдя до устья

Что знали мы про взлётный, травяной,
проталин йод
        и наст в скрижалях трещин
   как мы подымемся и целый свет отыщем,
    что атласа не хватит нам с тобой

КРУГ

Так долго вместе прожили...

И. Б.

Мы прожили почти... Но в круге
нас не было, мы были за
 — в моей Твери, твоей Калуге
 — в твоей Твери, моей Калуге,
в начале, то есть в эпилоге
в окне твердела бирюза.

Нас прочило друг другу столько
вещей, добытых не трудом...
И эта шаткая постройка
уже постольку стала: дом.

Мы прожили... Прожили. То и
останется, что сможет — без.
И кто те слившиеся двое,
не поделившие небес?

ДВОЕ

Похоронили матерей,
на мартовском ветру стояли.
И смысл, и волю потеряли
и сделались себя старей.
Осталась я у них одна
на всём жестокосердном свете.
И ни оврага, ни холма —
лишь ровный голос на кассете
с небес не толще полотна.

Четыре нежные руки
меня отрывисто касались.
Ключицы скрипнули, раскрылись,
и сердце треснуло, как наст.
Пока неслась дневная мгла,
пока мело по снежной мели —
я б их оставить не могла.
Я им была как мать, не мене, —
но, Господи, как я мала.

Греми же, мартовская жесть,
жестоковыйные морозы!
Больней любовь на свете есть
горящей на щеке угрозы —
слепая ласковая лесть.
Разлука выпорхнет — и во
все концы! — не оттого ли,
что смысла нет в добытой воле?
Но и в неволе нет его.

СТИХИ ДОЧЕРИ

Смотрю на эти книжицы, вещицы —
как будет тебе больно
брать их в руки.
Так как же быть?

Как жить мне, ничего не оставляя,
чтоб не обжечь потом твоей руки?
Как сделать так, чтоб сниться — и не сниться?

Как, думаю, ты будешь думать, что
себе оставить, что — моим друзьям:
той ручку, той пенал, тому плетёный синий,
наполненный до верха записными
под крышей пенсильванскою сундук —
в надежде, что большие разберутся.

Какой ты будешь сильной —
какой сейчас тебе не нужно быть.

Все мои дни, все жизни запасные
пусть улетают враз, не воплотясь.
Мне всей посмертной внеземной работы,
посмертных тех сизифовых камней
в оставленной рабочей жизнью Зоне —
важнее ты и твой покой земной.

А хочешь, прилечу и стану – дочь?

IN ABSENTIA
Домой

Тот кто умер домой не летит в самолёте со мной
он вернётся, но только отдельно летит
как ни в чём не бывало встречает
и до смерти рад раскрываемым рамам

Это только в пути он под боком
теряет находит очки
с незнакомой деньгой
ковыряется
ковыляет по кромке вдоль стройки
где двоим не пройти
и дивится
и к речи
прислушивается как чужой
и садится на плечи и делит со мной все нелепые
встречи-невстречи

Он со мной на конечной стоит кольцевой
и блуждает и запах
парадных вдыхает родной
обувной и капустный
и терпит
со мной
не торопит
у обитой изодранной двери
с кем я познакомить тебя не успела
кто нас не дождался и вышел

СЕРЕБРИСЬ, МАСТЕРОК

    Владимиру Гандельсману

Театральный разъезд
ремесла, эти листьев обноски
первый холод разъест,
как потомку ненужные сноски.

Всё одно! Полетим,
воробьём из окошка кивая —
не зачем, а затем,

что порука стекла круговая.
На карминный фасад,
на живучие тёплые камни,
на нескучный посад,
не наскучило, брат мой, пока мне.

Вышел век, да не весь,
вот он — охра и стружки-обрезки.
Так лети же, развесь
на нездешние ветки серёжки.

Там трамвайный рывок,
там, за рынком, в ядре околотка
переулок глубок
и прохожий летит, как подлодка,

там взойдёт, как пройду,
Патриаршье закатное солнце —
пусть родную слюду
развезло перламутровым сланцем,

пусть бесстыдной, густой
кроют резкою краской московской
достоевский пустой
двор, дрезину да ливень тарковский.

Жив одним ремеслом,
поселенец, играющий в ящик,
с котелком, номерком —
я такой же стекольщик, жестянщик.

Разуверишь меня —
и тогда я не разуверюсь.
Ерестись-ка, строка,
золотисто-ершистая ересь,

разлетись на восток —
хоть какой-никакой, а таковский,
торопись, мастерок,
говори, говорок,
ленинградский, московский.

GIORNATA. ОБЛАКА В ОКНЕ НА ЗАКАТЕ

Небо, в оба края растворимо;
облако, что Рим, неоспоримо.
В струпьях краски облетая — рама,
радужная, где лучи, слюда —
а за ней Колонна, колоннада,
зарево закатного фасада,
алая гряда, ступени ада —
нимбостратус Страшного суда.

Над землёй скользят собор и пьяцца,
тот костёр, с которым не согреться,
вспышки лучевые, папарацци,
кучевые кручи и лучи,
гнутых мастеров крутые спины,
на плечах серебряны пластины
с патиной. И цепи, и куртины,
и сангины длинные бичи,

и в спирали скрученные плечи.
В каждом облачке свои пылают свечи —
в главные ворота по-цыплячьи
валят от тебя ученики
целыми цехами в толпы света.
Но дневным трудом ещё нагреты
туч работных руки узловаты,
медленно лежат, кочевники.

Я стою, мои раскрыты пальцы,
на стекле распластаны, скитальцы,
от костяшек вниз сползают кольца.
Мастером родишься только раз.
Жизнь летит, смеясь и осыпаясь,
жаркой рамы шелушится роспись,
и ложится на дневную известь
чистой фрески занебесный лес.

Я стою, не зажигая света,
ветвь от ветви требует ответа,
над окном моим на небе мета,
подоконник, что верстак, широк.
День проленишься — и видишь, в край из края,
как, лесов ещё не разбирая,

прочь небесная уходит мастерская
на восток и дальше на восток.

БЕЗ ИМЕНИ

Плыви челнок плыви плыви
к туманной речи Дехлеви
где отзываются — зови
где отдыхают от любви

Над безымянною водой
летит сова — иль козодой
И долго длится звук любой
никто не знает — твой не твой

Пыльца суглинок бледный пыл
аплодисменты мятых крыл —
тому, кто на земле побыл
кто камнем канул, имя скрыл

Михаил ЮДОВСКИЙ. В отражённом свете

* * *

С новой литеры алфавита,
нержавеющая, как сталь,
продолжается дойче вита,
продолжается Франкенталь.

От безвестности хорошея,
этот маленький городок
в небеса удивленно шею
устремляет, как диплодок,

где закаты плывут, алея,
а под ними – вразлад, вразлет
ясенеют, грустя, аллеи
и циррозовый сад цветет.

Я врастаю в него, листаю,
словно книгу, сходя с ума.
И готовы, как птичья стая,
над землею взлететь дома

и пропасть за бескрайним краем,
за бездонностью синих дён.
Не листай – и не будь листаем.
Не читай – и не будь прочтен.

Я живу в отраженном свете
в этих каменных погребах,
привкус кофе, тоски и смерти
ощутив на своих губах.

* * *

Над городами пыльными,
под небесами в звездах
бабочка дышит крыльями,
перебирая воздух.

Под водяными корками,
горечи тяжелее,

устрица дышит створками,
жемчужиною болея.

Стопы стерев и голени,
мир под собой сминая,
я не пойму – чем болен я,
чем я дышу – не знаю.

* * *

В первый день последнего месяца осени
деревья – как по команде «головные уборы – снять!»
внезапно сделались простоволосыми,
небеса открывая – за пядью пядь.

Серые клочки, распятые на ветках
сливались в замкнутый, но беспорочный круг,
и сердце мое в птичьих пунктирных метках
из клетки ребер вырывалось на юг,

ударялось мякотью о костяные прутья,
трепетало и не вписывалось в пробел.
Мне подумалось: «Боже Всевышний, будь я
птицей, я бы не пил, а пел –

пел до обморока, до озноба, до очуменья,
проклиная с восторгом собственную судьбу.
Принимай меня, осеннее неименье
в родовую высокую голытьбу.

Мы сразимся с будущим рукопашно,
друг на друге поставив роковую печать.
Жить – не страшно. Умирать – не страшно.
Страшно разницы не замечать.

Олег МАКОША. Старуха Васильева

Старуха Васильева умирала восьмой год. И сама измучилась, и всех вокруг. «Вокруг», это – старший сын Гриша, его младший брат Рома и средняя сестра Алевтина Александровна. Еще активно помогал друг семьи – Марик Жуковский – художник-минималист на музейной ставке. Ну как помогал, заезжал с утра, привозил батон хлеба, бутылку молока и сизую селедку. Очень хороший человек.

А держалось все, конечно, на старшем Грише.

И первое, и второе, и пятое, и десятое.

Он и помыть мать, и подгузники поменять, и еду сготовить, и подколымить где придется по плотницкой части.

Живут они в деревянном бревенчатом черном доме в поселке Сортировочный, за стенкой младшая сестра матери, тетка Глафира. Та, в отличие от старухи Васильевой, бодра, активна, репрезентабельна, чтобы это слово ни значило. Тоже заходит, и не редко. То советом поддержит, то жизнеутверждающим восклицанием, то блинами лично испеченными, хотя их сейчас, конечно, жарят, а не пекут. Эгей, кричит, племяннички, и ты тоже, дура Алевтина, как дела?! Те ей бодро отвечают, да как всегда – живем, не тужим. Ну и молодцы.

Вот эта тетка в субботу и померла.

Точнее в ночь с пятницы на субботу.

По субботам во всем поселке банный день, и тетка Глафира тоже готовилась, как полагается – воду таскала назавтра, баню собиралась топить, белье чистое приготавливала и прочее.

А ночью померла.

Так часто бывает – все ждут, что умрет один человек, казалось бы, уже готовый к этому, а помирает совсем другой, на которого и подумать никто не мог. У Гриши такое в армии случилось. Один солдатик по фамилии Апатичный заболел на боевом посту менингитом – продуло, и все ждали, что он умрет в военно-морском госпитале, а помер совершенно здоровый и очень крупный старшина первой статьи Голобородько. Наклонился за упавшей ложкой, а выпрямиться не сумел – упал без сознания, а как потом выяснилось, даже не без сознания, а уже мертвым – тромб оторвался. Он вообще был, так сказать, наливной силы – розовый и как будто слегка распаренный.

Гриша решил этой новостью тогда же поделиться с кем-нибудь из заинтересованных людей, и задумался с кем. Ни мать, ни брат, ни сестра, ни тем паче тетка ему почти не писали. А писал ему только Попов. Все три года, каждую неделю Гриша получал по письму от, по сути, случайного знакомого – массовика-затейника Попова. Они с ним на празднике Нептуна схлестнулись. И вот такая история, что ни понедельник, то письмо с подробным изложением происшедших событий на гражданке, и пожеланиями нести службу весело и непринужденно.

Ему Гриша и описал случай со старшиной.

Гришу потом вызывали куда надо и велели таких писем больше не писать – смертность личного состава, сведения секретные и разглашению не подлежат. Враг, мол, не дремлет, но это и понятно. «Куда надо», это ему в красном уголке внушение сделали младшие командиры. А вместо умершего первостата Голобородько назначили Козленкова.

Мы с Гришей случайно на рынке познакомились.

В те времена, чтобы не сойти с ума в стерильном вакууме умопомрачительного одиночества, я хоть иногда выбирался на улицу и куда-нибудь шел. В Ленинскую библиотеку, например, или книжный магазин или продовольственный рынок. Покупал один помидор, пару бананов, гранат, упаковку мятных пряников. Пряники плохо вписывались в картину мира, но иногда до обморока хотелось сладкого.

На этих пряниках мы и разговорились.

Я сначала, по старой привычке, с Гришей, обратившимся ко мне с каким-то идиотским вопросом, не хотел трепаться. Но потом с радостью откликнулся. Переев общения на предыдущей работе, на нынешней, актуальной, я испытывал тоскливый дефицит человеческого контакта. Хотелось разговоров, чтения стихов вслух или созидательного молчания, когда созидается тонкая паутина, структура момента додуманного вместе.

Гриша сказал, вы ведь раньше в Росспродторг ходили?

Нет, ответил я.

Так и познакомились.

И вот умерла тетка Глафира.

Накануне, Гриша, как всегда, выполнил все процедуры, то есть покормил, помыл и уложил мать, которая спала очень плохо, а точнее совсем не спала, и приготовился к очередной бессонной ночи, к которым, ночам, можно сказать, уже привык за последние годы. Потом пришел с работы брат. Потом он с кем-то разговаривал по телефону, Гриша – дремал, а потом, под утро, Дунька Ляпунова, живущая с теткой за стенкой, пришла и сказала, Глафира-то померла.

И все тут же занялись похоронами.

Сначала, конечно, поохали, а потом засуетились.

Матери, старухе Васильевой, естественно, ничего объяснять не стали, да и чего ей объяснишь? Она последнее время плохо понимала действительность, впрочем, как и многие другие. Не то что фамилию действующего президента, а имена собственных детей: Гриши, Ромы и средней сестры Алевтины Александровны, не помнила совершенно. Бывало, подойдет к ней Рома, спросит, мама, как вы? А она в ответ, Шурик, это ты? За покойного мужа, значит, принимала.

Похоронили без объяснений.

У них давно место припасено на семейном участке в старой части нового кладбища. Хороший участок – достаточно большой и около огромного дерева – векового дуба. Отец там, Александр Панкратович, лежит, дед с бабкой, сегодня тетку положили, и еще одно место осталось – для матери. А для себя придется другое искать – больше никто не влезет. Если только гроб на гроб ставить, как сейчас, говорят, делать стали. Но они так поступать не станут, не то воспитание.

Похоронили, помянули в буфете и разъехались по делам. Брат Рома вернулся на работу, средняя сестра Алевтина Александровна домой к мужу и дочке, Гриша к матери.

Вошел в дом, а та на кровати сидит.

Гриша тоже присел, в том смысле, что от удивления ноги ослабли. Лет пять мать уже самостоятельно не могла подняться в кровати.

Что вы, спрашивает Гриша, делаете, мама?

А та в ответ тоже спрашивает. Обстоятельно так. Сколько времени? Какой месяц? Сейчас лето? А Путин, что говорит по вопросам экономической блокады? А Рома где? А Дунька родила? А…

И смотрит на Гришу.

А тот на нее.

А мне потом говорит, главное, меня Путин большего всего потряс, с этой его экономической блокадой, понимаешь? Нет, ты, понимаешь? Она ж сроду политикой не интересовалась, она ж не помнила уже ничего, какой там Путин! Это Глафира целыми днями телевизор смотрела и на каждом углу трепалась про санкции и Украину. Это же она в мать вселилась. Ее душа, понимаешь?

Понимаешь?

Евгений МИХАЙЛОВ. Ответный выстрел

"Теперь и мне пришла охота пошутить..."
А.С. Пушкин Выстрел

Прекрасным утром после Троицына дня студент- второкурсник юридического факультета Костя Лосихин с нетерпением поджидал свою однокурсницу Манечку, которую пригласил прокатиться на лодке по Клязьме в окрестностях дачи своего дядюшки, обещая незабываемые впечатления:

— Я предлагаю Вам вместо московской толчеи и духоты благотворное общение с матерью-природой. Что может быть лучше?

Молодой человек испытывал к девушке явную симпатию, не решаясь пока заговорить с ней об этом. Их объединяла не только совместная учёба, но и увлечение поэзией. Регулярно посещая собрания поэтов-символистов, они и сами пытались что-то сочинять. Косте удалось даже поучаствовать в одном из сборников.

Поэтому, когда он пообещал прочесть свои новые стихи, Манечка, до этого размышлявшая над предложением, тут же согласилась. И вот она на причале. Заметив, что гостья затрудняется спуститься в лодку, Костя поддержал её за талию, занеся даже это малозначительное прикосновение в свой актив.

Природа, словно по заказу, в этот день благоприятствовала путешествию. Неширокая, медленно движущаяся, чистая река, буйство зелени по обоим берегам, серебристые рыбки, выпрыгивающие из воды, разноголосый птичий гомон создавали удивительную по восприятию картину. Костя в шутку пугал Манечку байкой про скрывающегося где-то здесь сбежавшего из цирка крокодила. Манечка притворно ужасалась.

Как вдруг среди кустов, склонившихся над водой, послышался сильный всплеск. Кавалер взялся успокаивать свою спутницу, уверяя, что это просто камень в воду свалился. Клялся, что про крокодила он всё придумал. Но девушка решительно настаивала на возвращении.

Во время обеда в дядюшкином доме Манечка немного успокоилась, но вскоре, несмотря на все уговоры, собралась домой. Костя проводил её до станции. А вот от дальнейшего провожания девушка наотрез отказалась. Кавалер был в недоумении, но настаивать не решился. Целомудренный поцелуй завершил их встречу.

В Москву Костя вернулся на следующий день. В университете он уделял повышенное внимание своей избраннице, надеясь заслужить прощение за неудачную шутку.

А дальше началось непредвиденное. В перерыве между лекциями к нему подошёл однокурсник Алексей Клешнин, позвав для приватного разговора. Оказавшись в тамбуре, Алексей ухватил за грудки своего визави:

— Слушай, портняжка! (имелось в виду, что мама Кости владела небольшой швейной мастерской). Ты Манечку оставь в покое! Не подходи к ней! Иначе тебе не сдобровать! Она дала согласие стать моей женой!

Костя, без труда вырвавшись из захвата, ответил: — Ты не очень хорохорься Аника-воин! (подразумевалось, что Клешнин-старший работал в штабе Московского военного округа). Я ни одному твоему слову не верю!

— Ну, смотри! Я тебя предупредил! — Алексей грязно выругался.

В последующие дни противостояние нарастало. Дело дошло до прямого столкновения. Драчунов разняли. Расстроенная Манечка взялась обоих урезонивать: Господа! Успокойтесь, пожалуйста! Я вообще пока не собираюсь замуж! Давайте останемся друзьями.

Но Клешнин не унимался. Он придумал какое-то подобие дуэли, назначив её на следующий день. В шесть утра дуэлянты с секундантами приехали на извозчике в пригородный лесок.

Притащив с собой отцовский наган, Алексей вытащил из его барабана патроны через один. По его замыслу дуэлянты должны по очереди брать наган, прокручивать барабан и стрелять в противника. Право первого выстрела по жребию досталось зачинщику.

Уже дважды была осечка и револьвер вновь перекочевал к нему. В это время на поляне показались жандармы. Костя оглянулся на шум, а Алексей в тот же миг нажал на курок, НЕ ПРОКРУЧИВАЯ БАРАБАНА. Грянул выстрел. Падая с пулей в плече, Костя крикнул противнику:

— Выстрел за мной!

Интересно, что генеральский сынок отделался лёгким испугом, а пострадавший был исключён из университета. Теперь ему пришлось зарабатывать на жизнь репетиторством.

Однако через год прозвучал выстрел в Сараево. Мирная жизнь для миллионов людей закончилась. Константин отправился добровольцем на войну.

Перед отъездом он с Манечкой встретился, как прежде, в дядюшкином доме над Клязьмой. И у них произошло то, что не могло не произойти, что является признаком высшей степени доверия и симпатии между мужчиной и женщиной. А потом началась тяжёлая армейская работа. Никакой романтики, много грязи и крови.

Волею судьбы доброволец попал в артиллерию, где потери личного состава обычно меньше, чем в пехоте. Разминулся со смертью и Костя. Где бы ни был, с нетерпением ждал известий из Москвы. В одном из дошедших писем мать сообщила, что Манечка родила сына, которого назвала Александром. Несколько дней ходил в эйфории, пока не получил ранение, сразу вернувшись с неба на землю. Захотелось выжить, чтобы увидеть сына. Но выехать в Москву как-то не сложилось. Был ещё ранен, но опять выжил. Февраль семнадцатого встретил в госпитале. Армия разваливалась на глазах. Подпоручик Лосихин вернулся в Москву. Там он узнал, что Манечка всё-таки вышла замуж за Клешнина. Её муженёк на фронте не был, пристроившись в каком-то тыловом ведомстве, а жили они в Петербурге.

Матери в Москве Костя тоже не застал. Ещё до большевистского переворота она продала мастерскую и уехала на Украину, где жила её сестра, надеясь, что вдвоём удастся пережить лихолетье.

В начале восемнадцатого года Константин вступил в Красную гвардию, посчитав её единственной силой, способной бороться с хаосом, в который ввергли Россию либералы. И снова долгие кровавые будни. Их убивали, и они убивали.

В девятнадцатом году на колчаковском фронте отряд, которым командовал Лосихин, был разбит. Сам он, очнувшись среди трупов, стал ночами пробираться к своим, но попал в плен. В одном из сёл наткнулся на колчаковский разъезд.

Вначале его основательно избили, затем повели в штаб, размещавшийся в крепкой пятистенке. Он вздрогнул от неожиданности, услышав знакомый голос:

— Ну что, портняжка, попался? Помогли тебе твои жидобольшевики?

Костя молчал. Потом сказал:

— Если ты помнишь, выстрел за мной. Может, завершим это дело?

Клешнин засмеялся:

— Зря надеешься, придурок! Тогда мы были с тобой почти на равных, а теперь ты вне закона и умрёшь, как собака. Ещё есть вопросы?

— Что с Манечкой?

— Она умерла в прошлом году от тифа — голос Алексея дрогнул.

— А где Саша?

— Он ещё раньше умер, в Питере.

— Ну, тогда выводи! Чего время тянуть? Константин повернулся к двери.

— Нет, красавчик! Подожди своей смерти до утра, помучайся! — Алексей хихикнул и, вызвав ординарца, скомандовал:

— Митрофанов! Уведи арестованного!

Ночью Митрофанов вывел смертника из подклети, где тот ожидал своей участи, сказав ему:

— Слушай, как тебя там — товарищ или господин! Пойдём-ка отсюда подобру-поздорову. За спасение красного командира твои, может, меня и помилуют. А здесь мне не жить — шибко лютует офицерьё. Брательника моего вон позавчера расстреляли ни за что!

Провидение было на стороне беглецов. Им удалось добраться в

расположение красных. Митрофанова сразу куда-то увели. Больше они не виделись. А Костю под горячую руку чуть к стенке не поставили. Да потом осознали, что не может младший командир за ошибки штабистов отвечать. Бросили пехоту против колчаковского бронепоезда – вот и результат. Но, тем не менее, до самого Крыма пришлось штрафнику тянуть солдатскую лямку. Потом взвод доверили.

В ноябре двадцатого остатки врангелевских войск бежали в Турцию. Вскоре Лосихин демобилизовался и вернулся в Москву, надеясь восстановиться в университете. Оказалось, что юридический факультет упразднён. Старые законы отменили, а новых ещё не придумали. Пришлось идти работать в милицию.

В двадцать седьмом году его неожиданно вызвали в ОГПУ. Теряясь в догадках по этому поводу, Костя явился на Лубянку точно в назначенное время. Блондин в штатском костюме, выйдя из-за стола протянул руку:

– Следователь Негарный. Присаживайтесь, пожалуйста.

Костя назвал себя. Чекист несколько минут вёл разговор ни о чём, потом нажал потайную кнопку под столом и в кабинет ввели … Клешнина!

Хоть и пообтесала барчука жизнь, но манеры остались прежними:

– Ну, здравствуй, портняжка! На этот раз ваша взяла! – сказал он хриплым от волнения голосом. Костя промолчал, посчитав неуместным вступать в полемику с арестантом.

– Так вы знакомы? – изобразил удивление следователь, – В таком случае, Константин Петрович, расскажите поподробнее, откуда знаете этого человека и что Вам о нём известно.

Старательно запротоколировав услышанное, чекист вдруг перешёл на официальный тон:

– Так-так, совместная учёба, соперничество из-за женщины, встреча на фронте, возможно, неслучайная… Вы ничего не упустили, товарищ Лосихин? Чем сейчас занимается Клешнин, знаете? Нет? Да будет Вам известно, что он – злейший враг советской власти , прибыл в Москву нелегально в составе группы боевиков генерала Кутепова для совершения террористических актов против первых лиц государства.

Одно только нам показалась странным, что наряду с подготовкой терактов, Клешнин почему-то старался Вас разыскать? Зачем?

Костя пожал плечами. Негарному это не понравилось:

– Вы не до конца откровенны, Лосихин! Ну, а Вы что скажете? – повернулся он к арестованному.

Скажу одно, – голос Алексея звенел от напряжения, – что ненавижу вас всех, и ненавидеть буду, пока бьётся сердце. Вы лишили меня семьи. Отца растерзала пьяная солдатня, мама покончила с собой, а любимая умерла в тифозном бараке. Вы отняли у меня Родину, поедая её, как трупные черви. Я давил вас по любому поводу и без оного. Жаль только, что на место одного убитого приходило двое живых. Вы размножались, как саранча, и оказались для белого воинства неуничтожимой массой. А Лосихин – мой личный, давний враг. Если бы не предательство моего ординарца, Костенька сдох бы ещё в девятнадцатом году.

— Ну, ладно, хватит! – следователь хлопнул по столу рукой, – Прекращайте истерику! Как ни крутитесь, расстрела Вам не избежать. И это ещё очень гуманно. Будь моя воля, я бы на мелкие кусочки таких живьём резал.

Клешнин замолчал, но потом заговорил снова:
— А о праве смертника на последнее желание что скажете?
— Валяйте! – смилостивился Негарный.

Клешнин оживился:
— У нас этим типом (он кивнул на Костю) незаконченная дуэль. Что-то вроде «американки». Разрешите нам закончить дело. Мирный исход исключён. Один из нас обязательно убьёт другого к великому своему удовольствию. А дальше победителя всё равно ждёт смерть. Меня – незамедлительно, Лосихина – с отсрочкой. Вы же скоро начнёте пожирать друг друга.

Отсмеявшись, чекист нажал кнопку, и Клешнин под конвоем направился к выходу. В дверях он обернулся, сказав со значением:
— До встречи в аду, Костенька! После его ухода, Негарный закурил длиннющую папиросу и попросил у Кости подписку о неразглашении всего, чему был свидетелем в этом кабинете.

Костя ушёл, а тоненькая папочка с его именем и фамилией легла в сейф до поры до времени. О ней вспомнят в тридцать восьмом году.

Борис ПЕТРОВ. Ошибка

Давно ожидаемое событие произошло ранним утром, еще до восхода, когда на улице переливалась холодная заря позднего сентября.

Жена и дочери месяц как уехали отдыхать – сразу после того, как к нему подошел коллега Антон и, отворачиваясь, пряча глаза, сказал:

- Старик, слушай… Меня о тебе вчера спрашивали. Понимаешь?

Но о чем спрашивали – не сказал, да он и без пояснений понял.

Он понял очень хорошо и первым делом отослал жену и детей – аккуратно, так, чтобы никто ничего не заподозрил: виза открыта, бархатный сезон – чудесное время для отдыха на море. Ах, Антон, вот спасибо, товарищ верный, нашел силы предупредить: недаром дружили, значит.

Он так хорошо понял, что стал собираться сразу после отъезда семьи: вычитал в интернете, что нужно взять, и уложил сумку, и ждал, ждал, не верил и ждал, ждал и не верил, пока не прозвонил домофон из коридора – резкий, как клекот.

- Кто?

Тяжелое, свистящее дыхание: молниеносная мысль – вот оно. Пришли. Через трубку домофона дышит другая жизнь; до улицы – три этажа и миллиард километров, миллиард километров пустоты, в которой раздается клекот.

Пришли. Не верил – и ждал, бог мой, еще вчера смеялся: чай, не 37-й нынче, на дворе какой-никакой, но 21 век. Но ведь ждал же, готовился – мурашки давно по коже бежали, губы синели от страха, в глазах лопнула жилка, и смотрел кровью. И все-таки даже сейчас шевельнулся где-то под лопаткой юмор висельника, пропащего человека: не верить и ждать – так можно сказать и о любимой женщине. Счастлив тот, кто не верит, но ждет женщину – и он герой, но эти, эти, клекочущие, дышащие в трубку домофона – воля ваша, это какая-то извращенная, скверная любовь, я не хочу, не надо, я не любитель таких развлечений, я нормальный человек, русский, не герой, не святой, не подлец, не политик, не уголовник, не оппозиционер – не хочу, я ничего не сделал!

Беззвучный звук гулял в горле, затыкая дыхание – прыгал кадык. И опять вдруг – мысль (все мысли этим утром молниеносны и одиноки): неужто я открою и впущу их, вот так, как барашек, бееее, и ни слова не говоря, буду смотреть, как они лапают мои книги, копошатся в компьютере, изымают жесткие диски, лезут в шкафы, где хранится белье – мое, жены, детей – да, и в детских компьютерах тоже лазят, сопят, хмыкают, и общаются только, кажется, мычанием и клекотом: мычанием – если ничего нет, клекотом – если что-то есть, черные нахохленные грифы-трупоеды. И руки у них обязательно потные и липкие – читал много об этом.

Но я-то еще не труп, думает он в отчаянном приливе последней храбрости.

Он хватает сумку и кричит сипло и тонко куда-то в сторону от трубки:

- Подождите минуточку, я только накину на себя что-нибудь!

А на самом деле уже одет – тренировочный костюм, специально для такого случая купленный на барахолке, где не был лет десять, и, будь они прокляты, дорогущие ботинки – подарок жены, сверкают и поскрипывают, но нет времени искать другую обувь – она в шкафу, а шкаф в соседней комнате, а до соседней комнаты миллиард километров.

Сумка лежит рядом – собирал для тюрьмы, готовился, ждал и не верил, не верил, и ждал – но и для воли годится: одежда, листовой чай, спички, курево, айфон с секретной симкой, номер которого знала только жена. Барахло на плечо. Приоткрыл дверь – тихо; скрипя ботинками и проклиная их люто, по лестнице, где пахло слабо аммиаком, замирая, спустился вниз, на первый этаж.

Там две двери: одна страшная, парадная, за ней чудится возня – ждут. И такой зуд накатил: а давай откроем, глянем на мерзкие морды, упадем в их потные руки: делу конец!

Но вторая страшнее: дверь судьбы, черного хода – а вдруг перекрыли все выходы, вдруг там тоже?

Выбор, выбор, ох, тяжко как! Тяжко дышится, а нельзя дышать, шуметь нельзя.

Туда. Выбрал – черный ход; врешь, не возьмешь. Не виноват я ни в чем, нечего мне в потных руках биться и кровавыми слюнями истекать.

И как же медленно и непослушно она открывается – во двор, во двор: чисто! Чисто! Пустой утренний двор, даже дворника-разгильдяя не видать; спят еще все – скоро проснутся и загудят зябко-боязливо, но со жгучим любопытством:

- Слыхали, сосед-то наш?
- А что такое?
- В бегах. Пришли за ним – а птичка-то из клетки уже-тю-тю...
- Раньше бы не ушел – работали лучше, эх.
- Проворовался, поди.

Машина стоит – а никак нельзя брать, до первого перекрестка доехать разве что. Прячась за машинами, он скользил тенью чуткой и сторожкой и выскользнул; на улице обернулся и почудилась суета у подъезда, пакостное шевеление: вдруг он пристукнул себя по коленям и даже язык высунул в приливе отчаянного хулиганства – убежал, убежал! Но тут же опомнился и на полусогнутых ногах, не в силах выпрямиться, побежал-посеменил к метро – миллиард километров, теперь совсем близко; и, пока бежал, думал лишь глупо: а спать они хотят по утрам, эти трупоеды, или специально их выдрессировали так, что они никогда не хотят спать? Бежал и смеялся икающе.

И еще: у этих тяжелые ботинки. Под тяжелыми подошвами под

тяжелыми подошвами хрустел осенний ледок, и трава на газонах окуталась инеем, схожая с сединой – так он видел теперь, и не глазами видел. Казалось, что трава в конце сентября в пять утра непременно должна быть седой; казалось, что голые ветки деревьев должны ломаться под напором жесткого арктического ветра. И непременно тучи, но без дождя, без влаги, душные, давящие, без конца и края - сплошная беспросветная масса.

Он навсегда запомнит этот пейзаж – пейзаж его страха, хотя дни стояли теплые и приятные, золотая осень, и никакой седой травы и в помине нет, а есть ковер пестрых листьев и бледно-голубое небо на востоке, предвещавшее славные выходные; а деревья, великолепные в парадном сентябрьском убранстве, замерли в штиле.

Но для него все стало серое, серое навсегда. Взял билет на электричку: на скорый нужно документ предъявить - отследят. Три часа трясся – то ли от езды, то ли от ужаса; смотрел на серый пригород, и на серый лес, и поля тянулись серые и выцветшие, и гуляли по полям черные вороны; на какой-то серой станции пересел на другой поезд – дальше, вглубь, где не найдут; лицо обдало вонючим тепловозным дымом, и кто-то матерился и дышал в ухо перегаром, и это было самое сладкое дыхание, родное, близкое, человеческое.

Он еще долго трясся, пока грубые, но добрые люди не уняли слегка страх горькой водкой, и он не решился включить айфон. Только тогда жена, прилетевшая рано утром с курорта, смогла прозвониться и закричать, что он свинья – не встретил их, хоть и обещал: наверняка пил и мотался по бабам; а если уходишь из дому, то хоть ключи оставь у соседей, потому что она с детьми никак не могла попасть утром домой, топталась у подъезда, как дура, и слушала, как кто-то тяжело сопит в домофон.

Игорь СЕРЕДЕНКО. Вещий сон

1

Андрею Степановичу исполнилось семьдесят восемь лет. На следующее утро, после дня рождения, он сказал жене, что боли в груди прекратились, и он чувствует себя на тридцать лет моложе. Жена, Люба, услышав, что мужу стало легче дышать, и его не тревожат боли, прижалась к нему, и стала поглаживать его руку под одеялом.

– Это всё лекарства для сердца, – сказала Люба.
– Нет, это сон, – твердо заявил муж.
– Сон! – удивилась она.
– Да.
– Я рада, что тебе наконец-то начали сниться сны. Они успокаивают. А что тебе приснилось, помнишь?
– Также ясно, как это солнечное утро, – ответил он.
– Расскажи мне. Он был длинным?
– Не очень.
– Но приятным? Что ты делал во сне? – допытывалась жена, фантазируя в своих мыслях сон мужа.
– Я умер.
– Как это, умер? – она невольно затихла, с ужасом прислушиваясь к стонам за стенкой.
– Умер и все. Это просто, этого не надо бояться.
– Если ты умер во сне, значит наяву все будет хорошо, – сказала жена, ближе прижимаясь к мужу.
– Глупая, неужели ты не понимаешь? – он забрал свою руку из ее объятий. – Это был вещий сон.

После минутной тишины он почувствовал влагу на своем плече, – жена тихо плакала, не говоря ничего.

Несмотря на то, что слова Андрея Степановича были сказаны в комнате рано утром, к вечеру уже вся коммунальная квартира, где проживали шесть соседей, знала о вещем сне. Весть о том, что в коммуне скоро появится покойник, – ибо никто из соседей не сомневался, что сон был вещим, так как все уже полгода знали о тяжелой болезни Андрея Степановича, знали и чувствовали скорый приход смерти, – никого не удивила и не напугала.

Смутила и расстроила новость лишь Бориса Петровича, у которого вот уже полгода не было напарника для игры в шахматы. Он нашел лишь одного игрока, способного сыграть с ним в ничью и даже выиграть, но Андрей Степанович заболел, и Борис Петрович, этот скряга и ворчливый пенсионер, бывший заведующий кафедрой математики, стал невыносимым молчуном. Он заперся в своей девятиметровой комнате, где окна выходили во внутренний двор, и не желал никого видеть, лишь изредка выходил по необходимости, когда в общем коридоре никого не было.

В шесть часов вечера в комнату Андрея и Любы постучались. Это была подруга Любы, Надежда Абрамовна. После двадцатиминутного перешептывания в углу на диване, в процессе которого Андрей Степанович молча лежал на кровати, в другом углу комнаты, с закрытыми глазами, и спал или делал вид, что спит, подруга Любы вышла, озираясь на лежащего с загадочным выражением лица, словно она увидела святого.

Стоны за стенкой возобновились, и жене показалось, что это не ее муж готовится к смерти, а соседка, которой исполнилось семьдесят четыре, ее родственница. Арина, чьи стоны они слышали почти каждый день и ночь, болела ногами – проклятая подагра большого пальца левой ноги совсем замучила ее. Соседям было жаль одинокую соседку, и они навещали ее, из жалости к мучениям женщины они помогали ей, ходили за покупками. Но стоило им уйти, и в коридоре наставала тишина, стоны замолкали и вновь возобновлялись, когда кто-нибудь ходил по коридору.

На следующий день, после того, как весть о вещем сне распространилась до самых темных и одиноких уголков коммунальной квартиры и пропитала все немногочисленные квадратные метры этого убого жилища, где ремонт уже сами жители забыли, когда делали, в комнату Андрея Степановича постучали дважды. По голосам Люба поняла, что это их друзья, супруги Гордиенко, Федор и Людмила.

Супруги сели за круглый стол, стоящий посередине комнаты, и, развернув стулья к кровати, где лежал умирающий, с нескрываемым любопытством паломников и с родниковой прозрачностью слепой веры уставились на Андрея Степановича.

– Тебе действительно приснился этот сон? – осторожно спросил Федор Александрович, хотя он не сомневался в новости, которую передала ему жена, узнавшая, в свою очередь, об этом от Надежды Абрамовны.

Андрей Степанович выпучил губы и нахмурил брови, его взгляд буравил серый потолок, где местами паутинкой нарисовались трещины.

Жена Федора облизывала губы, покусывая их, и с нарастающим интересом поглядывала то на мужа, то на Андрея Степановича.

Вместо Андрея Степановича заговорила его жена.

– Сон приснился в ночь после его дня рождения.

Андрей Степанович вынул руки из-под одеяла и опустил их на грудь.

– Даже болезнь отступила, – осторожно добавила Люба.

– Это правда?! – удивился Федор Александрович. – Такое случается раз на сто тысяч. Ты видел, как ты умер?

– Нет, но ... я почувствовал ... – начал Андрей Степанович

неуверенно.

– Что, что ты почувствовал? – с нетерпением спросила Людмила.

– Не знаю, это было необычно, что-то легкое, – ответил, задумавшись. Андрей Степанович. – Какое-то сияние, – добавил он после минутной паузы.

– Это знак Господа, – сказала неуверенно Люда, вынимая из своей сумочки небольшую книжечку. И, разворачивая ее золотым крестом, изображенном на титульной стороне, к лежащему, произнесла твердым голосом: – Это Библия. Здесь об этом сказано. Это Господь. Он знает о нас, о наших земных муках, он все видит.

– Мы с женой, – сказал Федор Александрович, пенсионер и бывший инженер-строитель, – думаем, что Он послал тебе этот сон.

– И это неслучайно, – добавила Людмила, наклонившись к Любе, словно ей одной она хотела поведать свое открытие, которое ей пришло прошлой ночью. – Ваш муж, Люба, наш проводник.

– Что за проводник? – с пренебрежительным удивлением спросил Андрей Степанович.

– Проводник между нами и Богом, – пояснила Людмила.

– Что за … – возмутился умирающий.

– Зря не веришь, – настаивала женщина.

За каких-нибудь три года, которые она с мужем начала верить в Бога, когда поняла, что выше него нет никого, и все земные и семейные жалобы лишь он один может понять и выслушать, она завербовала в веру сто шесть человек и этим гордилась. Из всех ее близких знакомых лишь Андрей Степанович и Борис Петрович сопротивлялись, а точнее говоря, они прости не обращали на нее и ее витиеватые фразы внимания. Возможно, это из-за того, что они были увлечены игрой в шахматы, когда Людмила пыталась им объяснить смысл их существования. А когда они не играли, то спасаясь от ее сладких и загадочных фраз, они сбегали с общей кухни или коридора в свои комнаты, захлопывая перед оратором дверь. Но с появлением одышки (которая нагло входила в грудь Андрея Степановича и мучила его по ночам, не давая покоя и днем) и сердечных болей, он понемногу – одним ухом и одним глазом, – начал прислушиваться к этой странной женщине.

– Бог, говоришь, навестил меня? – переспросил Андрей Степанович, все еще прожевывая медленно ее слова.

– Я в этом уверенна, – твердо сказала Людмила, кладя Библию на кровать, рядом с Андреем Степановичем.

– Я вчера тоже это почувствовал, – заметил Федор Александрович. – Мы с супругой ходили в церковь …

– Не в церковь, а в собор, – поправила его жена. – Я рассказала Господу о тебе, и попросила, чтобы он дал нам ответ.

– О чем? – спросила Люба, прижимая руки к груди от волнения.

– О том, что Андрей выбран им, он избранный.

— Наверное, это за все его мучения за последние полгода, – сказала Люба.

— И что? – спросил Андрей Степанович, все еще не веря в то, что он избранный. Единственное, во что он верил – это было облегчение боли в груди, которая его терзала шесть месяцев.

— Что, лекарства не помогли? – ехидно сказала Люба. – Ни один врач не поможет. Они все дураки.

— Но кто же может вылечить больного? – с какой-то внутренней надеждой сказала Люба.

— Только тот, кто его и создал. Наш создатель и господин, – заявила Людмила.

После ухода супругов Гордиенко, Андрей Степанович скрестил руки на груди и возвел задумчивый взгляд к потолку, изучая причудливые линии трещин.

— Черт его знает, может она и права, – сказал он после раздумий.

Люба ничего не ответила, она лишь с блаженным взглядом послушницы незаметно взяла с кровати у изголовья Библию, которую оставила Людмила, и тихонько спрятала ее в карман халата, затем, пока муж таращился на потолок, задумавшись, словно полководец перед битвой, подошла тихонько к комоду и сунула книгу между сложенных в стопку простыней.

Не прошло и часа, как удалились к себе супруги Гордиенко, и в комнату кто-то осторожно постучал.

Это был Тимофей Савович, бывший школьный учитель химии, а ныне почетный пенсионер. Он единственный из всех жильцов коммуны, кто имел и умел обращаться с компьютером, знал, что такое андроид и как пользоваться смартфоном. Все эти современные познания, без которых трудно представить нынешнего человека, он приобрел в общении с многочисленными внуками, навещавшими его. Перспективы начала двадцать первого века ему нарисовал подробно его старший внук, которому исполнилось двенадцать лет, а младший из шести сорванцов довершил описание, научив деда собирать урожай пшеницы с экрана планшета, подаренный дедом на семилетие любимого внука.

Тимофей Савович протянул Андрею Степановичу какой-то маленький овальный предмет. Умирающий с трудом нащупал его в своей руке.

— Что это, Тимоша? – спросил Андрей Степанович, глядя на вошедшего широко открытыми глазами.

Жены в комнате не было. Очевидно, пока муж дремал, пытаясь вновь увидеть продолжение вещего сна, чтобы лично услышать голос Всевышнего, она вышла к соседям.

Мутный взгляд Тимофея не рассеял вопроса, тогда он спросил еще раз.

— Что ты мне принес, Тимофей? – уже немного с раздражением

поинтересовался хозяин комнаты, которому помешали заснуть.

Он поднес руку к самым глазам, все еще неясно, полусонным взглядом рассматривая мелкий овальный предмет.

– Это флешка, – сказал Тимофей.

– Флешка! – удивился Андрей Степанович. – Какую в компьютер вставляют? – догадался он.

– Да.

– Но зачем она мне?

– Это не тебе.

– А кому? – удивился Андрей Степанович, опуская утомленную дрожащую руку. Он уже хотел было вернуть ее обратно, как вдруг услышал:

– Это для Господа.

– Для кого?! – он не поверил своим ушам.

– Ну … для Бога, – неуверенно начал Тимофей Савович, разминая скрюченные, покрытые морщинами пальцы. – На ней мои … просьбы … советы, – невнятно произнес он.

– Что за советы? – все так же недоуменно спросил умирающий.

– Я подумал, что если дать это на бумаге, то будет ненадежно, ведь бумага может разорваться, сгореть, сгнить. Кроме того, он ведь там, – он показал пальцем в потолок, – и вряд ли поймет наш язык. А вот в электронном виде – другое дело. Это язык космоса. Весь мир наполнен электрическими волнами, – он на мгновение затих, – ну, в общем, я думаю, – нескладно продолжил он, – что это будет получше бумаги. В конце концов, информация не зависит от носителя.

– И что в ней? – спросил Андрей Степанович, догадываясь, о чем идет речь.

– Ну, как бы тебе сказать, – он тяжело вздохнул, стал вновь мять руки. – Ты же сам видишь, мы не живем, а существуем. Пенсии ничтожны, восемьдесят процентов уходит на коммунальные услуги, которые все больше и больше. Правительство подняло пенсию на восемь процентов, а коммунальные услуги на отопление, свет и газ на триста процентов. Где справедливость, где равенство?! – возмутился он. – А ведь мы такие же люди, как и те, что в управлении. Бог ведь сделал нас одинаковыми, равными. А сколько у нас в Украине гробов-то приходит с востока? Почему гибнут невинные дети? Почему крестьянская земля пустеет? Скоро сеять некому будет, пока эти бандиты жиреют да на джипах разъезжают.

– Ну и что? Тебе то что?

– Да я … я всю жизнь честно проработал … – он замолчал, закрыл мутные от слез глаза уродливыми старческими ладонями. Его тело содрогалось от бессилия, он не мог остановить этот поток мучительной боли, напавшей на него так внезапно.

Андрей Степанович, освободившись от флешки, положил левую

руку на голову, склонившегося на табуретке и все еще содрогающегося друга.

– Я передам, – сказал он, поглаживая старого друга.

Спустя некоторое время, когда неожиданный приступ прекратился и Тимофей Савович поднял голову, Андрей Степанович сказал:

– Я обязательно передам ее, если он возьмет.

– Возьмет, обязательно возьмет. Я, конечно, понимаю, что он наш создатель и ему не просто было сотворить нашу Землю и людей, но … если он будет так любезен и прочтет те малые мысли, которые я выразил в своем обращении к нему, то может, все поменяется.

– Обязательно, – утешительно сказал Андрей Степанович.

– Я не для себя, я же понимаю, что стар. Мне это уже ни к чему. За всю свою жизнь школьным учителем, я так и не смог купить дом, машину. Ты не поверишь, я ни разу не водил машину.

– Но ведь права мы вместе получали, – возразил Андрей Степанович.

– Да, но машину я так и не смог купить. Когда умерла жена, все наши скудные сбережения ушли на ее похороны, а теперь и мечтать нечего. Цены взлетели до облаков.

– Это верно, для нас купить машину или самолет – одно и то же, невозможно. Но зачем тебе об этом думать?

– Это не для себя. Я смотрю на своих внуков, которые навещают меня, растут и цветут, как цветы. Но не пройдет и двадцати лет, как они станут взрослыми. Я не могу им ничем помочь, понимаешь?

– Ну и что, у них есть родители.

– Да, есть, – как-то грустно сказал Тимофей Савович. – Но они уже повторяют мою судьбу. Мои дети … Они повторяют меня … – Андрей Степанович почувствовал, что его старый друг вновь начнет плакать. – Я это вижу, они все бедные. Их дети … Они такие славные, юные, их улыбки лучезарны, а глаза такие чистые, как лесные родники – свежие и наивные. Что их ждет? Бедность, упреки, ссоры, тяжесть, невыносимость и боль. Нет справедливости на Земле. Кто понаглее, кто жестокий … тот подминает слабых, а они у меня не из воинов, честные и простые, как и я сам.

– Ты что хочешь сказать, что был учителем и ни разу не брал взяток?

– Ни разу.

– Не верю.

– Это твое дело, но перед Богом я чист. Я … я всю жизнь верил, что воровать плохо, грабить – преступление, обманывать – бесчестно.

– Вот и стал стариком, – упрекнул его Андрей Степанович.

– Я не жалею себя, мне просто обидно …

– За что?

– Что мир не увидел. За всю свою жизнь я был лишь раз в Словакии. Больше я нигде не был, денег не было. Четыреста евро поездка стоит, недавно прочитал в газете, и это самая дешевая. А моя пенсия после выплаты за коммунальные услуги составляет, после пересчета по курсу, десять долларов.

— Да ... — только и вымолвил Андрей Степанович. — Ты думаешь, он прислушается к твоим советам?

— Я верю в это, в справедливость. Он ведь не жесток. Был один святой, который хотел сделать нашу жизнь без мук, но его застрелили или отравили. Не хотят они, чтобы были счастливыми все, ведь тогда им мало счастья достанется.

Он ушел, пожав на прощание руку Андрея Степановича. Когда тот рассказал об этом визите жене, она сказала с какой-то грустной улыбкой:

— А мы ведь тоже нигде не были. Может, хоть на том свете увидим мир. Людмила сказала, что смерть для тебя будет легкой, ты ничего не почувствуешь, потому что этого хочет Он.

2

В полдесятого, когда в коридоре затихла суета соседей, в дверь постучали три раза. Андрей Степанович, хоть и находился в кровати, пытаясь войти в контакт с Господом, читая Библию, принесенную Надеждой Абрамовной, все же узнал знакомый сигнал.

— Это Борис. Пришел проведать друга в последний час, — сказал он жене.

Люба впустила соседа, а сама пошла на кухню, сказав, что у нее там есть дела, на самом деле она хотела оставить друзей одних, чтобы они могли поговорить наедине.

— Что, помирать собрался? — все еще не веря в слухи, сказал Борис Петрович.

— Да, вот, как видишь, — он указал на Библию, лежащую слева от подушки. — Принесли Библию, советы для Бога, — он указал на маленькую флешку, лежащую справа от подушки. — Ты что принес, старый друг?

— Надежду на скорое выздоровление.

На утомленном и бледном лице Андрея Степановича заиграла тень улыбки.

— Ну, если чувство юмора есть, значит и помирать нечего, — сказал Борис. — Ты как себя чувствуешь? Боль отпустила? — и, тут же, вдогонку вопросам ответил, — вижу, что легче.

— Говорят, что это божья сила.

— Ерунда! Бог давно уже забыл о нас. Вселенная ведь бесконечна. Сотворил людей, землю, а потом забыл, где и что сделал, ведь у нас миг жизни, а у него вечность. Так мы затерянные и плаваем тут, на этом камне, еще мокром от его слез. А флешку кто принес? Дай-ка угадаю. Тимофей?

— Он самый, жалуется в ней на тяжесть жизни и несправедливость судьбы, – сказал Андрей Степанович.

– Хм. Хочет справедливости?

– Он не хочет быть бедным.

– Если все будут богатые, то кто же тогда работать будет, кто землю пахать станет? Богатые ведь не привыкли землю буравить, им бы потреблять, да и то скукотища. Нет, Андрюша, все продумано до мельчайших деталей, как в шахматах: логично и разумно.

– Как в шахматах? А как же быть с болью?

– Боль испытывает лишь наше тело, оболочка. Душа же не материальна. С гибелью тела и память, хранящая боль, угаснет. Воспоминаний не останется.

– А как же душа?

– А вот душа настрадается, это ее главное и единственное свойство – страдание, – после минутной паузы, в процессе которой каждый думал о своем, он сказал: – а не сыграть ли нам партию, напоследок.

– И то верно, последнюю, – согласился Андрей Степанович.

– Где они?

– Там, на подоконнике, за занавеской.

Борис Петрович взял доску, подошел к кровати.

– Ну, двигайся.

– Зачем, мне и так удобно.

– Хочу лечь с тобой рядом. Вместе жили, вместе играли, может, и умрем вместе.

Андрей Степанович посмотрел на друга взглядом, который появляется между друзьями, когда они понимают друг друга без лишних слов.

Он пододвинулся, а Борис лег рядом, раскрыл доску, высыпав фигуры, и установил ее одной стороной на своей груди, а другой – на груди Андрея. Расставив шахматные фигуры, они стали играть, не раз ловя себя на мысли, что эту партию они уже когда-то играли.

Обменявшись пешками, а потом слоном на коня, Борис Петрович сказал:

– Расскажи о нашей жизни ему.

Рука Андрея Степановича зависла над шахматной доской, а взгляд пары туманных глаз невольно покосился в сторону Бориса.

– И ты туда же.

– Что поделаешь, я ведь тоже человек. Жить на земле и не страдать – невозможно. А мне так это надоело, мочи нет.

В этот момент тихонько открылась дверь и вошла Люба. Этим партия и кончилась. Налетев, как птица, защищавшая свое гнездо, она прогнала Бориса Петровича, но интересную шахматную позицию друзьям все же удалось сохранить, хоть доска с расставленными на ней фигурами тихо и плавно переместилась на секретер. Друзья расстались, как джентльмены: отдав должное сильной позиции противника, но в мыслях сохранили преимущество комбинации за собой, в надежде разгромить соперника завтра.

Но завтра этому матчу не суждено было завершиться, так как ночью Андрею Степановичу стало тесно в груди, потом появился жар и нестерпимая боль. Когда перепуганные и полусонные соседи вызвали скорую, больной уже ничего не чувствовал. Так, в беспамятстве, его тело унесли на носилках. Все пять дней, в течение которых лучшие врачи Еврейской больницы Одессы боролись со смертью, все жильцы коммунальной квартиры, где проживало восемь соседей в шести раздельных комнатах, думали о счастливом Андрее Степановиче, фантазируя его встречу с Богом и каждый представлял, как о нем рассказывал избранник Бога, перечисляя все его хорошие стороны, вспоминая все земные муки души.

«Клиническая смерть?» – так сказал молодой доктор, привезший на машине скорой помощи возвратившегося с того света Андрея Степановича.

– Теперь ему нужен покой, – сказал он на прощание.

В комнате столпились все. Пришла даже Арина Семеновна, не выдержав своего годичного заточения. Выйдя из своей скромной кельи, она, глядя на Людмилу, державшую на груди Библию, твердо заявила:

– Следующей буду я! Он мне приснился этой ночью.

Никто не придал ее словам значения, ведь все взгляды и мысли были направлены в сторону Андрея Степановича, лежащего на своей кровати. Еще более бледное, чем до больницы, лицо Андрея Степановича ничего не выражало, оно было схоже с лицом Девы Марии с поднятыми глазами. Он смотрел на все, что его окружало сразу.

Казалось, что взгляд этого святого человека, побывавшего в замке Бога, объединял всё сущее. Его глаза искрились просветлением. Они были широко раскрыты и все еще хранили в себе частичку загробного мира.

– Ну что? Что молчишь? – первым, не выдержав, нарушил гробовую тишину Борис Петрович.

– Как там? – спросила Людмила. – Ты говорил с ним?

– Ты передал ему мои советы? – тихо, с глубокой надеждой, спросил Тимофей Савович.

Молчала лишь Люба, она сидела на табуретке у изножья кровати, склонив голову и молча глотая слезы, медленно скатывающиеся по ее разрыхленному морщинами лицу.

– Нет, – наконец издал Андрей Степанович.

– Нет! – удивились в один голос супруги Гордиенко.

– Что нет? – спросила Арина Семеновна, дотронувшись двумя пальцами до Библии, которую Людмила прижимала к груди все сильнее.

– Не тяни, Андрей! – не выдержал Борис Петрович, уставившись совиными глазами на просветленного друга.

Какая-то едва заметная зловещая улыбка проскользнула на лице Андрея Степановича, но этого было достаточно, чтобы во всех присутствующих поселился безумных страх. Людмила перекрестилась. Андрей Степанович медленно обвел всех взглядом, теперь его лицо выражало насмешливую гримасу, от которой перекрестился дрожащей рукой Федор Александрович.

— А нет там никого, — сказал божий избранник.

Его лицо приняло обычный вид — ничего не выражающий. — Нет никакого Бога. Я был там, лишь пустота. Ясно вам! — с бессильной злобой выбросил он, и вновь опустил голову, направив взгляд на потолок, где по-прежнему была очерчена картина из причудливых тонких линий трещин. Затем, словно не желая говорить, он закрыл глаза, скрестив на груди руки. Наступила гробовая тишина.

— Вот те раз! — воскликнул Борис Петрович.

— Этого не может быть! — раздраженно сказала Людмила, опуская руку с Библией и уползая прочь, захватив мужа.

— Чертовщина, — сказала Арина Степановна, перекрестившись, и убралась прочь в свою комнату, откуда спустя пять минут начали раздаваться привычные для всех стоны умирающей.

Все разошлись, разочарованные, не верящие избраннику, со своими смутными и безумными мыслями. Но это и не удивительно, ведь сегодня им открылась тайна. Люба по-прежнему сидела у изножья кровати и тихо плакала.

Лишь один Андрей Степанович был спокоен. Он вспоминал, как во время операции, где его больное, измученное, дряхлое тело было оставлено для четырех мокрых от волнения утомленных врачей, безуспешно пытавшихся вернуть жизнь, а душа поднялась над комнатой, потом взлетела над больницей, облетела город, где он за миг вспомнил всю свою жизнь: детство, юность, зрелость и неизбежную мучительную старость. Когда он поднялся выше и кадры его прошедшей жизни испарились, он ощутил себя в объятиях белой, ослепительной, воздушной перины, схожей с облаками, рассеявшимися, как легкий туман. Теперь, после непродолжительного времени, которое показалось ему вечностью, его окружали вечные предрассветные сумерки и тишина, полная, абсолютная, без мук и тревог, без мыслей, без движений. Он вспомнил! Он вспомнил это состояние покоя, в котором находился. Это было потрясающе! Теперь, пребывая в своем прежнем облике, на своей вонючей кровати, от которой несло старостью, видя все эти измученные жизнью дряхлые больные тела с уродливыми морщинами и проклиная этих четырех аматоров, резавших его тело, он понял, как ему было там хорошо, как он блаженствовал в вечном покое божественной тишины.

Людмила ШАРГА. Равновесие

Вселенским Весам снится равновесие.
Забываясь в дремотной неге,
огромные чаши встречаются и на миг замирают.
Чаша радости не помнит о печали.
Чаша печали забыла о радости.
Что знает Вселенная о моей радости, о моей печали...
Всё и ничего.
Вселенским Весам снится равновесие.
Люди раскачивают Весы и мечтают о равновесии, не зная,
что без печалей и радостей
настанет небытие.
Безвременье. Покой.
Вселенским Весам снится равновесие.
Плеснут радости – чаша взмывает вверх.
Плеснут печали – тяжело опускается.
Моя радость – солнечная капля на огромной чаше Вселенских Весов.
Светлый Понедельник, дикая яблонька в цвету,
мерное жужжание пчёл и шмелей,
море, яхта, самолёт в облаках, закат над городом.
Но уже завтра чаша печали и скорби уплывёт вниз, унесёт меня за собой,
и я забуду о радости...

* * *

Ар.

Жизнь малиной недоспелой
облетит с куста,
вряд ли мы с тобой успеем
досчитать до ста.
Прядку русую не жалко –
выгорит, сгорит.
Помнишь детскую считалку,
ну же:
раз, два, три...
Долго я тебя искала –
страшно потерять.
Что ж,
лиха беда начало –
три, четыре, пять...
И расходится кругами

время и штормит,
и насвистывает гаммы
кто-то: до, ре..ми
А теперь другие ритмы –
вырос крысолов,
затаился в лабиринтах
проходных дворов.
Но знакомая до боли
дудочка поёт
и уводит за собою
в тёмный переход.
Съела ржавчина качели –
комната пуста.
Мы с тобою не успели
досчитать до ста.
Как открывшаяся ранка –
старое кино,
во дворе на Молдаванке
низкое окно.
Ход часов вода живая
повернёт назад:
ночью старые трамваи
в Дюковский летят.
И не ясно – то ли едет –
то ли вслед летит
на большом велосипеде
мальчик лет шести.
Опалит дыханьем жарким
время жизни прядь…
Вот и кончилась считалка.
Где тебя искать…

В больничных коридорах время течёт по другим законам, неподвластным тем, что снаружи. Ещё одно русло времени, реальность, сотканная из множества разных жизней и судеб, пересекающихся здесь, в длинном гулком, бесцветном пространстве, переливающихся одна в другую, но никогда не смешивающихся.

У каждого своя беда, своя боль. Своя судьба.

Все вместе в коридорном русле. И – одновременно – каждый в своём.

Границы здешние прозрачны, и старые стены не спасают от звуков внешнего мира.

Здесь всё, как там: невероятное ослепительное февральское солнце, тяжёлая огромная луна, деревья в больничном парке, скамейки, птицы, коты... люди. Почти всё, как там, за стенами.

Выйдя отсюда, люди смешиваются с людьми снаружи, растворяются в зряшной крикливой суете, именуемой жизнью, не подозревающей, что совсем рядом есть другая жизнь. Другие люди. Несущие бремя забот, тревог и волнений, спешащие, с решимостью и надеждой во взглядах. Отчаявшиеся, с безвольно опущенными плечами. Смирившиеся с тем, что именуется странным словом...судьба. В нём отзвук суда, того самого, высшего, который вершится по иным законам, непонятным и непостижимым, и потому, к счастью, недосягаемым для здешних обитателей, уверенных в своей исключительности, правоте и праве, в своих акцентах и приоритетах.

На самом же деле здесь ни у кого никаких прав нет, в какие одежды ни рядись, как своё тельце ни лелей, в какие течения не впадай.

Ешь мясо или не ешь, кури или не кури, пей водочку или водичку... Всё это не имеет значения на весах, на чаше которых когда-нибудь замрёт обнажённая, испуганная твоя душа.

Только любовь имеет вес и значение там.

Здесь, где всё искажено и придумано и рассказано людьми для других людей, ради наживы, потехи, алчбы... ради власти, о любви забыли. Разучились любить. Что остаётся, когда изверился, когда устал идти вслепую, наугад. Как правильно... куда правильно...?

Спрашиваю вполголоса.

Слишком много ответов, умных и абсолютно бесполезных и бестолковых, как высмоктанные из пустоты пустотообразовательные статьи о том, как надо и как правильно быть.

Правильно так, как веришь. Как чувствуешь.

Но...

Этого мало, оказывается, надо ещё верить в соответствии с канонами и требованиями, написанными кем-то. И молиться правильными словами и на правильном языке, и в правильном храме. Иначе Он не услышит. Не поможет. Не защитит.

Так, разговаривая сама с собой, ещё не включившаяся полностью в новый день после бессонной ночи, бреду к маленькой церковке, в надежде, что она уже открыта.

Хоть бы одну молитву вспомнить.

Ни слова в памяти из «правильных» молитв, а читать «с листа» не хочется.

Хочется, чтобы слова шли изнутри, из души..из памяти, из сердца, оттуда, где живёт Бог в каждом из нас.

Молюсь обычными словами, теми, которые на ум пришли. Или на сердце. Утро раннее-раннее, синее, лунное, чудное февральское утро, сулящее хороший и добрый день.

Но мысли заняты днём вчерашним: длинным суетным, без надежды на то, что он когда-нибудь кончится. Всплывает в памяти строка из астропрогноза, прочитанного ночью.

«18 февраля – день накануне Полнолуния. Транзитная Луна во Льве. Это хороший день для отдыха и развлечений, но понедельник вряд ли даст нам насладиться этим в полной мере. Полнолуние будет в знаке Девы 19 февраля (18:32), а транзитное Солнце переходит в Рыбы...»

Тяжёлая Луна покидает мой дом и мой знак, и переходит в знак Девы вечером.

И пока идут сборы, дом полон тревог, отчаяния и хлопот. Кавардак внутри и снаружи. Обычный хаос перед уходом, отъездом, переходом... Перед дорогой.

Но есть надежда, что после ухода полной Луны что-то изменится, наконец, станет спокойнее и чуть легче. Если не в доме, то на душе. Вон она виднеется из окна, то в алом треугольнике, то в пылающем круге, то в ряби лёгкой рассветной облачности.

Разглядывает моё окно и меня в нём. А я разглядываю её, уходящую, такую тяжёлую и такую прекрасную. Чтобы запомнить и узнать потом.

Хотя... в этом русле нет никакого «потом».

Значит, просто запомнить.

Безмолвие морских глубин
ещё печальней под луною,
но этот берег мной любим,
но этот мол намолен мною,
как эта полная луна,
как смысл, увязший в междустрочиях...
Волнений и тревог полна,
все бренные дела отсрочив,
умолкну: время для камней,
для прирастания поклажи,
для рукописей – им в огне –
гореть, и никаких поблажек.
Не возжелавши зла врагу,
запомнив скоротечность мига,
ещё на этом берегу
сошью рассыпанную книгу,
пусть по словам – не по делам –
и воздаётся и даётся,
и грезятся не купола,
а Млечный путь со дна колодца,
где я по-прежнему учусь
не предаваться мелкотемью,
сквозь полноту и свежесть чувств
бреду потусторонней тенью
на тихий зов морских глубин

и вещих снов на грани яви,
по городу, что мной любим –
его немыслимо оставить, –
здесь явь трудна,
здесь сны легки,
здесь берег, как алтарь – намолен,
и – всем законам вопреки –
шипы и розы пахнут морем.

Все мои дороги ведут к морю.

Грунтовые, вдоль обочины широких асфальтированных шоссе и автострад, булыжные мостовые, выложенные камешек к камешку, узкие тропинки, петляющие в тени акаций и зарослей чертополоха, и тропинки другие, в лесной чаще, усыпанные сухими сосновыми иглами и старой слежавшейся листвой.

Дорожка, разделяющая огромный школьный сад на вишнёвый – слева, и на яблоневый – справа, ведущая к родительскому дому.

И уводящая от него.

Они мои, эти дороги, и каждая ведёт и неизменно приводит, сколько себя помню, к морю. Где бы меня ни носило, какие бы неотложные дела ни уводили в сторону, отвлекая от главного и не терпящего отлагательств занятия: жить, я неизменно оказывалась у моря.

Всё повторялось в тысячный раз: чайки, камни, песок, люди. И только море не повторялось никогда. И никогда не повторится. Таким оно было сегодня.

Долго не могла понять: чайки узнают меня, или пакетик с кормом в моих руках. Придумывала себе сказку, пела на разные лады и голоса. Но... всё гораздо проще и прозаичнее. Никаких сказок. Все эти пируэты на песке, вытягивание и расправление крылышек, кружение, парение и зависание, весь этот писк, крики, вся эта суета... только ради содержимого пакетика. Переругались, передрались, расправились со стайкой голубей – нечего тут крутиться, самим не хватает, найденный рапан чуть из рук не вырвали.

Всё до последнего зёрнышка съели и успокоились, наконец.

До очередного пакетика в чьих-то руках.

Суждено ли вернуться мне в свой город детства? В село на берегу маленькой светлой речки, где я выросла. Что скажу, если вернусь? С чем и зачем?

Мелькают улицы далёкого города, в котором я никогда не была.

Но растёт во мне странное чувство узнавания, почти родства с деревьями, домами, людьми... Наверное, это оттого, что все города детства похожи. В них всё происходит впервые: первое слово, взгляд, шаг, радости, разочарования, утраты, первые ссадины и переломы...

любовь. Первые стихи. Так много сходства. И такие разные судьбы.

Из города детства уезжают за мечтой. За Синей Птицей. И, как Тильтиль и Митиль, не находят её. Вернее, находят много разных «синих» птиц, но... Все они только кажутся синими.

Покачиваясь тенью зыбкой
над суетой земных таможен,
мы разглядим свои ошибки,
да жаль... исправить их не сможем.
Мы все погрязли в разговорах
на виражах и поворотах,
и побеждаем в глупых спорах
не то себя,
не то кого-то.
Перемешают светотени
весенние метаморфозы,
кому-то не хватает денег,
кому-то – общего наркоза,
и абсолютно всем – участья
и слов простых,
и добрых взглядов,
и человеческого счастья,
что ходит-бродит где-то рядом.
А приглядишься – нет, не наше –
да и на счастье не похоже,
и снова день тоской окрашен,
и снова суета таможен,
и все пути ведут из Рима
в приморский город, что не вечен,
где тенью ангельской незримо
окутывает летний вечер
родные окна, двор родимый...
Здесь снова Моцарта играют.
И сизые колечки дыма
у старого сарая тают…
Не ври нам, прошлое, не ври нам,
в помине нет того сарая.
И все пути не в Рим – из Рима,
и нас Господь не повторяет.

В город детства всегда возвращаются. Кто-то успевает при жизни. Кто-то не успевает. Случается, что он – город – не узнаёт своих детей. Хотя, скорее, делает вид. Он видит нас насквозь, без одёжки, по которой принято встречать, видит нашу суть и помнит, какими мы были, когда оставляли его. Покидали по разным причинам. Кто гнался за мечтой, кто за комфортом и достатком, кто бежал от себя.

Покидали, чтобы измениться. Стать лучше. Повзрослеть. Покидали, потому что судьба. И чтобы было куда однажды вернуться.

Хожу по улицам незнакомого города вслед за героями фильма и спрашиваю себя: а я… успею ли я вернуться, отыскать и собрать все брошенные камни — мы разбрасываем их, не думая, что собирать труднее, да и тяжелеют они со временем — и найти слова. Не знаю, когда вернусь и что скажу: другая, читай — чужая страна, чужая река, чужая я. Но верю, что обитель детства меня узнает и примет, как принял отец блудного сына.

Мы вечные дети, сколько бы ни мотались, ни кружили по белому свету.

Дети улиц и переулков, лесов и перелесков, парков и скверов, проходных дворов и сельских подворий, мостовых, где лежат рядышком очень схожие, но такие разные пути-дороги, или линии судьбы — называй как хочешь, где все птицы — синие.

Так бродила и размышляла я на протяжении всего фильма вместе с его героями; они о своих судьбах, путях и камнях, я о своих, бродила по удивительно близким мне улицам далёкого приволжского незнакомого города, по дорогам фильма-размышления Ростислава Иванова «Твои-мои камни». И музыка сопровождала меня на этих дорогах, под неё хорошо бродится, мечтается и думается, прекрасная музыка Михаила Гольцева.

> Ни прощаний не ждать,
> ни прощений,
> не менять на покои — покой,
> но в весеннюю ночь берещенья
> прислоняться к берёзе щекой.
> Рассказав о грехах своих дольних,
> слушать тихий живительный дождь,
> звон берёзовых струн белоствольных —
> тонконогих берёзовых рощ.
> И не в шутку —
> на полном серьёзе,
> в бледном свете неполной луны
> породниться душою с берёзой
> и почувствовать горечь весны,
> и вымаливать боль возвращения,
> хоть…казалось бы — где ни ложись…
> Берещенье идёт,
> берещенье —
> бродит в венах берёзовых жизнь.

Памятуя о сказочных росах,
с давней горечью наедине,
здесь – вдали – к одинокой берёзе
прислоняюсь и я по весне,
избавляюсь от тлена и плена,
оставляя лишь самую суть:
отворить тонкокожую вену
и как в детстве – устами прильнуть.
И каких тебе надо отмщений,
благодати и веры какой…
Прислониться в канун береженья
к одинокой берёзе щекой.

В моём сегодняшнем сне шёл снег.

Белые хлопья проступали из ожившего сонного сумрака, и в нём же растворялись, исчезая бесследно. Прилетали новые хлопья и так же, кружась, исчезали. От снежной круговерти кружилась голова, но на душе становилось легко и празднично: казалось, ещё немного, и я, перемешавшись с хлопьями, воспарю над двором, над сонной безлюдной улицей, над городом, над собой, спящей и ни о чём не подозревающей, сделаю несколько кругов над морем и исчезну бесследно, как исчезают эти странные снежные хлопья: оживают на миг и уносятся в небытие, подхваченные нездешним неземным ветром.

Присмотревшись, я увидела, что некоторые хлопья продолжали кружить над городом: потусторонний ветер был не властен над ними. Хлопья летели на восток, к морю, темнели налету и росли, у них появлялись крылья. В утренних сумерках уже можно было разглядеть чаек, кружащихся над побережьем, и людей, любителей ранних прогулок. Мне были хорошо видны их лица, освещённые восходящим солнцем, их улыбки, их радостные взгляды. Люди кормили чаек и преображались.

Замечали ли они своё преображение, чувствовали ли перемены, происходящие в них и с ними?

Мне не раз приходилось видеть наяву, как у моря с человеческих лиц сползала пелена забот и тревог, и оживали тусклые равнодушные взгляды. Люди, кормящие чаек на побережье, были красивы и светлы. Наверное, именно такими и задумывал нас Господь, когда творил. Осознаём ли мы свою изначальную суть, помним ли себя настоящих, без наносного слоя, без масок и личин, которые прирастают к нам. Сколько раз я ошибалась, принимая личину за лицо и даже за лик, а когда истинная сущность проступала сквозь напомаженное благообразие, отшатывалась в ужасе. Да и меня многие представляли (и представляют) иной, возлагали надежды... Кто радужные, кто меркантильные. Но есть, к счастью, те, кому от меня ничего не надо. Как и мне от них. Достаточно знать, что они здоровы и счастливы.

Говорят, что если не можешь пожалеть, или простить человека, надо представить его совсем маленьким, ребёнком. Если не получается, значит надо уходить от такого человека. На деле всё обстоит иначе: мы впускаем в свой дом, в свой мир, в свою душу разных «чужих», и сами же потом страдаем, когда приходится изгонять, рвать по живому, с кровью, с частичкой себя. За напускной и наносной взрослостью, за масками и личинами можно рассмотреть вчерашних мальчиков и девочек, и многих из них действительно жаль. Как жаль всех детей, приходящих в этот мир, доверяющих ему до первого пореза о действительность; она жестока и беспощадна, и всегда с рваными острыми краями.

... откуда-то возникла еловая лапа с шишками, заснеженная, огромная, освещённая невидимым мне солнцем, с голубоватыми длинными тенями от игл...

Неосторожно взмахнув рукой (или крылом?), я прикрыла глаза, и в то же мгновение столп снежной искрящейся пыли обрушился на меня.

Проснулась и подошла к окну. Часы показывали половину четвёртого утра.

Шёл снег. Я уже знала – это сбывается мой сегодняшний сон: начинается день, в котором будет снегопад, море, чайки и люди, кормящие их, заснеженные деревья и солнце.

Косматое зимнее солнце над сонным ленивым морем.

Выдался день холоднее обычного –
душу и сердце выстудил,
вместо привычного
гомона птичьего
слышится чья-то исповедь.
Это всего лишь конец эпизода –
и продолжение следует…
Что ты здесь делаешь?
Жду погоды,
на непогоду сетуя.
Что ты здесь делаешь, н е с м е я н а,
среди деляг и воинов,
слёз твоих солоны океаны –
только едва ли стоило
плакать – добро и зло вперемешку –
не разделить,
не выделить,
что же ты делаешь, б е л о с н е ж к а
на волоске от гибели.
Ты позабыла о том,
что где-то

падает вишня спелая…
Что ты здесь делаешь,
ангел света,
что ты, скажи, здесь делаешь.
Это всего лишь миг перехода –
и ничего случайного.
Что я здесь делаю –
жду погоды,
хоть и давно отчаялась.
Сыпала скатень
на белу скатерть
долго – да опостылело.
Из руки в руку
лила разлуку
и, наконец-то, вылила
эту полоску косы песчаной,
эту луну – лампадою…
Из опрокинутого чана
звёзды, сгорая, падают
и угасают в холодных водах
тлеющей сигаретою…
Что ты здесь делаешь …
Жду погоды,
на непогоду сетуя.

В старой записной книжке не осталось свободных страниц – всё исписано, всё набрано и сохранено, можно расставаться, хотя расставание с рукописями всегда болезненно.
Будто расстаёшься с частичкой себя.
Так и с людьми.
Схожусь трудно, за редкими исключениями, и расстаюсь болезненно.
Такие расставания иногда происходят сами собой.
И это к лучшему.
Хоть и болит...
Из записной книжки выпадает листок, сложенный вдвое.
Открываю.
В самом начале строка, не ставшая стихами.
Дальше – обычная дневниковая зарисовка, оканчивающаяся стихами.
О яблонях, конечно.
О чём ещё, как не о них.
О море, разве что.
О городе, с которым срослась.
О людях, которые могут выпасть из «записной книжки» после

долгого отсутствия.
    Вырванные листки лучше выбрасывать сразу.
    Либо не вырывать вовсе.
    Бывает, что листки выпадают сами,
    а потом находятся.
    Такие они преподносят сюрпризы, старые записные книжки.

    Дикий чёрный шиповник, и кругом ни души.
    Снегопад.
    И цветут одичавшие яблони, согревая друг друга…

    * * *
    Что тебе сумерки…
    Стол, тетрадь –
    справа размытым пятном чернила,
    стопка заезженного винила –
    не довелось на чердак убрать.
    Что тебе сумерки –
    полутона,
    тени заброшенного сада,
    из отворенного настежь окна
    тянет черёмуховой прохладой.
    Нет мне покоя и сна – как нет,
    только прикрою глаза и слышу,
    падает влажный душистый цвет
    и засыпает крыльцо и крышу.
    Что тебе сумерки…
    Белый дурман.
    Скрипнет – как будто вздохнёт – калитка.
    златом да серебром пояс ткан,
    да не моею рукою выткан.
    В дальнем урочище –
    на реке
    лодка застыла в туманной дрёме,
    два лепестка на твоей руке –
    рваный прилипчивый след черёмух.
    Утлая лодочка не плывёт,
    но уплывает вглубь отраженье.
    Жизнь замедляет круговорот,
    кровь ускоряет своё движенье.
    Что тебе сумерки…
    Близость троп –
    давних, далёких, укрытых цветом.
    Вечный черёмуховый озноб

и холода накануне лета.
Лампы настольной неровный свет
там, где чернила пятном застыли, —
им не сложиться стихами — нет...
Что тебе сумерки.
Что ты им...

* * *

Не прощались и не прощали,
выбирая свою дорогу,
обрастали в пути вещами
и обидами — понемногу,
Как условлено — под часами —
назначали друг другу встречи
и слова на ветер бросали,
и — как будто — дышалось легче.
Но при встрече прятали взгляды,
странной прихоти потакая,
и слова умирали рядом,
превращались в песок и камни,
выпадали дождём и снегом,
листопадами шелестели,
искушали ночным побегом
из согретой кем-то постели.
Так и жили.
С ума сходили
от смешения слов и чисел,
и устав от мнимых идиллий,
разметав оставшийся бисер,
выносили из дома вещи,
открывали окна и двери...
Каждый встречный казался вещим.
Каждой строчке хотелось верить,
умирая, рождаться снова,
обретая жизнь и дыхание,
чтобы чувствовать боль от слова,
называя её...стихами.

* * *

Стихи не проходят бесследно.
Морщины у глаз и у рта —
как тени путей заповедных
туда, где бела и чиста
бумага...

где было свеченье
и жар и внезапный озноб,
и вещее словотеченье,
и рваные доли синкоп.
На воду шепчи, на лекарство –
не справишься с этой бедой,
хоть царство сули,
хоть полцарства,
коня без узды иль с уздой.
С нежданною этой напастью
не сладить,
не остановить,
привычно немеет запястье –
дрожит стихотворная нить.
Все беды твои, все победы
ничто перед ниточкой той…
Стихи не проходят бесследно,
забыты и сон и покой,
отвергнута жизнь и забыта,
ты только тогда и живёшь,
пока над тетрадью раскрытой
тончайшую ниточку вьёшь.
Совьёшь и бесплотный и бледный
гадаешь: закат иль рассвет…
Стихи не проходят бесследно,
и тянется… тянется след.

Сквозь струящуюся седую мглу проступают очертания домов, улиц. Капиллярная сетка обнажённых акациевых веток усыпана влажной взвесью. Встать рядом, едва дыша, не задеть, не стряхнуть великолепие, сотканное из воздуха, вздохнуть не духами, но туманами, почувствовать себя Незнакомкой, загадкой, тайной, под стать сегодняшнему дню, белой волной. Увидеть за туманной завесой девушку с огромной собакой, неспешно бредущих по кружевному краешку белой волны. Услышать дыхание пса; вот он отряхивается и миллионы мельчайших брызг окутывают тёмный мохнатый силуэт.

Туман сгущается. Ступени лестницы, скорее угадываются, чем видятся, штормящее море, множество чаек на белёсой песчаной кромке у белой волны.

Телефонный звонок врывается в угаданную реальность из другого мира, далекого и близкого. И я далеко и близко одновременно.

Нас разделяет только эта живая струящаяся туманность: несколько шагов – и можно выйти туда, где всё обыденно и привычно: люди, спешащие по своим делам, нескончаемый поток машин, звенящие

трамваи, сонно покачивающиеся троллейбусы, телефонные звонки.
– Как звали героиню в «Шербурских зонтиках», не помнишь?
– Женевьев. Женевьева Эмери.
– Ты что, не дома?
– Дома. На море.
– Сумасшедшая... В такую погоду.

Музыка в пустом прибрежном кафе отзывается на телефонный звонок, на мой ответ.

Такое случается со мной часто: реальность отвечает на мысль, желание, воспоминание.

Нежная грусть саксофона обволакивает, уносит в незамысловатый вечный сюжет: он и она, любовь и разлука, перрон, дождь... зонтики и имя, долетевшее издалека: Женевьев.

Возможно, так зовут чайку, сорвавшуюся с гребня высокой белой волны, и тут же подхваченную и смятую другими волнами.

Сердце моё срывается следом...

Но всё окончилось благополучно, чайка выплыла. В следующий раз окликну её по имени. Может быть и отзовётся.

p.s. Женевьев(Genevieve) с французского буквально: белая волна

На этом разъезде скорый поезд всегда замедляет ход.

Замедлил и теперь, как тридцать лет тому назад.

Дом тогда сиял свежевымытыми окнами, из печной трубы вился дымок,

ворот колодца, крытого щепой, вращала молодая женщина в цветастом платке, наброшенном поверх длинного – до пят – одеяния.

Мело, как сейчас.

Казалось, что деревья парят, и яблоневый цвет опадает на мёрзлую землю.

Теперь здесь нет ни колодца, ни женщины, ни дома.

На миг показалось: не яблони мёрзнут в заброшенном саду, ангелы.

По весне земля здесь усыпана лепестками.

По осени – яблоками.

Их давно никто не собирает.

Они падают в никуда. Самые смелые прорастают по весне.

Шумит молодая поросль – дичка, дикуша – плоды её мелковаты и горьки, но аромат…

Но цветы.

На розово-белое кипение слетаются дикие пчёлы.

В густых раскидистых кронах вьют гнёзда лесные птицы.

Пройдёт ещё лет тридцать – и ничто не напомнит здесь о доме, о людях – всё порастёт быльём.

А я и на том свете буду тосковать о цветущих яблонях, мимо которых езжу всю жизнь.

Или...мимо жизни?

Тоненький след карандашный
в книжке живёт записной –
сон срифмовался вчерашний
с давней холодной весной.
С домом в далёкой деревне –
в богом забытой глуши,
где на цветущих деревьях –
снег –
и вокруг ни души.
Старый разъезд у опушки,
дикий шиповник и сад,
отогревая друг дружку,
яблони тихо парят.
Память неспешно листая,
годы и вёрсты стряхнув,
я из окна наблюдаю
юную чью-то весну,
в воспоминаниях зябну,
словно по снегу иду
там, где парят вместо яблонь
ангелы в старом саду.
Что ж...
В роковом поединке
насмерть замёрзнуть не грех.
Где-то в российской глубинке
медленно падает снег
и обещает спасение
тем, кто отцвёл и...замёрз
в давнюю пору весеннюю –
где-то... за тысячу вёрст.

* * *

Уже стихам потерян счёт,
уже потерян счёт потерям,
из рукописей сложен терем,
а слово просится ещё.
И льнёт к бумаге и к руке,
как одичавшая собака,
и хочется вздыхать и плакать
над ним в укромном уголке,
и, приручая, повторять, –
так, нарекая, шепчут имя, –

запоминать, считать своим и
ронять, разменивать, терять...
Поддерживая разговор,
бессмысленный и беспредметный,
раздваиваться незаметно,
отсеивая сюр и сор,
уединения искать,
и одиночеством спасаться,
к тетради по ночам бросаться,
чтобы писать, писать, писать...
Хотя стихам потерян счёт,
и смысл давным-давно потерян,
в меня – как видно – кто-то верит,
коль слово просится ещё...

* * *

Перебирая струны ночи,
прислушиваюсь к тишине,
внимая голосам пророчеств,
что снисходительны ко мне,
и окружают ореолом
от слов уставшую тетрадь,
увещевая выживать –
смешной казаться и весёлой.
Но думать только о полёте.
Но всюду видеть только ...дно.
Зовущее окно напротив, –
не так уж важно, чьё оно,
а важно, что неяркий свет
дневного ближе и теплее,
и я решусь – сомнений нет,
чем чёрт не шутит – уцелею,
иль сделаюсь ушком игольным,
и сквозь меня пройдёт закат...
...светает, и на колокольне
уже к заутрене звонят,
и полдень ждёт за поворотом.
С плиты сбегает молоко...
Зовущее окно напротив
продето в сонное ушко,
и следом день – и сер и тесен –
и выхода иного нет,
как в тихий зов стихов и песен,
как в их неяркий тёплый свет.

Александр МАРКОВ. Переводы иноязычных стихов русских поэтов

Стремление написать стихи на иностранном языке – либо знак ученичества, когда нужно попробовать всё, в том числе чужое наречие, чтобы убедиться в верности ученического пути, либо знак особой доверительности, интимного разговора, когда всё понятно без слов, и тем более будет понятно на ином языке, особенно если наследуется традиция, в которой важны смелые ироничные жесты. Стихи русских поэтов замечательны тем, что одно не отделимо от другого, и доверительность ученических лет переходит в желание учиться даже при самых больших жизненных потрясениях. «Мой портрет» Пушкина (1814) – не раз переводившееся на русский стихотворение, мы бы отметили прекрасные переводы Игоря Северянина и Генриха Сапгира. По сути, автохарактеристика Пушкина – пародия сразу и на школьные опросники («ваше лучшее качество», «ваше любимое занятие» и т. д.), и на школьные сочинения, и на лицейскую дисциплину, в которой требование самоотчета, быть всегда на виду, соединялось с изоляцией от светской жизни, от тогдашней нормы публичности, за исключением чопорного внимания верховной власти. Пушкин выстраивает свой образ светского повесы и одновременно блюстителя разумной меры, исходя из того, что он может не просто адаптироваться к нормам лицея, но и заглянуть намного дальше их.

Немецкие стихи А.К. Толстого конца 1860-х годов были адресованы Каролине Павловой, немало думавшей об освоении новых достижений немецкого стихосложения, и конечно, представляют собой нарочитую вариацию Гейне, доведенную почти до абсурда. Существует тоже несколько переводов этих стихов, которые вполне учитывали опыт «русского Гейне», сложившийся ко времени создания каждого из переводов, равно как и дух Козьмы Пруткова (хотя к прутковиане Толстого эти стихи никак не могут примыкать), но при этом в этих переводах преобладает гротеск словесный, мы же попытались передать гротеск сюжетный, кочующий из четверостишия в четверостишия. Очевидны образец перевода, конечно, «История государства Российского от Гостомысла до Тимашева», с желанием передать и стиль горестной рефлективности позднего Гейне.

Латинская секвенция Вячеслава Иванова из книги Cor Ardens, чтущей любовь и память его жены и музы – стилизация средневековой наивной поэзии, к которой склонялись символисты, видя в ней что-то близкое мистической поэзии Владимира Соловьева. Если в русских стилизациях средневековой поэзии, как «Евангельские звери» Брюсова, они достигали виртуозности, то латинская имитация латинского наследия выглядела как экспромт – сам Иванов признавался, что латинские строчки иногда ему являлись во сне, как работа ума в отвлечении от вещей. Мы попытались сделать текст чуть более «соловьевским», а удалось ли передать «математическую» работу – судить читателю.

Наконец, английские стихи Марии Визи, билингва и переводчика с английского и на английский, изданные отдельной книгой трудами Ольги Матич – пример взаимного проникновения двух великих начал, символизма и акмеизма, на почве традиции английской романтической баллады. Это самоопределение эмигрантской поэзии не только после символизма, но и после акмеизма, возвращение к Блоку на новом витке и новое осмысление вещественности Ахматовой, хотя и много рассматривалось на отдельных примерах, от Георгия Иванова до Арсения Несмелова, требует и дальнейших исследований.

Итак, переводы с французского, немецкого, латыни и английского.

А.С. Пушкин

МОЙ ПОРТРЕТ

Вам нужно видеть мой портрет?
Друзья, смотрите сами,
В нем виден стал природы свет,
Хоть общими чертами.

Кто я? Гуляка. Я верчусь
За партою невольно,
Урок ответить не боюсь,
И у доски спокойный.

Но, напустив учёный вид,
Профессор в книжном хоре
Людей не больше утомит,
Чем я в веселом споре.

Держусь я стройным молодцом,
Не вышел я фигурой,
Но свеж и радостен лицом,
Румяный, светлокурый.

Люблю я светский разговор,
Страшусь я невниманья,
Мне чужд ученый крик и ор,
Скучаю от заданий.

Стремлюсь к спектаклям и балам

Об остальном не смею
И намекнуть безмолвно вам,
Пока учусь в Лицее.

Ответил всё и и всё сказал,
Могу, мой друг, признаться,
Как Боженька меня создал
Таким хочу казаться.

Чертёнок посреди забав,
В ужимках обезьяна,
И телом слишком уж вертляв –
Вот Пушкин без изъяна.

А.К. Толстой

ПОЛЕЗНЫЕ ИЗРЕЧЕНИЯ

Супружества обеты
В природе всех вещей,
Что часто наблюдает
Пастух на пастбище

Для всех сословий дорог
Блеск золотых монет,
Ревут село и город
Когда монеты нет.

Прекрасный пол нежнейший
Умеет смелым быть,
Как может неизбежно
Корова убедить.

И нам корова эта
Ещё даёт пример:
Что если честь задета,
То вызов и барьер.

Сказали греки Ксерксу,
Который рвался к ним:
«Любезней будет носу
Твоей отчизны дым».

Но Ксеркс ответил грекам

«Мой нос мне дан храпеть,
А на меня чихнёте,
Заставлю вас потеть».

Но флот у Саламина
Ему понюхать дал,
И с неприятным чувством
Он нос себе зажал.

Его пример полезен,
Совсем не ерунда:
Садись в отхожем месте,
Чтоб не было вреда.

Я б согрешил обманом
Когда б вам не сказал:
Фантазии фонтаном
Мой ум вчера вздыхал.

Собаки очень дивны,
Но суть у них проста:
Зачем они под ливнем
Гуляют без зонта?

А кошки мыслят выше:
Дожди пересидеть,
Пригреет — и на крышу
Идут, чтоб песни петь.

С примером пусть знакомы
Будут жена и муж:
Оставшись вместе дома,
Они избегнут луж.

Я берегу обеты.
Винюсь перед тобой,
Что рождены советы
Курортною водой.

Восхвалим без печали
Всех мудрецов подряд:
Без них бы мы не знали,
Где голова, где зад.

Без мудрых их трактатов
Ходили б мы назад
Надев горшок покатый
А шляпу — под кровать.

Бывать мне содержимым
Такого вот горшка,
Коль этими стихами
Не изгнана тоска.

Задумал бройлер свадьбу,
Избранницу нашёл,
Но суженая сразу:
«Я знаю всё, козёл».

Недаром в птичьем хлеве
Найдем один помет,
И ливня философий
Никто там не поймёт.

Здесь воды философий
Закрыли мой карниз
И вот фонтаном книжным
Уже стремятся вниз.

И падалью коровьей
Под ними б я лежал,
Когда б тебя с любовью
При том не вспоминал.

В.И. Иванов

СЕКВЕНЦИЯ

Наших краток век разлук,
Долог век, когда ты, друг,
В пламенном молении.
Утомляет жизни дрожь,
Но сюда легко придёшь
В дивном освящении.

Агнче Божий, Спасе мира
дай пройти по жизни мира

На твоё собрание.
Чистотой омой мне ноги,
Попали мои пороки
Огненным вниманием

Мария Визи

ШЕДЕВРЫ ЖИВОПИСИ

Тучи бледные на голых скалах
Прячут солнце в вихре старых дней
Не увидим звездные пожары
Над домами тихими людей.

Россыпи белейших расставаний
Шлют с рыданьем злые холода,
Чтобы гор высокое мечтанье
Без любви осталось навсегда.

Только кисть художника влюбленно
Для любви назначив утром срок
Голый камень увенчав короной,
Помещая облака в поток.

Почему отбрасывают тени
Облака с улыбкою такой?
Чтоб природы очищать виденье
В ожиданья снежной мастерской.

Марина КУДИМОВА. Гоголь-баштан

Так вот как морочит нечистая сила человека! Я знаю хорошо эту землю: после того нанимали ее у батька под баштан соседние козаки. Земля славная! и урожай всегда бывал на диво; но на заколдованном месте никогда не было ничего доброго. Засеют как следует, а взойдет такое, что и разобрать нельзя: арбуз не арбуз, тыква не тыква, огурец не огурец... черт знает что такое!

Гоголь. Заколдованное место

I

Есть известный анекдот о Пушкине. Будто бы он то ли в трех, то ли в пятилетнем возрасте выдал на-гора первые стихи. Случилось это происшествие якобы, когда гости Сергея Львовича ели на десерт арбуз, а будущего первого поэта отправили спать. Маленький Пушкин вырвался из объятий няни и заявил гостям:

Сашино пузо
Хочет арбуза.

Пушкин старше Гоголя на 10 лет, так что впервые их пути пересеклись еще до появления на свет того, кому Пушкин впоследствии подарит два роскошных сюжета. Но если рождение Пушкина-поэта из «великой ягоды» анекдотично, то Гоголь не только родился, но и вырос в гения на баштане. И это отнюдь не метафора.

Перечисленные в эпиграфе плоды на «заколдованном месте» – ближайшие родственники. Вся тройка принадлежит к семейству тыквенных, и сам многосемянный плод арбуза называется тыквиной. Здесь Гоголь не упомянул еще одну «родственницу» – дыню. Но ее упоминаниями, как мы увидим, изобилуют другие произведения великого певца плодов земных. А. Анисимова и А. Растягаев в статье «Русский Данте: возвращение домой» переводят фамилию героя первого произведения Гоголя – Кюхельгартен – как «огород, где выращиваются овощи», «сад при кухне», «владелец, охранник сада», «тот, кто заложил сад», «человек, живущий в саду». В набросках завещания Гоголь выражает желание, чтобы их родовая деревня «сделалась пристанищем всех не вышедших замуж девиц, которые бы отдали себя на воспитание сироток, дочерей бедных неимущих родителей. Воспитанье самое простое: закон Божий да беспрерывное упражненье в труде на воздухе около сада или ого<рода>».

«Огород» по-тюркски и по-персидски bostan – баштан, бахча, что, в свою очередь, переводится с персидского как «садик». У Даля «бахча», «бакча» – «огород в поле, в степи, не при доме...».

Слово «арбуз» заимствовано из кыпчакского χarbuz. А по-персидски «харбюза» означает «дыня», буквально – «ослиный огурец», «огурец величиной с осла». Так что и огурец в эпиграфе не случаен. «Осел» в ирано-таджикских наречиях не несет отрицательной коннотации. Это слово увеличивает «размер» других существительных наподобие нашего суффикса «ищ» – «огуречище». По-украински и белорусски арбуз называется «каву́н». По-польски kawon – «тыква». А на тюркских языках кавун – это «дыня». Так же называют арбуз в русских юго-западных регионах. Тыкву же украинцы и белорусы кличут «га́рбуз». А по-тюркски «арбуз» будет «карпуз», что близко к нашему «карапуз».

Слово «огурец» – греческое: «неспелый», «несозревший». Огурцы, собственно, такими и употребляют, в отличие от арбузов и дынь: «спелый» огурец несъедобен. Матушка Григория Григорьевича Сторченка смотрит на Ивана Федоровича Шпоньку так, словно хочет спросить: «сколько вы на зиму насоливаете огурцов?» Когда Чичиков подкатил к крыльцу Собакевича, «он заметил выглянувшие из окна разом два лица: одно женское в чепце, узкое и длинное, как огурец, другое мужское, круглое, широкое, несколько красноватое, как бывают хорошие молдаванские тыквы». То есть Павлу Ивановичу предстали сразу два образа семейства тыквенных. В качестве «главы семейства» фигурирует тыква в «Страшном кабане»: «...но как величественная тыква гордо громоздится и заслоняет прочих поселенцев богатой бакши, так и сюртук нашего приятеля затемнял прочих собратьев своих». В «Сорочинской ярмарке» под лучами заходящего солнца нежатся все бахчевые культуры разом: «...горы дынь, арбузов и тыкв кажутся вылитыми из золота и темной меди». Интересно, что черно-зеленые кавуны принимают на себя краски, присущие «родственникам».

Тыкве, «матери рода», Гоголь уделяет достаточно внимания, более того, прекрасно осознает родоначалие гарбуза. В воспоминаниях о встрече Гоголя со Щепкиным на даче последнего в подмосковном Волынском повторяется рассказ о том, что Гоголь, появившись, разумеется, во время обеда, «с улыбочкой на губах и скороговоркой... проговорил известное четверостишие: «Ходит гарбуз по городу». Приведем значительный фрагмент из «потешки», которую малороссийские дети едва ли не первой заучивали наизусть:

Ходить гарбуз по городу,
Питається свого роду:
– Ой, чи живі, чи здорові
Всі родичі гарбузові?

Обізвалась жовта диня,
Гарбузова господиня:
– Іще живі, ще здорові

Марина КУДИМОВА. Гоголь-баштан

Всі родичі гарбузові!

Обізвались огірочки,
Гарбузові сини й дочки:
– Іще живі, ще здорові
Всі родичі гарбузові!

«Родичі гарбузові» — так называли на родине Гоголя многодетные семьи Арбуз в стихотворении, как ни странно, не упомянут. Это может указывать на возраст «потешки». Тыква известна – и мгновенно прижилась – на Украине с XVI в. Арбуз появился на столетие позже, когда царь Алексей Михайлович издал специальный указ о культивировании заморской и все еще экзотической в России ягоды в Чугуеве на Харьковщине. С голодухи грамматики и риторы «Вия» шли «опустошать чужие огороды. И в бурсе появлялась каша из тыкв». В «Повести о том, как поссорился Иван Иванович с Иваном Никифоровичем» из-за «прекрасного плетня» «мелькают толстые тыквы». Светло-синий сюртук, гордость героя неоконченной повести «Страшный кабан» Ивана Осиповича, поступившего на вакацию педагога в глухомань, выделяется среди остальных двух сельских сюртучников, «как величественная тыква гордо громоздится и заслоняет прочих поселенцев богатой бакши…». Отметим глагол «заслоняет».

Особого внимания требуют «молдаванские тыквы, называемые горлянками» в V главе «Мертвых душ», которые напоминает лицо Собакевича. В Молдавии бочонки из выдолбленной горлянки используют для засолки огурцов («сколько вы на зиму насоливаете огурцов?»). В России они служили по совсем другому ведомству. Автор-рассказчик утверждает, будто из горлянок «делают на Руси балалайки, двухструнные легкие балалайки». Гоголь – известный мастер гиперболы. Но самое смешное, что перед нами никакая не «гипербола». Знаток русской старины М. И. Пыляев поведал о «русском Паганини», композиторе, педагоге, собирателе народных песен, основоположнике русской скрипичной школы, балалаечнике и гитаристе Иване Евстафьевиче Хандошкине (1747-1804), который, сказать правду, родился за 35 лет до генуэзского виртуоза, а умер от паралича на добрых 43 года ранее итальянца. Скрипач и педагог Михаил Казиник так и назвал свою передачу о Хандошкине на радио «Орфей»: «Паганини до Паганини». Хандошкин конкурировал с европейскими знаменитостями, приезжавшими в Петербург, написал более 100 сочинений для скрипки, а также для гуслей, балалайки, гудка, и гитары. Так вот балалайка Ивана Евстафьевича действительно была изготовлена из тыквы-горлянки, а кузов ее изнутри был обклеен мельчайшими осколками хрусталя, что придавало примитивному инструменту неповторимое звучание. Это неожиданное открытие отсылает к древнекитайской пословице:

«Внутри тыквы-горлянки можно обнаружить целую вселенную». Нидерландский востоковед, дипломат, музыкант и писатель Роберт Ван Гулик пишет нечто философское вполне в духе Гоголя: «Тыква становится полезной после того, как ее сделают пустой. Только тогда ее высохшая корка может служить сосудом. То же касается и людей.... Лишь освободившись от тщетных надежд, мелких желаний и взлелеянной мечты, мы можем принести пользу другим». В мифологии Древнего Китая мальчик и девочка во время Великого Потопа забрались в тыкву-горлянку и спаслись. От них произошли люди. Примерно в то же самое верят лаосцы и кхмеры.

Высушенная горлянка служила сосудом для воды пилигримам, странникам. Такой сосуд, привязанный к странническому посоху, по-испански калебас, художники изображали на картинах, посвященных легендарному миссионерскому путешествию в Испанию старшего Иакова Зеведеева, которому приписывается одно из посланий Нового Завета. Иаков вместе с Петром и Иоанном присутствовал при Преображении Христа, вместе с ними уснул и в Гефсиманском саду, пока Спаситель молился. Исторически паломничество Иакова Великого в Испанию не подтверждается, что не помешало апостолу стать покровителем испанских воинов, победителем мавров под именем Сантьяго, самым почитаемым святым эпохи крестовых походов. Вечный безбытный странник Гоголь тщательно конспектировал главу, посвященную Испании, из книги Г. Галлама «Европа в средние века», где война с маврами, естественно, упоминается множество раз. Фигурирует у Галлама и рыцарский орден «Сантиаго». Королем Испании воображал себя Поприщин, а его кухарку звали Маврою. Такое же имя носит и служанка Плюшкина, подозреваемая в том, что «подтибрила» бумагу барина.

Путешествие Гоголя в Испанию – или проезд через эту страну – документально так же не подтверждено, как и миссия апостола Иакова. А.О. Смирнова была уверена, что это путешествие, да еще в разгар гражданской войны, Гоголь сочинил: «Неправда, Николай Васильевич, вы там не были, там все дерутся... все в смутах, и все, которые оттуда приезжают, много рассказывают, а вы ровно ничего». На все это он очень хладнокровно отвечал: «Вы привыкли, чтобы вам все рассказывали и занимали публику, чтобы с первого раза человек все запечатлел, что знает, что пережил, даже то, что у него на душе». Но через несколько мемуарных строк Смирнова утверждает, что в Испании Гоголь все же был и там познакомился с Боткиным, а проф. В.А. Воропаев даже точно называет сроки испанского паломничества: с 27 июня по 16 июля 1837 г. Такими парадоксами биография Гоголя полна, однако интерес его к Испании и превосходное знание Евангелия сомнений не вызывает. Граф А.П. Толстой, в доме которого Гоголь обрел свой последний приют, не случайно пишет ему о том, что «прочел подробную историю Испании от времен Филиппа II» и анализирует прочитанное. Ответ Гоголя: «Напишите мне заглавие той испанской истории, которую вы читаете; мне хотелось бы также прочесть ее... Я пробежал на днях напечатанные в «Современнике» письма русского там бывшего, Боткина, которые, во многих отношениях, очень интересны...» Не менее, чем в Испании, образ Иакова Великого популярен и во Франции, пребывание в которой Гоголя неоспоримо, хотя он и не любил Парижа.

С тыквой-горлянкой на посохе часто изображается и «Божественный врач» архангел Рафаил, само имя которого означает «Исцеление Божие» или «лекарство Бога». В его честь назвали любимого художника Гоголя Рафаэля, который дважды обращался к образу архангела-соименника. В книге Еноха Рафаил признается вторым в архангельском ряду после Михаила. При зацикленности Гоголя на исцелении от настоящих или мнимых недугов образ архангела-целителя и пилигрима знаменателен. «Как пилигрим бредет к святыне», – строчка из «Ганца Кюхельгартена». До XVII века художники изображали тыквенный сосуд для воды в сюжете «Дорога в Эммаус», запечатленном в двух Евангелиях (Марк, 16:12; Лука, 24:13-27). Иконографически Христос обычно предстает в облике странника: длинном плаще, часто в широкополой шляпе, с посохом и походной сумой. Из текста Евангелий следует, что ученики Христа – Клеопа и, скорее всего, сам евангелист Лука (по другой версии – ап. Петр) – не узнают Учителя на пути в Эммаус – ближайшую от Иерусалима деревню: «глаза их были удержаны», – пишет св. ап. Лука. Идет третий день после погребения. Ученики в отчаянии. Не странно ли, что Христос остается неузнанным теми, кто общался с Ним каждый день? Этот «эммаусовский» прием, осмеянный Л. Толстым, часто применялся в трагедиях Шекспира, где и отец не узнает сына. Вера и надежда после Распятия потеряна самыми близкими, что и символизирует путь в Эммаус. К тому же, по свидетельству св. Марка, Христос никогда не представал ученикам в таком виде: «явился в ином образе». Было бы странно, если бы путники, учитывая иудейскую жару, не запаслись водой. Кувшин из тыквы-горлянки висит на плече одного из них, например, в одном из вариантов «Пейзажа с апостолами на дороге в Эммаус» фламандца Херри мет де Блеса, одного из основоположников европейской пейзажной живописи, жившего в XVI веке.

Глаза учеников открываются во время ужина в Эммаусе, когда Христос знакомым движением преломляет хлеб. Тема хлеба у Гоголя потребует отдельного исследования. У Смирновой читаем: «Вообще он был охотник заглянуть в чужую душу. Я полагаю, что это был секрет, который создал его бессмертные типы в «Мертвых душах». В каждом из нас сидит Ноздрев, Манилов, Собакевич и прочие фигуры его романа». Но, хотя Гоголь утверждал, что все его герои – порождения его собственной души, в душу Гоголя не мог проникнуть никто. Мы ничего не знаем о его личном «пути в Эммаус». Во 2-й редакции «Мертвых душ» читаем: «..в сей толпе, которая шумит и волнуется ежедневно, может встретиться поэт, всевидец и самодержавный владетель мира, проходящий незамеченным пилигримом по земле…». Двойной плод «бутылочной» тыквы у многих народов символизирует «верхний» и «нижний» миры, между которыми настоянный на народной культуре Гоголь провел жизнь.

Всем известно, что и гарбуз, и арбуз на Украине веками означали отказ при сватовстве. Достаточно вспомнить советский фильм «Максим Перепелица». Тема эта для Гоголя не чужая. Расстроенная помолвка и отмененный брак, сюжет «с несостоявшимся основным обрядовым событием», как обозначает его М. Жаворонкова, а также деятельность института сватовства образуют далеко не только сюжет комедии «Женитьба». Точно так же боится свадьбы и при виде потенциальной невесты теряет способность коммуницировать Иван Федорович Шпонька («…казалось, что все слова свои растерял он на дороге»). И Подколесина, и Шпоньку пугает евангельская мысль о том, что «будут двое одна плоть». Изначальный обман, «миражная интрига» (М. Жаворонкова) расстраивает свадьбу Хлестакова с Марьей Антоновной (впрочем, липовый «ревизор» проявляет интерес и к ее матери, кажется, плохо понимая разницу между двумя избранницами). Причем деталь сюжета граничит с кощунством, поскольку Городничий благословляет брак дочери с пусть невольным, но самозванцем иконой. Чичиков сбегает от дочки повытчика, как только добивается повышения по службе, и мечтает о губернаторской дочке как о возможной невесте, с которой, в свою очередь, лишь в воображении губернских дам он якобы тайно обвенчался. «Характерная для романтической традиции сюжетная схема, в которой свадьбе мешают внешние причины мистического характера (рок, судьба), травестируется: герои не хотят свадьбы, а внешние обстоятельства их к этому настойчиво подталкивают», – отмечает М. Жаворонкова. Болгарский исследователь Л. Димитров уходит в неофрейдистские номинации и называет брачную коллизию «Женитьбы» bachelor party – мальчишником: «Женитьба возможна только лишь в своей тавтологической семантике: номинирование персонажа как жениха означает осознание им женского и мужского, гетеро- и гомосексуального, прямой и обратной перспективы. Верх берет гетерофобия, то есть – гомофилия». Как бы то ни было, в гоголевском мире гарбуза символически получают девушки, невесты.

Не вдаваясь в «сексуальные лабиринты» Гоголя, вернемся к семейству тыквенных. Все члены этой внешне разнообразной семьи относятся к однодомным, т.е. однополым, когда тычиночные мужские цветки и пестичные женские находятся на одном растении. Все разговоры о предпочтении арбуза-«девочки» арбузу-«мальчику» носят мифологический, имагинарный характер. Профессор-византист Эвелин Патлажан так расшифровывает этот термин: «Сфера имагинарного представляет собою совокупность представлений, выходящих за пределы, устанавливаемые фактическим опытом и дедуктивным мыслительным рядом, объясняющим этот опыт. Можно сказать, что каждая культура, да и каждое общество, даже каждый уровень сложносоставного общества имеют свое имагинарное. Другими словами, граница между реальным и имагинарным неопределенная, в то время как территория прохождения этой границы всегда и повсюду одна и та же, поскольку она есть не что иное, как область человеческого опыта в целом, от самого социально-коллективного до самого интимно-личного». Брачные мечты в произведениях Гоголя в городской среде остаются мечтами и сбываются, возвращаясь в доимагинарное состояние священного брака, только в среде хуторской. Ни Агафья Тихоновна не воспринимает женихов как сексуальные объекты, ни Подколесин не воспринимает ее как источник будущего наслаждения. Свадебный обряд для обоих – сфера социальной модальности: «потому что так положено». Да и Хлестаков волочится за Марьей Антоновной по тем же соображениям. В сущности, никаких гендерных различий, мотивирующих к браку, кроме внешних («панталоны» и, скажем, «рюши» или «свитка» и «чепец с лентами»), мы у Гоголя не встретим. К тому же в «Ночи перед Рождеством» в казацкую свитку облачена кричащая баба, а в «Мертвых душах» появляется столь же безымянная «фигура, покрытая армяком», но обладающая хриплым бабьим голосом.

Рассуждения Л. Давыденко о том, что «…в мире отважных парубков и прекрасных дивчин мужское и женское практически не конфликтуют, выражая гармоничное воплощение каждой стороны» и что здесь проявляется не гоголевская «женофобия», «а христианское понимание личности», мы не оспариваем за очевидностью упрощенности подхода. Мы лишь подчеркиваем однодомность гоголевских персонажей, прилепленность «тычинок» и «пестиков» к одной особи – автору, своеобразному куму-Тыкве.

Кстати, в восточной мифологии фигурируют «тыквенные старцы». В их мире есть свой рай и ад, тыквенные небеса. Тыква в фольклоре часто выступает символом жизни и благополучия, царящими в хуторском сегменте гоголевского мира. Но древние связывали тыкву с первозданным хаосом, а ее мякоть воспринимали как Утробу Мира. Об утробности, чревности персонажей Гоголя мы много писали в главе «Гоголь и несварение». «Тема еды, – пишет о Гоголе Л. Карасев, к которому мы уже не раз обращались, – глубоко онтологична, и если она введена в контекст переживаний о пустоте и плотности, об отсутствии вещества и его присутствии, то невольно оборачивается темой съедения мира, помещения мира внутри себя. Человек становится миром, он заполняет себя до отказа его веществом, делается самодостаточным и уже не нуждается ни в продолжении себя в детях, ни в возвращении к детству и тем более к породившей его родительской материи».

Семейство тыквенных символизирует абсолютную плотность, заполненность объема и одновременно его однополость. К такой заполненности, преодолении пустоты, как принято считать, тяготеет постоянное переедание гоголевских героев. В отличие, например, от яблока, качество которого можно определить по внешнему виду, арбузы и дыни непроницаемы в своей «скорлупе», плотной, почти роговой оболочке. Сколько бы мы ни рассуждали о том, как распознать спелый арбуз, сколько бы ни обстукивали его и ни разглядывали желтое «земляное» пятно на боку, каждый сталкивался с полной непригодностью плода при его вскрытии. Собственно, тема непроницаемости раскрыта в «Старосветских помещиках»: «После обеда Афанасий Иванович шел отдохнуть один часик, после чего Пульхерия Ивановна приносила разрезанный арбуз и говорила: «Вот попробуйте, Афанасий Иванович, какой хороший арбуз». «Да вы не верьте, Пульхерия Ивановна, что он красный в средине», говорил Афанасий Иванович, принимая порядочный ломоть: «бывает, что и красный, да нехороший». То есть Афанасий Иванович не доверяет даже разрезанному арбузу. Заметим, что подобного недоверия никто не проявляет к другим плодам земным. Припомним также, что разрезанный арбуз изображен на картине в замусоренном доме Плюшкина. В связи с близкой смертью Пульхерии Ивановны и заживо расчеловеченным Плюшкиным аллюзия страшноватая.

Гигантская ягода, «великая ягода» постоянно обсуждается на предмет качества, являет воплощение тайны, неявленности, неопределенности и непредсказуемости содержания «утробы мира» и, соответственно, человека. Подколесин собирается жениться и выскакивает в окно. И сам Гоголь при каждом удобном случае проделывает то же самое, «помещая мир внутри себя» и извергая помещенное, потому что мир «бывает, что и красный, да нехороший». Тарас Бульба убивает «нехорошего» сына, не оправдавшего его отцовских ожиданий. После оценки насыщенности окраса наступает стадия дегустации арбуза на предмет сладости. В отличие от «едоков картофеля», едоки арбуза хронически недовольны содержанием в нем сахаров, словно сплошь страдают гипогликемией. Лишь эпитет «сахарный» исчерпывает арбузную когнитивность и ставит окончательный диагноз.

Вообще «сладость неописанная» у Гоголя играет выдающуюся роль. Если сказано, что дом старосветских помещиков «был совершенно похож на химическую лабораторию», то подробно описывается изготовление в этой «лаборатории» только лакомств: «Под яблонею вечно был разложен огонь, и никогда почти не снимался с железного треножника котел или медный таз с вареньем, желе, пастилою, деланными на меду, на сахаре и не помню еще на чем». В повести «Нос» частный пристав представлен чрезвычайным охотником до сахару: «На дому его вся передняя, она же и столовая, была установлена сахарными головами, которые нанесли к нему из дружбы купцы». На губернаторском балу в «Мертвых душах» черные фраки мелькают и носятся по залу, «как носятся мухи на белом сияющем рафинаде в пору жаркого июльского лета, когда старая ключница рубит и делит его на сверкающие обломки перед открытым окном; дети все глядят, собравшись вокруг, следя любопытно за движениями жестких рук ее, подымающих молот...» Пасечник Рудый Панько аттестует пироги своей «старухи»: «сахар, совершенный сахар!» Сколь же приторен был Манилов, если сладкоежка-автор, вечно набивавший карманы этим самым рафинадом, на котором кучковались мухи, констатирует, что в его «приятность» «чересчур было передано сахару».

Вернемся к тыкве. Один из самых загадочных эпизодов Библии содержится в Книге пророка Ионы. Книге поглощения. Гоголь непрерывно заталкивает в чрево персонажей тонны еды, как Бог помещает Иону в чрево огромной рыбины (кита). Эта аллюзия на смерть и Воскресение известна даже тем, кто никогда не открывал Книгу Книг. Но при чем тут тыква? После вызволения из чрева китова Господь вторично повелевает Ионе идти в ассирийскую столицу Ниневию и огласить, что через три дня изобильный город (городов-«спутников» там на самом деле целых четыре), где процветают обман, убийства, культовая проституция, возлияния и чревоугодие, будет стерт с лица земли. Ниневитяне жили по актуальному во все времена принципу: «я, и нет иного, кроме меня» (Соф.2:15). Иона, постоянно спорящий с Богом и недовольный Им, на сей раз подчиняется. Ниневитяне неожиданно верят пророку, одеваются в мешковину и объявляют пост не только для себя, но и для животных. По истечении предуказанных дней ничего не происходит. Иона так сильно расстроен своим позором и разгневан на Всевышнего, который его «подвел», что просит смерти для себя, уходит из города и живет в шалаше, «куще», изнемогая от зноя и надеясь, что предсказание все же исполнится, пусть и в другой срок. Господь, пожалев Иону, «произрастил... растение, и оно поднялось над Ионою, чтобы над головою его была тень и чтобы избавить его от огорчения его». Так в синодальном переводе, которого Гоголь знать не мог.

Но не так в церковно-славянском источнике: «И повеле Господь Бог тыкве, и возрасте над главою Иониною, да будет сень над главою его, еже осените его от злых его. И возрадовался Иона о тыкве радостию великою». Радость, однако, оказалась преждевременной: утренний червь подточил тыкву, и она засохла. «И бысть вкупе внегда возсияти солнцу, и повеле Бог ветру знойну жегущу, и порази солнце на главу Ионину, и малодушествоваше и отрицашеся души своея и рече: уне мне умрети, нежели житии. И рече Господь Бог ко Ионе: зело ли опечалился еси ты о тыкве? И рече (Иона): зело опечалихся аз даже до смерти. И рече Господь: ты оскорбился еси о тыкве, о ней же не трудился еси, ни воскормил еси ея, яже родился об нощь и об нощь погибе». То есть в одну ночь выросла и погибла. История чрезвычайно походит на обстоятельства необъяснимой гибели Гоголя, не изжившего до конца позор «Выбранных мест…» и неудачу второго тома. Мильдон пишет: «Так ли много неправдоподобного в мысли, по которой Гоголь, отчаявшися спасти мир словом, не захотел выздоравливать? Во всяком случае, нельзя отделять истории его болезни от истории творчества, а, возможно, как раз в творчестве и нужно искать истинные причины, приоткрывающие тайну смерти писателя». С другой стороны, «нощь об нощь» неизбежно наводит на мысль о черве из 11 главы «Мертвых душ»: «Быстро все превращается в человеке; не успеешь оглянуться, как уже вырос внутри страшный червь, самовластно обративший к себе все жизненные соки». Фасмер, Шанский и др. лингвисты долгие годы сопротивлялись родству «червя» и «чрева». Но звук – великое дело, и сходство по звуку не отменить никакими правилами. Даль, не обинуясь, указывает на происхождение «червя» от «чрево, чревяк».

Как, однако, могла тыква, считающаяся «ползуном», стелющаяся плетьми по земле, спасти недовольного пророка от зноя? Предоставим слово ученому И. Сокольскому: «Если кому-то непонятно, как тыква может дать тень, напомним, что это быстрорастущее, лазающее растение, его стебли в виде длинных плетей с крупными листьями способны за очень короткое время оплести шалаш из веток». Заболоченное озеро Окечоте на полуострове Флорида считалось недоступным. Но сто лет назад болота осушили, и ботаник Смолл ступил на берег и увидел, как по стволу дерева высоко поднималась лиана дикой тыквы. В «Заколдованном месте» дед прикрывает кавуны лопухами днем, «чтоб не попеклись на солнце», а «на ночь снимает с кавунов листья». Собственно, все действие повести и происходит на баштане. Но Малороссия все же не Ассирия. В синодальном переводе Господь растолковывает Ионе Свои мотивы: «Мне ли не пожалеть Ниневии, города великого, в котором более ста двадцати тысяч человек, не умеющих отличить правой руки от левой…» (Ион. 4:6–11). На церковно-славянском это звучит так: «иже не познаша десницы своея, ниже шуйцы своея». Здесь отпадают последние сомнения по части знания Гоголем соответствующего места Писания.

Настасья Петровна Коробочка дает Чичикову в провожатые «черноногую» девчонку Пелагею:

– Направо, что ли? – с таким сухим вопросом обратился Селифан к сидевшей возле него девчонке, показывая ей кнутом на почерневшую от дождя дорогу между ярко-зелеными, освещенными полями.

– Нет, нет, я уж покажу, – отвечала девчонка.

– Куда ж? – сказал Селифан, когда подъехали поближе.

– Вот куды, – отвечала девчонка, показывая рукою.

– Эх ты! – сказал Селифан. – Да это и есть направо: не знает, где право, где лево!

«Иона был знамением для ниневитян» (Лк 11.30–31; Мф 12.40). Через сто лет увещевать жителей Ниневии отправится пророк Наум.

Л. Карасев пишет о том, что «...Гоголь нередко прямо или косвенно сравнивает различные «дорожные снаряды» с арбузом», и это неоспоримо. «Форма провоцирует движение, – пишет Карасев. – Катящийся арбуз (вспомним о малороссийском обычае катать арбузы) – готовый «образ» движущегося переполненного объема. Он так же легко превращается в тарантас или коляску, как тыква превращалась в экипаж для Золушки». Арбузы действительно катали по праздникам и катают до сих пор – кто дальше, даже чемпионаты проводят. Но чаще с катанием связана не игра, а целесообразность. И в Малороссии «катать» бахчевые означало не играть, а «собирать», «срывать». Отделение созревшего арбуза от плети требует осторожности. Ногами сшибают и толкают плод только нерадивые арбузоводы. Заготавливая арбузы впрок, необходимо часто перекатывать их с боку на бок, чтобы «земляное пятно» не загнило. При транспортировке гигантские ягоды тоже практичнее не бросать, а закатывать на подводу, баржу или в кузов. Точно так же поступают и с тыквами. Коль скоро это одно семейство, так ли уж важно, арбуз или тыква «превращаются в экипаж»?

Важно. Тыква – мать и глава семейства. В фольклоре и литературе она часто наделена признаками родства: волшебная Тыква и добродушная тетушка Тыква в китайской и юноша-Тыква во вьетнамской сказках, басня Лафонтена «Желудь и тыква», в сказке Джанни Родари «Чипполино» – работящий кум Тыква. Уж кум и кумовьев у Гоголя хоть отбавляй! «Дородная щеголиха» в «Сорочинской ярмарке», пострадавшая от охальников, утешается, прибыв «в пригородье» к куму Цыбуле – тезке героев «Чипполино». «Человек в пестрядевых шароварах» признается, что обнимать жену «Хвеську» его надоумил кум на четвертый день после свадьбы. Куму Черевика приходится кумой Хивря. Собственно этот кум и рассказывает умопомрачительную историю о красной свитке. Совершенно кумовская повесть! Кум-столоначальник и кума, жена квартального, выбирают имя Акакию Акакиевичу. «Кому какое дело, что кума с кумом сидела», – любимое присловье мужей города N в «Мертвых душах». Во враках Ноздрева отец Сидор «перевенчал лабазника Михайла на куме». Агафия Федосеевна не была «даже кумой» Ивану Никифоровичу. Мясник в «Тарасе Бульбе» называл кумом оружейного мастера на том основании, «что в праздничный день напивался с ним в одном шинке». Псарь Микита, заезженный панночкой, приходился кумом табунщику. И т.д. Все кого-то крестили в родственных Диканьке, Миргороде и Сорочинцах.

Однополость представителей семейства тыквенных отзывается в переходящем гендере. Повесть Гоголя, которую он так и не собрался закончить, называется «Иван Федорович Шпонька и его тетушка». Эта Василиса Кашпоровна «знала наперечет число дынь и арбузов на баштане». Репа в ее огороде похожа на картофель. Сама тетушка-девица похожа на драгунского офицера: «Рост… имела почти исполинский, дородность и силу совершенно соразмерную… каталась сама на лодке, гребя веслом искуснее всякого рыболова; стреляла дичь... взлезала на дерево и трусила груши, била ленивых вассалов своею страшною рукою и подносила достойным рюмку водки из той же грозной руки». Сомнение в соответствии богатырской тетушки прирожденному полу выражено автором недвусмысленно. Чем не тыква? Тетка Агафьи Тихоновны Арина Пантелеймоновна тверда как кремень в своей приверженности купеческому званию и пытается перехватить функции свахи. Тетка безвестного Деребина в устах Ноздрева, поссорившись с сыном, недрогнувшей рукой «записала» все имение племяннику.

Именно твердость тыквенного покрова, в отличие от арбуза, предопределила ее «превращение в экипаж». Арбуз – ягода хрупкая. Например, на сленге тыквой называют голову: «ударить по тыкве», «почесать тыкву». «Ну, голова, голова. Я сам себе голова. Вот убей меня бог! Бог меня убей, я сам себе голова», – бормочет пьяный в «Майской ночи». С арбузом голову сравнивают реже и, как правило, описывая нарушение целостности черепа: «раскололся, как арбуз», «треснул, как арбуз». У Гоголя, однако, можно найти методом сопоставления и этот мотив. Голова Ивана Ивановича из «Шпоньки и его тетушки» сидит в воротнике, «как будто в бричке». Отсюда один шаг до всех бричек и дилижансов, сравниваемых с арбузом. Но чаще арбуз соотносится все же с утробой, с животом. «Живот» по-славянски – «жизнь». «Фаршированные» припасами арбузы-дилижансы и арбузы-брички, как и пузатые люди-арбузы, у Гоголя символизируют хрупкость и непрочность жизни, заполняемой легко исторгаемым и расчленяемым на ферменты содержимым. Причем глубина, поместимость пустого арбуза, вернее, его половины, поскольку сохранить арбуз в целости, опустошив его, сложно, важна для Гоголя не меньше, чем полнота, что ясно из отрывка в несколько строк «Семен Семенович Батюшек»: «Едет ли проезжий какой-нибудь… в коляске покойной, глубокой как арбуз…» Это прямо Ницше: «Нет такой прекрасной поверхности, которая бы не скрывала ужасную глубину». Но ведь присутствует еще и субстанциональная непроницаемость. С арбузом никогда нельзя знать наверняка, что покажет вскрытие. Совсем как с человеком. Напротив, спелость тыквы определенных сортов очевидна по внешнему покрову.

Ш. Перро в «Золушке» превращает тыкву в карету, подчеркивая социальный аспект: тыква – овощ бедных. Тогда как «в семьсот рублей арбуз» – мечта из недостижимых, порождающая безудержное хвастовство. И о «переполненности объема» в случае с тыквенной трансформацией говорить не приходится – достаточно заглянуть в текст сказки: «А фея, не говоря ни слова, разрезала тыкву и вынула из нее всю мякоть. Потом она прикоснулась к ее желтой толстой корке своей волшебной палочкой, и пустая тыква сразу превратилась в прекрасную резную карету...». То есть тыква утилитарна, сохраняет полезные свойства и в полом состоянии, иначе бы из нее не мастерили балалайки и десятки других нужных в скудном хозяйстве поделок. Какого размера тыква была изначально и насколько увеличилась, став каретой, после прикосновения волшебной палочки совершенно неважно: волшебство снимает все недоумения. Важно только соотношение «было – стало». Да и коллизия «Золушки» построена не на объеме, не на полноте и пустоте, а на хронофобии, на мотиве опоздания, способного разрушить иллюзию, на магии 12-го часа, полуночи: «Если ты опоздаешь хоть на одну минутку...твоя карета снова сделается тыквой, лошади – мышами, лакеи – ящерицами, а твой пышный наряд опять превратится в старенькое, залатанное платьице!» В гоголевском отрывке «Фонарь умирал» время, «когда всё чувствует 12 часов», называется «страшным».

Погодин писал о Гоголе: «Он никогда не мог поспеть никуда к назначенному сроку и всегда опаздывал». В «Ночи перед Рождеством» Чуб боится опоздать на попойку в новой хате дьяка. В 7-й главе «Мертвых душ» Чичиков спешит «в гражданскую палату совершать купчую»: «Эхе, хе! двенадцать часов! – сказал наконец Чичиков, взглянув на часы. – Что ж я так закопался?» Он спешил не потому, что боялся опоздать, – опоздать он не боялся, ибо председатель был человек знакомый и мог продлить и укоротить по его желанью присутствие, подобно древнему Зевесу Гомера, длившему дни и насылавшему быстрые ночи, когда нужно было прекратить брань любезных ему героев или дать им средство додраться, но он сам в себе чувствовал желание скорее как можно привести дела к концу; до тех пор ему казалось все неспокойно и неловко...». Полночь превращается в полдень. Страх рокового опоздания замещается беспокойством от сознания сомнительности сделки. «Полуденный бес» 90-го псалма – бес уныния и лености. В этих грехах непрестанно упрекал себя Гоголь на пороге смерти. Св. Феофан говорил в связи с этим об «охлаждении», которое «бывает невольно... но бывает и от произвольных дел... от внешних развлечений, беспорядочных разговоров, сытости, излишнего сна... и многого другого». Спят и едят герои Гоголя неутолимо. Мережковский находит в черновых заметках к «Мертвым душам»: «Весь город со всем вихрем сплетен — прообразование бездельности (то есть пошлости) жизни всего человечества в массе... Как низвести всемирную картину безделья во всех родах до сходства с городским бездельем? и как городское безделье возвести до прообразования безделья мира?»

Мудрено в рассуждениях о тыкве, связанных с творчеством Гоголя, обойти тему Хеллоуина, главного праздника нечистой силы. Согласно кельтским воззрениям, к полуночи 31 октября мир мертвых не просто пресекается, а неразличимо смешивается с миром живых. Ворота в прошлое и будущее распахиваются. Лето сменяется зимой, день –

ночью, жизнь – смертью. Это ли не мир Н.В. Гоголя, «монаха-художника, христианина-сатирика, аскета и юмориста» (И. Аксаков) во всей его бездиалектичности и недетерминированности? Гоголя, который «видел, как много тут же, среди самой жизни, безответных мертвых обитателей, страшных недвижным холодом души своей»! Разве канун Дня всех святых, вошедший в плоть шоу-бизнеса, не воплощает чичиковское желание «приобресть мертвых, которые, впрочем, значились бы по ревизии как живые»? «Человек, родившийся с чувством космического ужаса, видевший вполне реально вмешательство демонических сил в жизнь человека, боровшийся с дьяволом до последнего дыхания», – так характеризовал Гоголя К. Мочульский. Не хеллоуиновские ли страсти, несмотря на желание «черта выставить дураком», бурлят в «Ночи перед Рождеством» и «Вечере накануне Ивана Купала»? Русская масленичная неделя – тоже совместный пир живых и мертвых. Нечистую силу в хеллоуиновскую ночь, как теперь всем известно в России, отпугивает свеча, горящая внутри полой тыквы, «светильника Джека», фермера, крестьянина, который столько грешил и знался с лукавым, что после смерти его душу отказались принять не только рай, но и ад. Греховодник сидел в пабе, когда за ним явился князь тьмы. Джек, как гоголевский козак, потребовал пива. Черт превратился в монетку (разве не чичиковский мотив?), Джек сунул ее в карман, где лежал крестик, и получил еще десять лет жизни. Не похоже ли дурит черта кузнец Вакула? Молодой овчар в «Вие» интересуется: «правда ли, что панночка, не тем будь помянута, зналась с нечистым?» Дорош уверенно отвечает: «Да она была целая ведьма! Я присягну, что ведьма!» С этого «знания» начинаются злоключения философа Хомы.

Джек из фермера переквалифицировался в фонарщика – черт выдал ему горсть угольков из адского пламени. Их несчастный и поместил в выпотрошенную тыкву. Не таков ли любой из образов Гоголя, «то окидывавшийся ярким блеском по мере приближения к свету фонаря, то мгновенно покрывавшийся тьмою…»? «Далее, ради Бога, далее от фонаря! и скорее, сколько можно скорее, проходите мимо», – это заклинает Гоголь или Джек? И не петербургский ли масляный фонарь – равноправный герой «Невского проспекта»? Гоголевские фонари постоянно подчеркивают переход от камня к дереву – от прочности к бренности, от света к тьме смерти: «Один фонарь только озарял капризно улицу и бросал какой-то страшный блеск на каменные дома и оставлял во мраке деревянные, которые из серых превращались совершенно в черные»; «Фонарь умирал на одной из дальних линий Васильевского Острова. Одни только белые каменные дома кое-где вызванивались. Деревянные чернели и сливались с густою массою мрака, тяготевшего над ними». Человека хоронят в деревянной домовине, и разорительные пожары сокрушают дерево раньше камня.

«Страшусь всего, видя ежеминутно, как хожу опасно», – при

каком освещении прозревал эту безотлучную опасность «христианин-сатирик»?

II

По всей Украине и за ее пределами издавна знамениты херсонские арбузы. Именно в Херсонской области сооружен, кажется, единственный памятник арбузу. Конечно, арбуз и дыня – главные обитатели вселенной баштана, бакши – встречаются у Гоголя значительно чаще огурца и тыквы, и при этом все они имеют выдающиеся достоинства («арбуз-громадище» вусунулся). Е. Басаргина в книге «Жизнь за гранью жизни» описывает «чудесный сад Тлалокан» в Мексиканских горах, где «…маис, тыквы, перец и томаты всегда росли в изобилии и где жили души детей, принесенных в жертву местному божеству Тлалокону, а также души утопленников, убитых молнией, умерших от проказы, водянки и других тяжелых болезней». Мексиканский флаг повторяет арбузные цвета. Роль такого сада играет у Гоголя баштан. В книге «Сумерки Дао» написано: «Китайский сад, по старинному выражению, есть «тыквенные небеса» (ху тянь) или, попросту говоря, «мир в тыкве» – внутренний, другой мир, совершенно самодостаточный, в самом себе полный; мир замкнутый и все же беспредельный, ибо в нем присутствует иное. И это иное вездесущно». Гоголевский мир «тыквенных небес», «мир в мире», – другой, не похожий на обычный. С другой стороны, Гоголь смертельно боится даосской Великой Пустоты и набивает Утробу Мира всякой съедобной всячиной. Только баштан спасителен своей абсолютной заполненностью. Гоголевский художественный орфизм стыдливо опускается исследователями. Иоанн Златоуст рассуждает: «…язычники смеются, когда христиане говорят им, что Святой Дух преобразовал чистую Деву в святой храм, сами же не стыдятся низвести существо Божие в тыквы, дыни, в мух, гусениц и ослов…». Но без языческого замеса Гоголь пустеет, как убранная бахча. Да он и сам это признает на основании принесения чиновниками в «Мертвых душах» частых жертв Вакху: «в славянской природе есть еще много остатков язычества».

Не забудем, что Чичиков скупает усопших крестьян «на вывод» именно в Херсонскую губернию. Толкование выбора Чичиковым места для совершения аферы у Карасева таково: «Взятое в укороченном до первых трех начальных букв варианте, это слово (буква славянского алфавита) в своем ненормативном значении отсылает нас к органу, специально предназначенному для вывода из организма жидкости». Автор оговаривается, правда, что выбор топонима, скорее всего, «неосознанный», но продолжает на нем настаивать. Мужской член, уд, эвфемистический «хер», конечно, участвует в мочеиспускании, но «специально предназначен» все же не для этого: дамы, вопреки фрейдистскому «страху кастрации», довольно ловко обходятся без него. «Низовым» аллюзиям Карасев посвящает целые главы книги «Гоголь в тексте». Но если образы экскрементов действительно широко используются в произведениях Гоголя, прямо или иносказательно («Он бач, яка кака намальована!»), то мочегонные свойства бахчевых не обыгрываются нигде, и топонимические намеки на это в «Мертвых душах» представляются значительной натяжкой. Арбузы и дыни играют у Гоголя совсем иную, почти метафизическую роль. Не забудем, что в поэме о похождениях (на самом деле – катаниях) Чичикова у падающей с небес дамы «из карманов ее падают два арбуза».

Уже у Вергилия из арбуза приготовляют лакомство наподобие меда. На многочисленных обедах, описанных Гоголем, арбуз в основном тоже едят на сладкое. В «Заколдованном месте», из которого мы взяли эпиграф, «после полудника» дед «потчует гостей дынями». Затем без большого перерыва в повествовании наступает ужин, который заканчивается описанием отходов съеденных за день бахчевых плодов: «После вечери вымыла мать горшок и искала глазами, куда бы вылить помои…Признаюсь, хоть оно и грешно немного, а, право, смешно показалось, когда седая голова деда вся была окунута в помои и обвешана корками и арбузов и дыней».

Повторим и подчеркнем: образ арбуза у Гоголя – это образ непостижимого снаружи, но полного внутри чрева мира. Прямо по детскому стишку В. Орлова:

У арбуза
всюду пузо.

И тот же Л. Карасев мимолетно рассматривает гоголевский арбуз как идею пищевого изобилия, переполненного закрытого объема. Пузом, чревом живут и мыслят персонажи, пока наконец самые корпулентные из них не превращаются в арбуз, как это происходит с Петром Петровичем Петухом: «Вместе с рыбою запутался как-то круглый человек, такой же меры в вышину, как и в толщину, точный арбуз или боченок… Арбуз, как видно, боялся не за себя: потонуть, по причине толщины, он не мог, и, как бы ни кувыркался, желая нырнуть, вода бы его всё выносила наверх; и если бы село к нему на спину еще двое, он бы, как упрямый пузырь, остался с ними на верхушке воды, слегка только под ними покряхтывая да пуская носом волдыри». Арбузные габариты, избыточный вес, таким образом, служат гарантией от утопления. «Белой панночке» из «Майской ночи» повезло меньше, чем обжоре-Петуху.

Петербургский гомерический арбуз «в семьсот рублей» подспудно противопоставлен южному, доступному. С вожделением смотрит на великана в витрине издержавшийся капитан Копейкин. Коллежский регистратор Хлестаков, «сосулька, тряпка», воплощение пустоты, грезит о немыслимой для него полноте. Если верить В. Похлебкину, стоимость бахчевых в гоголевском Петербурге доходила до 5 рублей. На родине Гоголя арбуз стоил 3-5копеек. Арбуз одновременно представляет собой еду и питье, а в пересчете на обед – первое, второе и третье. Недаром египтяне помещали его в усыпальницу фараона, чтобы божество не маялось голодом и жаждой по ту сторону жизни. Не имеющие аналогов в пищевой цепочке арбузы остаются съедобными по несколько месяцев, если их правильно хранить. Но стоит вскрыть, нарушить целостность – и арбуз становится одним из самых скоропортящихся продуктов.

В баштанных образах выразился терзающий Гоголя страх голода. Безусловно, огромную роль в теме играет форма круга, завершенности. Но арбуз далеко не идеально кругл – яблоко круглее, и его функцию в насыщении голодных, в том числе в литературе, трудно переоценить. В сказке Е. Честнякова «Чудесное (в некоторых редакциях «щедрое») яблоко» этот фрукт замещает привычную «репку»: как без мышки репа не дает вытянуть себя из земли, так честняковское яблоко не поднять без участия всех сельчан, включая оставшихся было дома няньки «с самым маленьким». Гигантский (и неточный) символ первородного греха в сказке окормляет деревню: «И хватило им яблока на всю осень и зиму до самого Христова дня». Пасхальный мотив, мотив Воскресения, здесь глубоко обусловлен. Возможно, вечно голодному Хлестакову так же представляется, что «в семьсот рублей арбуз» прокормит его надолго впрок. Гоголевские люди-арбузы (Петух, земляника) наели спасительную круглоту и застрахованы от голодной смерти.

Израильский специалист по сельскохозяйственным культурам Гарри Пэрис отыскал следы арбуза в летописях, обосновал их египетское происхождение и, в частности, предположил, что торговцы древности везли в караванах арбузы и дыни не только как товар, но и как запас воды. С жаждой у Гоголя отношения несколько иные, чем с голодом. Дело в том, что его герои практически не пьют. То есть они пьют, как и едят, до чрезмерности, но отнюдь не воду. Надпись на дверце одного погреба в «Вие»: «Все выпью» расшифровывается надписью на соседней дверце: «Вино – козацкая потеха». Известно, что вино в Молдавии и Бессарабии, вообще в южных областях, до сих пор употребляется вместо воды всем населением, в том числе и детьми. В «Авторской исповеди» Гоголь прибегает к распространенной метафоре алчбы: «жажда знать человека вообще удовлетворилась». Нестерпимое желание напиться воды проявляет после оказавшегося неудачным побега, пожалуй, только Хома Брут, в остальное время довольствующийся, дабы ослабить ужас происходящего, спиртным: «Первое дело философа было прилечь и напиться, потому что он чувствовал жажду нестерпимую.

– Добрая вода! – сказал он, утирая губы. – Тут бы можно отдохнуть».
Отдохнуть Хоме, как мы знаем, не удалось, но хоть напился вволю. Сам Гоголь по-настоящему возжаждал лишь будучи при смерти.

«Просил только по временам пить и глотал по нескольку капель воды с крас¬ным вином», – свидетельствует М. Погодин. Д-р Тарасенков вообще утверждает, что умирающий просил одного красного вина без всяких разбавлений. Вообще отношение медицины времен Гоголя к применению жидкости поразительное: «Я настаивал, чтоб он… непременно употреблял бы поболее питья, и притом питательного – молока, бульона и т. д.»; «С тех пор ему стали подавать для питья бульон, когда он спрашивал пить…» (Тарасенков). Тот же эскулап прямо указывает, что чем дальше заходила таинственная болезнь великого пациента, тем настойчивее он просил простой воды: «…по временам явственно повторял: «Давай пить!» Уже поздно вечером он стал забываться, терять память. «Давай бочонок!» – произнес он однажды, показывая, что желает пить». Если уж бред приобрел поистине гоголевские масштабы бочонка, значит, степень обезвоживания была катастрофической. После того как ослабевшего донельзя Гоголя снова погрузили в ванну, у него случился глубокий обморок. «После этого обморока Гоголь уже не просил более ни пить, ни поворачиваться…» (Тарасенков), что, заметим, на фоне такого «лечения» немудрено.

Когда писатель находился в условном здравии, что примечательно, он тоже употреблял жидкость в основном в виде процедур. Податливый на все новомодные медицинские «фишки», Гоголь неоднократно принимал курс «гидропатии», то есть ледяные ванны. Пушкину с его африканскими корнями это шло на пользу. Малороссу Гоголю, по его собственному признанию, приносило одни неудобства. По словам А.О. Смирновой-Россет: «Он был во всю жизнь мастер на нелепые причины». Но при этом рано или поздно Гоголь «на пути в Эммаус» прозревал. Той же Александре Осиповне Николай Васильевич с фирменной иронией писал: «Насладившись два месяца такой жизнью, мы простились с гидропатией навеки. Говорят, что Юлий Кесарь никогда бы не покорил Галлию, если бы не купался в холодной воде. Все эти новые способы лечения очень стары. За них принимаются, когда испорченность нравов доводит до нервных болезней. Заключение: Ал‹ександра› Осип‹овна› Смирнова никогда не должна лечить свои нервы холодной водой».

Но и внутрь Гоголь принимал воду своеобразно и тоже в основном в виде «лечения». Если он запивал кофе холодной водою, «по-турецки», это говорит лишь о том, что кофе был изрядной крепости. Если же запивка сочеталась с жирными сливками, добавляемыми в чашку, можно лишь удивляться, до чего на самом деле у гения был крепкий организм. Если мемуаристы вспоминают питье Гоголя, это непременно будет красное вино с теплою водою и сахаром, но никогда не просто вода, которой просил верблюд в стихотворении М. Валека:

– Скорее
Прошу воды налить.

Марина КУДИМОВА. Гоголь-баштан

Нет ничего вкуснее,
Когда ты хочешь пить.

Водами Гоголь лечился – неоднократно, и все за границей. Из письма снова Смирновой: «Мне повелено медициной до Гастейна пить воды в Гомбурге для удаления геморроидальных, печеночных и всяких засорений...» В другом письме: «Воды Гомбурга действуют дурно...». Языкову: «Сегодня седьмой день, как начал пить карлсбадские воды. Пью с осторожностью и ничего еще не могу сказать, кроме того, что слабость увеличилась и в силах могу передвигать ноги». Затем Гоголь с тем же успехом пьет воду в Бадене. Характерна фраза из письма Жуковскому: «Всюду, куда бы я ни поехал, я бы умер уже от одной тоски, прежде чем получил бы какую-нибудь пользу от лечения». Что же удивительного, что мочеиспускательных даже намеков у Гоголя нельзя обнаружить ни в каком «херсонском» контексте.

Гоголевские персонажи заливаются алкоголем (семнадцать бутылок шампанского, якобы выпитые Ноздревым «в продолжение обеда»), а жажду утоляют дарами баштана. Путешественник Ливингстон писал в своем дневнике, что все звери пустыни Калахари от слона до мыши «знают и ценят этот дар», имея в виду заросли диких арбузов, спасающих от жажды. Степные алчущие волки воровали арбузы с бахчи под дулами сторожей. А тут только колдун из «Страшной мести» тянул из фляжки «какую-то черную воду». «...не подам воды напиться ему», говорит Катерина, гоголевская Офелия.

Та взяв женку паняночку,
В чистом полі земляночку,
И безъ дверецъ, безъ оконецъ, –

поет вдова Бурульбаша, помутившись разумом. То есть женился на могиле. А по русской загадке можно подумать, что на огурце!

Символику арбуза неверно сводить к пищевому неврозу Гоголя, к неизбывному страху голода. Гоголь нигде ни разу не уточняет, каким способом в его время нарезали арбуз. Вероятно, сам он в этом священнодействии никогда не участвовал. По Фрейду, разрезание арбуза символизирует жесткий половой акт. А вот теоретик географии Б. Родоман написал замечательное, хотя и шутливое, исследование: «...у арбуза, как и у земного шара, имеются ось, полюсы и экватор, а на его поверхности могут быть проведены параллели и меридианы. Далее надо припомнить азы геометрии и уж во всяком случае не путать сферический сектор со сферическим сегментом». Разрезанию арбуза посвящена значительная часть работы, и она стоит пространного цитирования. Б. Родоман зафиксировал «южный» способ разделки «семейной» ягоды: « Способ порожден традиционным типом рождаемости и широким гостеприимством, иначе говоря — патриархальным укладом общества...

Таковы в нашей стране регионы Нижнего Поволжья, Нижнего Дона и Северного Кавказа, а в зарубежье это Украина, Молдавия, Болгария, Турция, Азербайджан… Антропологи склонны выделять среди европеоидов особую восточноукраинскоюжнорусскую подрасу… для коей характерны нехудые брюнеты, обожающие борщ со сметаной, салом, чесноком и белым хлебом и круглые сутки лузгающие семечки подсолнуха и тыквы… Долгожданный арбуз в присутствии всех едоков водружают на блюдо или поднос посреди стола и поворачивают так, чтобы его ось расположилась горизонтально. Тот полюс арбуза, который оказывается у правой руки режущего… условились считать Южным полюсом… От арбуза отрезается Южная полярная шапка (сегмент) по плоскости параллели, расположенной между 70 и 80° ю. ш… Отрезание шапки — первый из торжественных моментов священнодействия. «Ура! Красный!». (Этот возглас словно возвращает нас к вышеописанной мороке с распознаванием качества арбуза, которую устраивал супруге Афанасий Иванович: «бывает, что и красный, да нехороший» – МК).

Арбуз ставится на образовавшуюся Южную приполярную плоскость. Его ось становится вертикальной. Северный полюс оказывается в конце концов сверху… Затем арбуз разрезают на меридиональные секторы, число которых равно или кратно количеству едоков… Арбуз разрезают на секторы…не до конца, ни в коем случае не достают ножом до средней части арбузной оси. Держась руками за северные концы секторов, их осторожно разводят в центробежном направлении. Арбуз раскрывается, как цветок лотоса… Сердцевина арбуза при правильном разрезании остается соединенной с одним из его секторов. Вообще говоря, никто не может предсказать, какую форму примет сердце арбуза. На этом основаны различные гадания... Отделенное от своего сектора, сочное сердце арбуза вываливается на отдельную тарелку… При авторитарном стиле руководства красное сердце преподносится отцу семейства или самому почетному гостю… При демократическом стиле практикуется дележ сердца между всеми едоками…»

Шутки шутками, но японский фермер Хироити Кимура не случайно в наши дни начал выращивать арбузы в форме сердца. Многие имели случай удостовериться, что при нарезке переспелого плода не от «полюса к полюсу», а «по экватору», от мякоти часто отделяются фрагменты разной величины в виде сердца – разумеется, не анатомического, а символического. В анатомических атласах сердце человека походит на кукиш. Греческие, минойские, критские, микенские и римские гончары украшали свои изделия будущими сердечками-валентинками – листьями плюща или фигового дерева. Впервые символическое сердечко нашли, конечно же, во французской рукописи «Le roman de la poire» (1250 г.), На щите крестоносца с изображением стигматов – пяти ран Распятого Иисуса (ок.1530 г.) кровью истекает уже привычный нам символ сердца. Карточные масти, в том числе и червы, придумали тоже романтические французы.

«...громадно воздымается он среди тысячелетних плющей...», – пишет Гоголь о Риме. А Смирновой сообщает об италианской свежей весне «среди дряхлых развалин, зацветших плющом и дикими цветами». В доме «просто приятной дамы» «ширмочки» обвиты плющом (понятно, речь об узоре на ткани). В отрывке «Жизнь» «светлый мир греков» оперирует образом плюща в несомненном эротическом контексте: «Увивай плющом и гроздием свою благовонную главу и прекрасную главу стыдливой подруги». «Плющом увенчаны вакхические девы», сопровождающие Аспазию в идиллическом «Кюхельгартене». В знаменитом ностальгическом отрывке из 11 главы: «Русь! Русь! вижу тебя, из моего чудного, прекрасного далека...» не прошли мимо глаз восторженного созерцателя «плющи, вросшие в домы» и «темные арки, опутанные... плющами...». Эта первородная сердцевидность не была чужда Гоголю, хотя бы и в «прекрасном далеке».

Итак, арбузная мякоть при определенном способе нарезания способна воспроизводить абрис символического плющеобразного сердца. Не та же ли «мякотная» ассоциация возникает, когда в «Страшной мести» читаем, как «по сторонам шевелилось красное море запорожцев»? Не арбузный ли ломоть рисуется воображением, когда Даниле Бурульбашу «Голос его (мертвеца – МК), будто нож, царапал сердце»? Вот Хома впервые видит мертвую панночку: «Рубины уст ее, казалось, прикипали кровию к самому сердцу». Рубиновое сердце – один из самых нежных и насыщенных цветом сортов арбуза.

«Южнорусский способ» своеобразно проявляется в балладе Э. Багрицкого «Арбуз» (1924). Лирический герой на дубке, парусной плоскодонной лодке, груженной арбузами, плывет по Азовскому морю, видимо, из Тамани, славяшейся бахчевыми культурами, и вырезает сердце на поверхности «великой ягоды»:

Я выберу звонкий, как бубен, кавун
и ножиком вырежу сердце.

Лодку гонит на мель, и герой предчувствует гибель и упивается ее близостью. «Кавун с нарисованным сердцем» прибивает к берегу, подарок пучины достается казачке – возлюбленной бесшабашного мореплавателя:

И некому здесь надоумить ее,
Что в руки взяла она сердце мое!..

Стихи Багрицкого странно перекликаются с корейской средневековой лирикой, наполненной бахчевой когнитивностью:

Ох, эта любовь, любовь,
Завязанная узлами,
Сплетенная, словно сети,

Те, что бросают в море,
Вьющаяся, как в поле
Плети дынь и арбузов,
Что через межи ползут!

У Даля «арбузы нутреют, начинают поспевать». У Багрицкого, напротив, происходит «овнешнение» спелых плодов: «арбуз на арбузе», «трутся арбузы». Выцарапанное сердце отождествляется с настоящим, вынутым из груди, как у горьковского Данко. Преподобная Мелания, затворница Елецкая, попросила купчиху Гаврилову, которая вроде как благодетельствовала блаженной, прислать арбуза. Купчиха прислала, но с ропотом – занята была сильно. Прозорливая Мелания рассмотрела подношение со всех сторон, вырезала кусок в виде сердца, всыпала внутрь горсть золы, закрыла зияние и отослала арбуз обратно. Купчиха поняла и раскаялась. Сочетание сладости и «несладкого чубука», золяного сахара, подчеркивает в Манилове-арбузе А. Белый.

«Народно-поэтическая кардиология» Гоголя, по выражению В. Владимирцева, крохкую мякоть непроницаемой арбузной сердцевины выносит наружу цветом. «О несмысленная и косная сердцем, еже веровати о всех, яже глаголаша пророцы», – говорит странник, калика перехожий, в Котором Клеопа, родственник Иисуса, и его спутник не признали Господа своего по дороге в Эммаус. В гоголевском отрывке «Рим» герой «нашел… какую-то странную пустоту даже в сердцах тех, которым не мог отказать в уваженьи». «Сердце и душа – не¬видимые и оттого неизведанные – в символе предстают как нечто глубинное, недоступное; место, где скрывается истинное «я», – пишет М. Пименова, обследуя концепт «сердце» у Гоголя. «Сердце Катерины хотело разорваться на части» («Страшная месть»). Самое «кардиологическое» из гоголевских созданий – повесть «Портрет». Только по соседству: «У него захолонуло сердце»; «Сердце стало сильнее колотиться у бедного художника»; «сердце его билось так сильно, как только можно было биться»; «С бьющимся на разрыв сердцем». И, конечно, «пламенное сердце художника», давно ставшее расхожим штампом.

Цветом чувственное можно передать полнее, чем самым витиеватым словом. Цветовую палитру Гоголя разложил на элементы Белый: «… красный, — так «красный»; и он доминирует (84 отметки в реестре); «как огонь» — 10 раз, «как кровь» — 7, «алый» — 7, «червонный» — 4, «рубинный» — 1; «как бакан», «как мак», «как у снегиря» (грудь) — по одному разу и т. д.; красные пятна богаты оттенками: они или — вспых, или чистого цвета пятно; обычны комбинации золотого и красного, красного с синим, красного с зеленым, красного с черным; в «В» пол устлан красной китайкою; алым бархатом покрыто тело в гробу; до полу золотые кисти и бахромы, а свечи увиты зеленью (красное — золотое — зеленое); «с повязанными на голове красными и синими лентами» (СЯ);

«цветистый по красному полю платок» (СЯ); «зеленая кофта и красные сапоги» (СЯ); затянуть красным поясом, надеть... шапку из черных смушек» (ПГ); «в синих с красными клапанами кунтушах» (ВНИК); Данило ходит в синем жупане, подпоясанном золотым поясом, и в шапке с красным верхом (сине-красно-золотое) (СМ): лицо «казалось кровавым, глубокие... морщины чернели» (СМ); «в красном жупане с... золотыми шнурками» (ТБ) и т. д.». Аббревиатурами обозначены произведения Гоголя. Расшифровать их опытным читателям не сложно. Выделим только «арбузные» оттенки из «Вия» (В) «Сорочинской ярмарки «(СЯ), «Страшной мести» (СМ). Добавим к ним пропущенное Белым. Но начнем с цитаты, на первый взгляд, неожиданной, а при более пристальном рассмотрении объясняющей столь многое, что на ней хочется остановиться. Ю. Олеша. «Ни дня без строчки»: «Я ем арбуз под столом, причем я в платье девочки. Красные куски арбуза... Вот что встает передо мной как наиболее раннее воспоминание. До того – темнота, ни одной краски». Одесский младенческий арбуз Олеши отправляется в полтавский рот Николаши Яновского и срастается поразительной общностью.

Белый пропустил исток «арбузной» колористики Гоголя. В «Страшной мести» описывается словно бы созревание короля баштана: «И опять с чудным звоном осветилась вся светлица розовым светом... тонкий розовый свет становился ярче, и что-то белое, как будто облако, веяло посреди хаты; и чудится пану Даниле, что облако то не облако, что то стоит женщина; только из чего она: из воздуха, что ли, выткана? Отчего же она стоит и земли не трогает, и не опершись ни на что, и сквозь нее просвечивает розовый свет, и мелькают на стене знаки?.. губы бледно алеют, будто сквозь бело-прозрачное утреннее небо льется едва приметный алый свет зари...» Но когда колдун посажен в подвал на цепь, розовый наливается, достигает своего апогея: «...алые, как кровь, волны хлебещут и толпятся вокруг старинных стен». Пропустил Белый и украинизмы:

Не бійся, мотінко (матушка – МК), не бійся,
В червоні чобітки обуйся («Сорочинская ярмарка»).

Красный чреват огнем. «Девушка в осьмнадцать лет», впервые приехавшая на ярмарку, вызывает бешеную ревность «разряженной сожительницы» парубка в белой свитке: «красные щеки ее превратились в огненные».

Аристотель в III книге трактата «О душе» пишет: «Действие воспринимаемого чувством и действие чувства тождественны, но бытие их не одинаково». Цвет существует, даже когда глаз его не воспринимает. Платон называл красный одним из первичных цветов вместе с черным и белым. Аристотель же в «Истории животных» упоминает краснеющий при таянии снег. Такой снег действительно появляется в горах Сьерра-Невады, на высоте трех тысяч метров, в конце весны. Снег этот имеет структуру, цвет, вкус и запах арбуза. Потому и называется арбузным. Этот феномен тысячи раз сфотографирован и подтвержден альпинистами всего мира. В таком случае «арбузная кровь» у Гоголя не является вымыслом, а является чувственным и ассоциативным переносом признака. Обычное дело в художественной системе. Камышинский поэт Н. Ненашев (Камышин называют арбузной столицей) живописует подношение земляками плода (в июне!) Петру I:

А на подносе, как в крови,
Арбуз, порезанный ломтями.

В «Вечере накануне...» не только «красный пояс» и шапка «из черных смушек» напоминают арбуз с семечками. Там «Все покрылось перед ним красным цветом. Деревья, все в крови, казалось, горели и стонали». И люди-арбузы проявляются не только по толщине и округлости фигуры, но по цветовой гамме. Манилов встречает Чичикова «в зеленом шалоновом сюртуке». Шалон – легкая шерстяная ткань, не имеющая изнаночной и лицевой стороны, двухсторонняя. Причем тканый орнамент образован в виде диагональных полос. Таким образом, не отмеченный тучностью Манилов – тоже арбуз! «Маврокордато в красных панталонах» на картине в гостиной Собакевича. «С лица весь красный» незваный родственник Плюшкина («пеннику, чай, насмерть придерживается»). «Особенного рода» существа «в виде дам в красных шалях». Круглоту замкнутости в себе, если на минуту отвлечься от цвета, отмечает Белый: «... колесо вихрей выглядит уравновешенным кругом; и наконец становится: кругом чичиковского лица». И Чичиков тоже арбуз!

В «Сорочинской ярмарке» цветовое пятно красной свитки, «бесовской одежды», «чертова подарка», играет сюжетообразующую роль и определяет мистическую составляющую повести («верно, виною всему красная свитка»). «Перекупка» бросает ее в огонь – мистика огня у Гоголя будет исследована в отдельной главе, но красное в красном нимало не повреждается. «Дурень», везший «продавать масло», рубит свитку топором – «глядь – и лезет один кусок к другому, и опять целая свитка». Словно сросся разрезанный «южным способом» арбуз – и пресеклась ярмарка. «Страшная месть» пронизана рдяными сполохами. Красный жупан «гостя», «красный верх козацкой шапки пана Данила», алая кровь на груди посеченного саблей, красная люлька старого есаула. В «Портрете» картины «покрыты темно-зеленым лаком, в темно-желтых мишурных рамах» (земляное пятно на арбузе), «совершенно красный вечер, похожий на зарево пожара...».

«Твои слова, мой друг, как дыня, сладки», – это из упоминавшейся корейской поэзии («Бамбук в снегу»). Мы чуть не пренебрегли, словно бедной родственницей на свадьбе, спутницей, соратницей, а во многом и конкуренткой арбуза по царствованию на баштане – дыней. Мы, но не Гоголь! Вот Иван Иванович рассказывает Шпоньке о его батюшке: «Арбузы и дыни всегда бывали у него такие, каких теперь нигде не найдете. Вот хоть бы и тут…подадут вам за столом дыни. Что это за дыни? — Смотреть не хочется! Верите ли, милостивый государь, что у него были арбузы», произнес он с таинственным видом, расставляя руки, как будто бы хотел обхватить толстое дерево: «ей-богу, вот какие!» А вот гости Григория Григорьевича и его матушки переходят к десерту: стол «покрылся блюдечками с вареньем разных сортов и блюдами с арбузами, вишнями и дынями». В «Заколдованном месте» описана церемония поедания дыни: «Вот каждый, взявши по дыне, обчистил ее чистенько ножиком…обчистивши хорошенько, проткнул каждый пальцем дырочку, выпил из нее кисель, стал резать по кусочкам и класть в рот...». А уж как любил дыни другой Иван Иванович, соперник Ивана Никифоровича: «Это его любимое кушанье. Как только отобедает и выйдет в одной рубашке под навес, сейчас приказывает Гапке принести две дыни. И уже сам разрежет, соберет семена в особую бумажку, и начнет кушать».

А дальше начинается форменная гоголевщина: «Потом велит Гапке принести чернильницу и сам, собственною рукою, сделает надпись над бумажкою с семенами: сия дыня съедена такого-то числа. Если при этом был какой-нибудь гость, то: участвовал такой-то». Множество узелков и мешков с семенами «цветочными, огородными, арбузными» висит «по стенам» у Пульхерии Ивановны. Вообще еда у Гоголя появляется по волшебству, «как бы превращением каким», как Золушкина карета из тыквы. Стадия приготовления, за исключением варений и наливок, опускается, хотя Гоголь толк в кулинарии знал. Ни роста, ни труда, затраченного на рост, не обнаруживает и огородно-баштанная растительность. Все произрастает само по себе – человек лишь поглощает готовое. Кроме покрывания лопухами – никаких сельскохозяйственных подробностей. Положим, с арбузом так и происходит. Дыня же, в отличие от «двоюродного брата», нуждается в поливе и уходе. Семени – и в особенности бахчевых культур – участвуют в текстах наравне с их плодами. В «Вие» из кармана бурсака, помимо других съестных припасов, выглядывали «семена из тыкв». «Голодная бурса рыскала по улицам Киева» в «Тарасе Бульбе», заставляя базарных торговок во спасение закрывать руками не только пироги и бублики, но и «семечки из тыкв».

Тыквенные семена вкусны и полезны, в частности, считаются хорошим противоглистным и, опять же, мочегонным средством. Но зачем Иван Иванович коллекционирует наследство съеденных дынь? Ведь он далеко не Костанжогло, у которого все «остатки и выброски» идут в дело и приносят доход. В восточной традиции дынные семечки сравниваются с женскими ногами. Однако эротические ассоциации не проходят: голым в саду сиживал не ханжа Иван Иванович, а его сосед. Ревновал ли Иван Иванович Ивана Никифоровича к Агафии Федосеевне, вопрос открытый. Вряд ли герой повести варил из дынных семечек отвар для омоложения. Неужели дело только в праздности? М. Вайскопф полагает, что дело в Хроносе: «Время в повести как бы пожирается ее персонажами и потому измеряется гастрономическими порциями и доказывает это указанием на число, в которое съедена «сия дыня». Привычка видеть в Гоголе «обличителя» сильна почти в каждом гоголеведе.

Дынный же календарь Ивана Ивановича, скорее, роднит его с Мальчиком-с-пальчик, бросавшим позади себя «белые камешки», чтобы найти дорогу из леса. Семечки дыни – единственное, что удостоверяет принадлежность редкоголового к миру людей, к миру живых. Бездетный Иван Иванович – Бобчинский Миргорода. По этим семенам в бумажке, по съеденным им и не им плодам баштана узнают его. «Всходу нет – никто не узнает, что кинуто было семя», – написано в «Страшной мести», самой мучительной сказке Гоголя. А. Белый заметил, что гоголевский человек «сказывается не личностью, а проросшими семенами своими». Иудеи в Синайской пустыне, прискучив манной, пеняли Моисею на отсутствие мяса и вспоминали, среди прочих яств, дармовые дыни, которые ели в египетском плену (Чис. 11:5). Это то самое, о чем пишет Гоголь матери и сестрам 3 апреля 1849 г.: «Заплывет телом душа — и Бог будет позабыт. Человек так способен оскотиниться, что даже страшно желать ему быть в безнуждии и довольствии». Прп Иоанн Кассиан толкует голодные воспоминания Книги Чисел: «Ибо всякий, кто после отречения от этого мира возвращается к прежним заботам и обращается к прежним желаниям, то же самое и делами и мыслями восклицает, говоря: «Хорошо мне было в Египте».

Хорошо было обывателям в Миргороде!

Из писем владыки тыквенных небес, короля баштана Николая Гоголя-Яновского. Тарновскому: «Имеешь ли хороший аппетит, и чем именно более всего обжираешься, арбузами или дынями, или грушами?»

Косяровскому: «Помните ли, как мы бракованые арбузы отправляли на тот стол? Кушаете ли до сих пор дыни?»

Сестре: «Я тоже здоров и жалею, что не удалось мне отведать дынь и арбузов, о которых вы пишете».

Матери: «Павел Петрович пишет, что отыскалась на том баштане что за прудом (который весь высох) дыня с пупком (а не с хвостом). Удивляясь сему необыкновенному феномену, хотел бы я знать причину».

Александр МЕЛИХОВ. «Дай нам руку в непогоду…»

Я не помню времени, когда бы я не знал Пушкина: он был всегда — как солнце, как ветер, как куры и собаки в увлекательнейшем пыльном переулке. Я всегда знал, что у Лукоморья дуб зеленый, а на неведомых дорожках следы невиданных зверей, — но мир леших и русалок казался ничуть не более странным, чем заросли картошки в огороде, где можно было провести целую вечность, следя за неведомыми дорожками жуков и лягушек. Пушкин — это было, прежде всего, ужасно интересно: поп — толоконный лоб, князь Гвидон, вылупившийся из бочки, исполинская голова, которая что было мочи навстречу князю стала дуть: «ду-уть» — «у-у» — зву-уки бу-ури — губы сами собой складываются для дутья. И я, разумеется, не обращал внимания на всякие пустяки, за которые Пушкина упрекали дельные современники: поступки персонажей как-то слабовато мотивированы. Ну и что — в жизни, которая меня окружала, я тоже не искал особой целесообразности. Главное — интересно. И страшно весело. Вернее, то страшно, то весело: ветер весело шумит, судно весело бежит…

Потом началось исступленное упоение его вольнолюбивой лирой: «Беги, сокройся от очей, Цитеры слабая царица!» — стихия стихов подхватывала и уносила в простран¬ство вос-торженного безумства, и некогда было вдуматься в разные полупонятности — какая-то «Цитера», какой-то «благородный след того возвышенного галла», все эти мелочи уже остались позади, почти незамеченные, как прежде не замечались игривые намеки: «падут ревнивые одежды на цареградские ковры», и «зачем тебе девица?». В стихах главное не буквальные бухгалтерские уточнения, а вихрь, который тебя увлекает: «Лемносский бог тебя сковал для рук бессмертной Немезиды!»

Я даже и не припомню, когда Пушкин превратился в школьный «предмет», который все проходят и проходят, и никак не пройдут: такое впечатление, что его каждый год начинали «учить» заново. Хуже того, стихи вообще превратились для меня в принудительную принадлежность школьных вечеров худсамодеятельности.

Сегодня я просто не представляю, как бы я выжил без Пушкина. Но в ту пору, в начале шестидесятых, к поэзии обратил меня не Пушкин, а самый громкий тогдашний поэт Евгений Евтушенко. Пушкин не отвечал на «запросы времени», а Евтушенко отвечал. В образе гидроэлектростанции из поэмы «Братская ГЭС» брезжила и победа над природой, и разумная, гуманная, научно обоснованная организация общества, — Пушкину вопросы такой глубины и злободневности, конечно же, и не снились! Это сегодня, после множества экологических и социальных катастроф XX века, уже усвоили — и то не все! — сколь опасна всякая «борьба с природой». А в ту пору мало кто сомневался во всемогуществе не просто человеческого, а именно нашего тогдаш¬него разума.

Но однажды вдруг застываешь в немом изумлении перед невероятной красотой про-стейших, казалось бы, строчек:

Сквозь волнистые туманы
Пробирается луна.
На печальные поляны
Льет печальный свет она.

Застываешь не только в изумлении, но и в растерянности: как же совместить пушкин-скую гениальность — а это должно быть что-то более или менее вечное! — с его явной отда-ленностью от невиданно сложных проблем нашего века? И оказывается, что у Белинского в классическом цикле статей «Сочинения Александра Пушкина» все уже и сказано: Пушкин об-ладал удивительной способностью делать поэтическими самые прозаические предметы. Действительно, что может быть прозаичней, чем мостить улицы? А у Пушкина вот оно как:

Но уж дробит каменья молот
И скоро звонкой мостовой
Покроется спасенный город,
Как будто кованой броней.

Лишь для Пушкина поэтическая броня и будничная мостовая стали рядом! И мостовая у него не простая, а «звонкая», а город — так даже «спасенный». Но зато от жизни он отстал уже тогда, сто пятьдесят лет назад, ибо «дух анализа, неукротимое стремление исследования, страстное, полное вражды и любви мышление сделалось теперь жизнию всякой истинной поэзии. Вот в чем время опередило поэзию Пушкина и большую часть его произведений лишило того животрепещущего интереса, который возможен только как удовлетворительный ответ на тревожные, болезненные вопросы настоящего» .

Это меня вполне устроило: что правда, то правда — прозу превращать в поэзию он умеет, а удовлетворительных ответов на запросы времени не дает. Принудительное школьное пре-клонение перед Пушкиным достигло и другой цели: писаревские издевки над легкомыслием и отсталостью Пушкина я читал уже с неким щекочущим удоволь¬ствием: «Поэзия Пушкина — уже не поэзия, а только археологический образчик того, что считалось поэзиею в старые годы. Место Пушкина — не на письменном столе современного работника, а в пыльном кабинете антиквария, рядом с заржавленными латами и с изломанными аркебузами» . Впрочем, Белинский признавал за Пушкиным еще одно достоинство: «Поэзия Пушкина удивительно верна русской действительно¬сти, изображает ли она русскую природу или русские характе¬ры». Более того: «Без «Онегина» и «Горя от ума» Гоголь не почувствовал бы себя готовым на изображение русской действительности, исполненное такой глубины и истины». Быть предтечей Гоголя: — для Белинского это предельно щедрая оценка. Даже более щедрая, чем титул «энциклопедия русской жизни», дарованный Белинским тому же «Онегину».

Правда, Писарев резонно уличал эту энциклопедию в неполноте: что за энцикло¬педия без ужасов крепостного права, без государственной службы, устройства карьер и т.п. А что — разве не так? Пожалуй, с не меньшим основанием «Онегина» можно назвать «литературной энциклопедией», по выражению известного современного литературоведа Владимира Нови-кова, — столько там игры различными литератур¬ными стилями, столько шутливых и серь-езных перекличек с Байроном и Гомером, с Баратынским и Вяземским, с Горацием и Петраркой, с Жуковским и Кюхельбекером, с Шекспиром и Руссо, с Ломоносовым и Держа-виным, с Данте и Апулеем… Суровый Добролюбов, во всем соглашаясь с Белинским, подчеркивал еще и пушкинское «чувство меры» в изображении страстей — любопытно, кого он имел в виду — Скупого Рыцаря, Сальери или Сильвио? Или у него был какой-то другой Пушкин, как у Хлестакова — еще один «Юрий Милославский»? Но главное достоинство оставалось прежним: «Пушкин долго возбуждал негодование своей смелостью находить поэзию не в воображаемом идеале предмета, а в самом предмете, как он есть»…

Снова «верность», снова «предмет, как он есть»... Но я уже тогда додумался, что «нахо-дить» поэзию в предмете, как он есть, невозможно — потому что её там просто-напросто нет: она привносится в предметы влюбленным, ненавидящим, но так или иначе взволнованным взглядом наблюдателя. И дар поэта — это прежде всего дар переживать как потрясение то, что другим кажется будничным и пресным.

Можете назвать меня безнадежным романтиком, но я убежден, что всеми нашими чув-ствами, которые возвышают нас над буднями — чувством восхищения перед миром или даже чувством его трагической красоты, — мы обязаны каким-то поэтам, сумевшим впер¬вые испытать их и передать другим!

У Пушкина даже простой, казалось бы, перечень предметов самых заурядных ста¬новится пленительным:

Возок несется чрез ухабы.
Мелькают мимо будки, бабы,
Мальчишки, лавки, фонари,
Дворцы, сады, монастыри,
Бухарцы, сани, огороды,
Купцы, лачужки, мужики,

Бульвары, башни, казаки,
Аптеки, магазины моды,
Балконы, львы на воротах
И стаи галок на крестах.

Никакой «предмет, как он есть», не преображенный «магическим кристаллом» пушкин-ского гения, не прозвучавший в этих единственных в мире стихах, не вызовет лично у меня такой невольной улыбки счастья или умиления, с которыми читаешь у Пушкина о вещах, в действительности показавшихся бы весьма неприятными:

Служанок била осердясь —
Все это мужа не спросись.

В пушкинском мире мы с детским удовольствием готовы побывать даже в гостях у старой тетки, «четвертый год больной в чахотке»...
А смерть Ленского? Вот падает наземь убитый юноша:

Так медленно по скату гор,
На солнце искрами сверкая,
Спадает глыба снеговая.

Вот везут домой оледенелый труп:

Почуя мертвого, храпят
И бьются кони, пеной белой
Стальные мочат удила,
И полетели, как стрела.

«Кровь и горе разливаются по сюжету «Онегина», а мы ничего не замечаем. Пору¬ганные чувства, разбитые сердца, замужество без любви, безвременная смерть. Это — полноценная трагедия. Но ничего, кроме блаженной улыбки, не появляется при первых же звуках мажорной онегинской строфы» , — нет ли доли истины даже и в таком парадоксальном мнении двух видных критиков современного русского зарубежья? Может быть, вы поймете и тех молодых русских критиков и поэтов, которые в нищем эмигрантском Париже двадцатых годов упрекали Пушкина в излишней «мажорности», в том, что его поэзия «не верна действительности», ибо в ней нет блеклых красок, надтреснутых звуков, желчного безнадежного брюзжания, которые — как вы думаете? — тоже ведь имеют право быть отраженными в искусст¬ве... Отраженными, а не преображенными. Или отражения без преображения просто не бывает?
И как же все-таки быть с «удовлетворительными ответами» на

«тревожные, болезненные вопросы настоящего»? В частной переписке (это письмо от 6 апреля 1846 года Герцен включил в «Былое и думы») Белинский высказывался совсем резко: «У художественных натур ум уходит в талант, в творческую фантазию, потому в своих творениях как поэты они страшно, огромно умны; а как люди — ограниченны и чуть ли не глупы (Пушкин, Гоголь)». А ведь Белинский был поэтичнейшим человеком, пылко восхищавшимся пушкинским талантом! Но мучительные социальные вопросы времени так больно ранили его совесть, что пушкинский дар обращать в красоту серенькие будни представлялся ему чем-то второстепенным, «сегодня» не таким уж важным...

Страстный христианин Гоголь сетовал, что «все сочинения его — полный арсенал орудий поэта. Ступай туда, выбирай себе всяк по руке любое и выходи с ним на битву; но сам поэт на битву с ним не вышел». И это при том, что Гоголь боготворил Пушкина!

Но люди, овладевшие, как им кажется, каким-то высшим знанием, так часто поглядывают на художников свысока...

А.В. Луначарский, первый советский нарком просвещения и видный марксистский критик, с полным спокойствием допускал, что с высоты новой, социалистической культуры «дворянско-пушкинская вершина будет казаться лишь ступенью, лишь предгорьем. Но до тех пор мы будем смотреть на достигнутое Пушкиным словесное мастерство если не как на образец, потому что этот образец полностью уже не пригоден для более «взрослой» жизни, то как на нечто чрезвычайно высокое в смысле необыкновенных пропорций, необыкновенной соразмерности», — и т.д. и т.п. Снова «Пушкин будет превзойден», снова пресловутое «чувство меры», так бесившее Цветаеву:

Критик — ноя, нытик — вторя:
«Где же пушкинское (взрыд)
Чувство меры?» Чувство — моря
Позабыли — о гранит
Бьющегося? Тот, соленый
Пушкин — в роли лексикона?

Кажется, «серьезные люди», обладающие каждый раз новой, но всегда окончательной и бесспорной истиной, признавали мудрость Пушкина лишь тогда, когда требовалось его именем подкрепить свои схемы. В эпоху укрепившегося тоталитаризма выправленный Пушкин занял почетное место среди предтеч большевизма, в которые большевики стремились записать всех, кого не смогли уничтожить. Вот Малая советская энциклопедия 1939 года, восьмой том, открывающийся «парторгом» и завершающийся «революционным трибуналом»: «В творчестве Пушкина воплотились наиболее передовые идеи его времени — идеи вольнолюбия, равенства» — и т.д., и т.п. Скажите, что хуже: снисходительно похлопывать гения по плечу или, страшно обеднив, исказив его, объявить безупречным?

«Народные заступники» прошлого века именно за равнодушие к «идеям вольно¬любия и ра¬венства» десятилетиями корили Пушкина — зато на рубеже веков на сцену вышло новое литературное поколение, которое как раз за это же самое стало превозносить его. Поэт, прозаик и философ Дмитрий Мережковский в 1896 году восхищенно писал о Пушкине: «Современной культуре, основанной на власти черни, на демократическом понятии равенства и большинства голосов, противополагает он, как язычник, самовластную волю единого — творца или разрушителя, пророка или героя». А что, написал же Пушкин: зависеть от царя, зависеть от народа — не все ли нам равно? И в этом есть своя правда: мы уже убедились, как опасно безоглядно верить в то, что «большинство всегда право». Но совсем не обязательно прав и одиночка, который «для себя лишь» хочет воли…

Пушкин, по мнению Мережковского, «как враг черни, как рыцарь вечного духовного ари-стократизма, безупречнее и бесстрашнее Байрона. Подобно Гете, Пуш¬кин и здесь, как во всем, тверд, ясен и верен природе своей до конца:

> Молчи, бессмысленный народ,
> Поденщик, раб нужды, забот!
> Несносен мне твой ропот дерзкий,
> Ты червь земли, не сын небес;
> Тебе бы пользы всё — на вес
> Кумир ты ценишь Бельведерский.
> Ты пользы, пользы в нем не зришь.
> Но мрамор сей ведь — бог!.. так что же?
> Печной горшок тебе дороже:
> Ты пищу в нем себе варишь».

Но, по-моему, Пушкин никогда не становится окончательно на сторону какой-то одной правды: он откликается «на всякий звук». Не так уж трудно отыскать у него мотивы самого трогательного сочувствия к «рабам нужды». Он лишь не хочет, чтобы их заботы отменили иные потребности чело-веческого духа.

Но как же досталось Пушкину от Писарева за этот пресловутый печной горшок! «Ну, а ты, воз-вышенный кретин, ты, сын небес, ты в чем варишь себе пищу, в горшке или в Бельведерском кумире?.. Или, может быть, ты скажешь, что совсем не твое дело рассуждать о пище, и отошлешь нас за справками к твоему повару?» — снова гневное указание на социальное неравенство, за счет которого живет святое искусство. И что можно было возразить против этого? Нужно быть ханжой, чтобы спорить с тем, что человеку необходимо быть сытым. Но кем нужно быть, чтобы считать, что ему этого достаточно? В богатых, «сытых» странах чаще всего бывает гораздо больше самоубийц, алкоголиков, наркоманов, чем в бедных и отсталых, — значит, человеческая душа просит и еще чего-то, кроме сытости! И все же права «печного горшка» были столь неоспоримы, что я в свое время пропустил мимо ушей замечание Герцена: «Радуюсь, что псковский оброк дал возможность воспитать Пушкина».

Вдобавок, Писарев, «шестидесятник» прошлого века, был бы своим человеком для «шестидесятников» века нынешнего: превозносил естественные науки, способные преобразовать мир, призывал трудиться для общечеловеческой солидарности, намекая на растущее социалистическое учение. Был и лично готов на жертвы: провел четыре года в Петропавловской крепости, откуда вышел с расстроенным здоровьем, и в 1868 году утонул во время купания, не дожив до тридцати лет. Прямо злой рок какой-то: радетели за обиженный народ, за права «печного горшка», были пламенными, почти исступленными пророками, часто подкреплявшими свою проповедь еще и мученической судьбой, а защитники, условно выражаясь, «чистой красоты» то и дело впадали в пошловатое благодушествование. И потом — их так легко было заподозрить в корыстной защите собственных («дворянских») привилегий...

Один из вождей тогдашней «эстетической критики» А.В. Дружинин, умный, образованный человек, в ту пору пользовавшийся уважением молодого Толстого, основатель «Общества для пособия нуждающимся литераторам и ученым», совершенно справедливо превознося Пушкина, все-таки противопоставлял его Гоголю: «Против того сатирического направления, к которому привело нас неумеренное подражание Гоголю, поэзия Пушкина может служить лучшим орудием... Перед нами тот же быт, те же люди, но как это все глядит тихо, спокойно и радостно! Там, где прежде по сторонам дороги видны были одни серенькие поля и всякая дрянь в том же роде, мы любуемся на деревенские картины русской старины, на сохнущие и пестреющие долины, всей душой приветствуем первые дни весны или поэтическую ночь над рекою — ту ночь, в которую Татьяна посетила брошенный домик Евгения. Самая дорога, по которой едучи мы недавно мечтали только о толчках и напившемся Селифане, принимает не тот вид, и путь наш кажется не прежним утомительным путем. Неведомые равнины имеют в себе что-то фантастическое; луна невидимкою освещает летучий мрак, малые искры и небывалые версты бросаются в глаза ямщику, и поэтический полет жалобно поющих дорожных бесов начинает совершаться перед глазами поэта. Зима наступила; зима — сезон отмороженных носов и бедствий Акакия Акакиевича, но для нашего певца и для его читателей зима несет с собой прежние светлые картины, мысль о которых заставляет биться сердце наше. Мужичок «с триумфом несется по новому пути на дровнях; на красных лапках гусь тяжелый осторожно ступает на светлый лед собираясь плавать, и падает к своему полному изумлению. Буря мглою небо кроет, плача, как дитя, завывая зверем и колыхая солому на старой лачужке, но и в диком вое зимней бури с метелью таится своя упоительная поэзия. Счастлив тот, кто может отыскать эту поэзию, кто славит своим стихом зиму с осенью и в морозный день позднего октября сидит у огня, воображением скликая вокруг себя милых друзей своего сердца, верных лицейских товарищей и воздавая за их дружбу сладкими песнями, не помня зла в жизни, прославляя одно благо!»

Ничего не скажешь — все это действительно есть у Пушкина. Но уж очень благодушный, покладистый поэт рисуется Дружининым. Тот ли это Пушкин, который бросил жизни: «Дар напрасный, дар случайный» и который вопреки всему все-таки хотел жить, «чтоб мыслить и страдать»? Страдать! «Александр Сергеевич, — пишет Дружинин, — превосходя своих преемников поэзиею, превосходил их и силою души». Вот только не оттого ли он превосходил их силою души, что превосходил поэзией? Не в поэзии ли он черпал силу, с которой он соглашался смотреть жизни в лицо без содрогания «меж горестей, забот и треволненья»? Поэзия необходима угнетенным куда больше, чем угнетателям, — тем-то и без нее неплохо живется. Но когда мы «пьяны жизнью» (Л. Толстой), когда мы уверены в своем могуществе, в своем уме, которому твердо известно, где Добро, а где Зло, где Истина, а где Ложь, когда мы «точно знаем», каким путем следует идти человечеству, — когда, словом, нам известен «удовлетворительный ответ на тревожные, болезненные вопросы настоящего», тогда мы очень легко берем покровительственный тон по отношению к Пушкину.

Но когда схлынет ребяческая самонадеянность, когда поймешь, что никаких «единственно правильных» ответов не существует, что любой избранный путь несет как обретения, так и потери, что жизнь — это не борьба Добра со Злом, Истины с Ложью, а борьба противоречивых истин, каждая из которых по-своему справедлива и по-своему опасна, — тогда только с удивлением обнаружишь, что в любом из так называемых предрассудков Пушкина есть своя мудрость. Даже столько раз осмеянные «аристократические предрассудки» («к мертвым прадедам любовь») оказываются опорой «самостоянья человека», залогом его величия. Даже такой совсем уж явный предрассудок — склонность решать конфликты на дуэли — в мире Пушкина, как показал Я.Гордин в «Праве на поединок» (Л., 1989), оказывается правом человека быть самому судьей и защитником собственной чести. Когда, подобно «индийской заразе», нас одолевают экономические мудрости вроде «человек все делает из выгоды», «рынок всегда прав», — Пушкин напоминает: «не продается вдохновенье», «ты сам свой высший суд».

Александр МЕЛИХОВ. «Дай нам руку в непогоду...»

Когда начинаешь поддаваться лихорадочной страсти кинуться за счастьем в чу-жие края, — полезно иной раз услышать слова о любви к родному пепелищу и отеческим гробам, любви, составляющей не долг, а «пищу» для сердца:

Два чувства дивно близки нам,
В них обретает сердце пищу:
Любовь к родному пепелищу,
Любовь к отеческим гробам.

Впрочем, чтобы давать такие советы, не обязательно быть Пушкиным. В пору зрелости ума и усталости сердца требуется гораздо больше сил не на то, чтобы понять жизнь, а на то, чтобы ее принять, увидеть в ней смысл — пускай трагический — и красоту вместо бессмыслицы и безобразия. И тут нам не помогут никакие «единственно правильные» ответы, которых, впрочем, и быть не может. Скажите на милость, каким «единственно правильным» образом можно отнестись к утрате любимой женщины? Стихотворение «Заклинание» — это отчаянный призыв:

Приди, как дальная звезда,
Как легкий звук иль дуновенье,
Иль как ужасное виденье,
Мне все равно, сюда! сюда!...

«Для берегов отчизны дальной...» — надежда на встречу за гробом:

Твоя краса, твои страданья
Исчезли в урне гробовой —
А с ними поцелуй свиданья...
Но жду его; он за тобой...

«Прощание» — мужественная сдержанность:

Прими же, дальная подруга,
Прощанье сердца моего,
Как овдовевшая супруга,
Как друг, обнявший молча друга
Пред заточением его.

«Под небом голубым страны своей родной...» — усталое безразличие:

Но недоступная черта меж нами есть.
Напрасно чувство возбуждал я:
Из равнодушных уст я слышал смерти весть,
И равнодушно ей внимал я.

У кого повернется язык сказать, что одно из этих чувств «более правильное», чем ос-тальные, что какой-то ответ здесь будет «самым удовлетворительным»? Однако в «полном арсенале орудий поэта» мы каждый раз находим то, что придает нашим переживаниям значительность и красоту, которых нам не даст ни пламенный фанатик Белинский, ни скучноватый догматик Луначарский.

«Сфинкс спросил его: как можно, глядя на жизнь, верить в правду и добро? Пушкин ответил ему: да, можно, и насмешливое и страшное чудовище ушло с дороги. И в этом муже-стве перед жизнью — назначение поэта», — писал выдающийся мыслитель XX века Лев Шестов. Можно ли после этого сказать, что не вышел на битву поэт, который, глядя в лицо бессмыслице и уродствам жизни, сумел обратить их в осмысленную красоту? О какой еще битве вы говорите? О сладкой участи оспоривать налоги? Да чтобы заниматься этим всласть, необходимо прежде всего желание просто жить!

Вглядываясь в житейскую сторону пушкинской судьбы, видишь, сколько в ней бедности, тщетных трудов, унижений, обманов, обид, закончившихся мученической смертью, — и какой урок всем нам, какое доказательство всемогущества искусства, что Пушкин сумел превратить ее чуть ли не в сладостную легенду!

...Слово «Пушкин»
стихами обрастает, как плющом,
и муза повторяет имена,
вокруг него бряцающие: Дельвиг,
Данзас, Дантес, — и сладостно-звучна
вся жизнь его — от Делии лицейской
до выстрела в морозный день дуэли.

(Обратите внимание на аллитерации — на переклички звуков «д», «л», «н», «ц», «з»...)

Эти стихи изумительный прозаик Владимир Набоков, которого столько раз называли «холодным», написал и от нашего имени. Только мы не помним и не задумываемся, какой ценой оплачен этот плющ. Когда нам весело и светло, мы готовы в детской резвости сбрасы-вать Пушкина с корабля современности или упрятывать в музей на почетное прозябание. А кто-то стремится уничтожить его еще непоправимее, превратив в предмет принудительного обожания:

Александр МЕЛИХОВ. «Дай нам руку в непогоду...»

Уши лопнули от вопля:
«Перед Пушкиным во фрунт».
(М. Цветаева)

Это перед Пушкиным, который не терпел напыщенности, который называл свои осенние вдохновения временем «случки с музою»! «Пушкин в роли монумента» способен вызвать даже неприязнь. Но когда нам становится холодно и страшно, мы, словно только что каприз-ничавший ребенок — к маме, кидаемся к нему, понимая наконец Александра Блока: «Дай нам руку в непогоду, помоги в немой борьбе!» Не знаний, не «удовлетворительных ответов», которых нет и быть не может (что сегодня осталось от теорий Белинского и Луначарского!), а помощи мы просим у него, и он не держит обиды — он готов снова и снова наполнять нашу жизнь смыслом и красотой. А более «животрепещущего интереса» у нас нет и не бу-дет.

Вера ЗУБАРЕВА. «Пиковая дама»: ловкость рук или проделки старухи?

«Пиковую даму» обычно трактуют как повесть, написанную в жанре мистики. Это, однако, не соответствует литературной ситуации 1830-х гг., когда готический жанр уже не воспринимался всерьёз. В том была немалая заслуга Антония Погорельского, выпустившего в 1828 г. книгу «Двойник», в которой он не только приводит готические сюжеты от лица своего писателя, но и даёт им реалистическую трактовку от лица Двойника писателя. Каждая трактовка ставит под вопрос реальность описываемых мистических событий, и приводится ряд доказательств по их развенчанию. Один из рассказов, публиковавшийся ещё до выхода в свет этой книги, восхитил Пушкина, и с открытием «Литературной газеты» Погорельский становится её почётным автором. Так что Пушкин вряд ли принялся бы за жанр, к которому изначально относился скептически и выступал в прессе с ироническими заметками по этому поводу.

Имя Погорельского упоминается Пушкиным в «Гробовщике». И не случайно. Пушкин как бы намекает на то, что «Гробовщик» должен быть проанализирован с позиций метода Погорельского, базирующегося на усиленном внимании к психологии героя, а не на вмешательстве запредельных сил. Четыре года спустя выходит «Пиковая дама», внешне походящая на готическую повесть.

Первый вопрос, возникающий в этой связи: как мог Томский в кругу картежников поведать то, что потенциально ставило под угрозу его бабушку? Неужели он и впрямь не понимал природу страстей, владеющих игроками? Верится с трудом. Возможно, Томский хотел пошутить. Но это все равно, что пошутить в кругу искателей кладов о том, что в сейфе у кого-то из родных хранится карта острова сокровищ. В противном случае у Томского была скрытая цель, и рассказ должен был раззадорить игроков. Попытаемся в этом разобраться.

Сообщение о женитьбе Томского становится завершающим аккордом в повести. И это настораживает, поскольку происходит смещение фокуса с ведущей пары «Герман и Лиза» на Томского и Полину. Куда естественнее было бы поставить точку на судьбе Лизы и Германна. Пушкин же решает по-другому. Почему? Может быть, история вовсе не о Германне, а о том, как Томский пытался раздобыть денег? Похоже, азартного, но не играющего пока Германна хотели «раскрутить», учитывая, что он является обладателем «маленького капитала», доставшегося ему от отца, притом капитала нетронутого, включая и проценты, которых «Германн не касался». О какой сумме может идти речь? Судя по тому, что Германн сразу поставил на карту у Чекалинского, она составляет не менее 47 тысяч рублей. Он удваивает эту сумму во второй день. Недавно, читая историю династии купцов

Прохоровых, я наткнулась на рассказ о том, что «когда сыновья выросли, то с общего согласия 20 апреля 1824 года Екатерина Прохорова произвела "полюбовный» раздел и выделила им неравные доли из семейного капитала – от 47 тысяч до 91 тысячи рублей». Стало быть, 47 тысяч, которыми обладал Германн, были немалой суммой.

Пушкин был в гуще не только литературного, но и картежного мира, которые пересекались в часы досуга. Он знал эту кухню изнутри со всеми ее нюансами, и они не могли не отразиться в повести.

В статье Евгения Вышенкова, опубликованной в «Фонтанке» – Петербургской интернет-газете – приводится интервью с крупнейшим ленинградским шулером по кличке Бегемот, который утверждает, что Германн в «Пиковой даме» «погорел на скрупулезно отработанном шулерском приеме, именовавшемся в Ленинграде "качалка"» [Вышенков]. Бегемот свидетельствует:

Постановка Пушкина нами исполнялась. Научился ей в Харькове в конце 50-х, когда там гастролировал столичный шулер эпического дарования Боря Альперович. Так что парни нашей масти «Пиковую даму» никогда до дыр не зачитывали. Дело в повести начинается в покоях Нарумова. То есть на дворянском катране. Туда постоянно заглядывает немец Герман. Он никогда не играет, но «смотрит до пяти часов», а не ведется. В то же время признается, что игра занимает его сильно. Таких называли дармовыми, то есть наивными. А так как Герман жил на жалованье военного инженера, то и «безвоздушными», то есть безденежными. Герман щеголял бережливостью. Так что игровые вначале подсуетились и прознали, что за душой у него имеется в наследстве имение (здесь неточность. – В. З.). С этого момента и начинается классическое исполнение старинной разводки, где кульминацией является технический трюк – «качалка». Томский, как бы случайно, начинает рассказ о своей бабушке Сперва Герман сомневается. Тогда хозяин заведения Нарумов, который не может быть не в курсе всех лукавых делишек на своей территории, а именно с них он фактически и живет, подталкивает в беседе Томского, и тот все же добивает, что бабуля секрет редко, но раскрывает [Вышенков].

Итак, расклад видится следующим. Инициатором разговора является Нарумов. Повесть начинается с его подначивания Сурина, проигравшегося «по обыкновению»:

— Что ты сделал, Сурин? — спросил хозяин.
— Проиграл, по обыкновению. Надобно признаться, что я несчастлив: играю мирандолем, никогда не горячусь, ничем меня с толку не собьешь, а все проигрываюсь!
— И ты ни разу не соблазнился? ни разу не поставил на руте?..

Твердость твоя для меня удивительна.

Тут же к нему подключается один из гостей, переводя как бы невзначай разговор на Германна: «А каков Германн! — сказал один из гостей, указывая на молодого инженера». И с этого момента все внимание переходит на инженера. Все это в соответствии со схемой «разводки», в которой участвуют, как правило, несколько человек.

Рассказ о трех картах сыграл роковую роль в жизни Германа, закончившего в «17-м нумере» Обуховской больницы. Появление призрака – ключевой момент в повести, позволяющий трактовать «Пиковую даму» как разновидность готического жанра. Правда, насчет призрака нельзя быть в полной уверенности. «Вы не знаете, как решить: вышло ли это видение из природы Германна или действительно он один из тех, которые соприкоснулись с другим миром, злых и враждебных человечеству духов», – пишет Достоевский в письме к Ю. Абаза 15 июня 1880 года [Достоевский 1988: 192]. То, что Германн в этот день напился «против обыкновения своего» и «крепко уснул», «не раздеваясь», дает основания литературоведам говорить о том, что «все это только показалось Германну» [Виноградов 1941: 597]. Однако из текста это не явствует. Во-первых, Пушкин уточняет, что Германн уснул «крепким сном», то есть сном, который дал ему возможность проспаться. Крепкий сон – это «наступающее через определенные промежутки времени физиологическое состояние покоя и отдыха, при котором почти полностью прекращается работа сознания, снижается реакция на внешние раздражения» [Энциклопедический словарь. 2009]. Пушкин всячески подчеркивает, что в момент пробуждения Германн не был пьян и действовал как протрезвевший человек. Он смотрит на часы, чтобы понять, который час. Он четко видит циферблат и отмечает, что уже «без четверти три». К этому времени «сон у него прошел», и он садится на кровать, думая о похоронах старой графини. Более того, он боковым зрением замечает, что делается за окном. В конце он записывает свое видение, что свидетельствует о состоянии, позволяющем связно излагать мысли на бумаге. Ни в одной сцене Пушкин не давал такой определенности в описании состояния своего героя, настойчиво показывая, что тот не грезит.

Германн подмечает все детали, которые не путаются и не размываются, как это происходит в уме человека непроспавшегося. Он увидел, как «кто-то с улицы взглянул к нему в окошко, – и тотчас отошел», а «чрез минуту услышал что отпирали дверь в передней комнате». Здесь хочется обратить внимание на глагол «отпирать», употребленный во множественном числе, словно отпирающих было несколько. Множественное число настраивает именно на посетителей, а не на посетителя. Впечатление, что «визитеров» было несколько. Во-первых, в комнату вошла старуха, а посмотревший при прощании в окно старухой не был. В противном случае Пушкин написал бы во второй раз, что, уходя, «старуха посмотрела в окно». Ведь после посещения графини Германн уж точно бы узнал ее в окне. Во-вторых, пока отпирали дверь, Германн «думал, что денщик его, пьяный по своему обыкновению, возвращался с ночной прогулки». Это означает, что (1) дверь отперли не сразу, с ней немного повозились в темноте, как может возиться незнакомец или не совсем трезвый человек, и (2) старуха (и тем более призрак) не могла по-мужски возиться с замком. Женская рука озвучила бы это по-другому (а призрачная – и вовсе иначе). Может быть, помощником был тот, кто заглядывал в окно, а может, к ним присоединился кто-то еще… Но в любом случае было не меньше двух.

Шаркающая походка заставила изменить предположение Германа о денщике, но, завидев женскую фигуру, он принял ее за свою кормилицу. Ему и в голову не пришло, что перед ним призрак. И не мудрено! Он ведь рассудочный человек, а появление незнакомца сопровождалось физическими, а не мистическими признаками. Кроме того, веря, «что мертвая графиня могла иметь вредное влияние на его жизнь», он явился на похороны и «испросил» у нее прощения, лежа несколько минут на холодном полу. Это должно было быть для него, верящего в правило, залогом того, что графиня оставит его в покое. Интересно, что заговорил призрак с Германном не призрачным, а каким-то странным «твердым голосом». Да не мужским ли?

Все это напоминает инсценировку или, в терминах Бегемота «классическое исполнение старинной разводки, где кульминацией является технический трюк – "качалка"» [Вышенков]. Карты, названные призраком, имеют мало общего с мистикой. Тройка, семерка и туз – это очко в блэкджеке, то есть выигрышная комбинация. Звучит как шутка для того, кто это понял. Заключительные сцены у Чекалинского ведут к осуществлению этого шулерского трюка. Нужно сказать, что шулерство в последних сценах отмечается литературоведами. Виноградов утверждает: «Самый выбор пиковой дамы как стержня карточной игры и связанной с ней драмы должен еще более отстранить подозрение о порошковых картах». [Виноградов 1980: 186]. Но ведь есть же еще множество других приемов в шулерском мире!

У Чекалинского разворачивается представление с тремя картами. Судя по всему, этот «славный» малый, не разорившийся, как многие, а напротив, наживший состояние на игре, довольно ловок (его фамилия созвучна глаголу «чеканить» и иронически ассоциируется с монетами). Не перестаешь удивляться, насколько фортуна должна была быть благосклонна к нему, чтобы позволить выиграть (а не проиграть!) такое количество векселей. Иными словами, дом для начинающего Германна вполне подходящий. Все остальное – дело техники. Куда сложнее было разыграть комбинацию с призраком. Тут и загримироваться нужно, хоть все происходило при свете луны, а не лампы, и одежду подобрать, и походку то шаркающую, то скользящую отрепетировать. Но одежды в гардеробе у графини было предостаточно и грима тоже. Вспомним хотя бы сцену переодевания, когда от графини буквально отклеивали все то, на чем держался ее светский образ: «Отковоли с нее чепец, украшенный розами; сняли напудренный парик с ее седой и плотно остриженной головы. Булавки дождем сыпались около нее». Добавим к этому налепные мушки, о которых упоминал в рассказе Томский, румяна «по стариной моде», и картина «собирания» образа графини становится вполне зримой. Добавим, что прием переодевания вообще свойствен пушкинским сюжетам. Он присутствует и в «Барышне-крестьянке», и в «Дубровском», ну и, конечно же, в «Домике в Коломне».

Возвращаясь к финальной сцене с превращением туза в пиковую даму, интересно будет услышать мнение профессионала – все того же Бегемота. Как свойственно человеку нелитературному, он неточен в воспроизведении деталей пушкинского текста, но свое дело знает досконально. У Пушкина финальная часть начинается с того, что Германн в сопровождении Нарумова проходит «ряд великолепных комнат, наполненных учтивыми официантами». Бегемот поясняет это описание так:

Жертва нацелена на бой, считает, что против нее один противник, а на самом деле вокруг театр, начиная с официанта, заканчивая банкометом. Каждый знает, что и в какой момент исполнить. Каждый вовремя ловит нужный «маяк» – сигнал от товарища. Но самое важное в повести именно то, что Герман сам шельмует. Он же понимает, что будет играть криво. Карты-то вроде колдовские. Это и есть высший пилотаж, когда шулер выступает в роли тушки-Чекалинского, а Герман в роли мошенника. ...Первые два раза Герман играет в толпе – вокруг другие игроки. Мы их называем «шпульники» – те, кто тайком играют против новичка. У Пушкина они важны, так как надо было дважды проиграть – таков план. Шпульники тут играли скопом за него. Каждый разрывает свою новую колоду. Что будет ставить Герман, все знают. У Чекалинского колода заряжена, ему сделали сменку – быстро сунули заранее заготовленную колоду – в ней все карты сложены в нужном идеальном порядке. Это называется «чос», при котором «тройка», а потом «семерка» проигрывают. ... Перед самой игрой в штос дают снять – разрезать колоду. Стопка карт лежит на столе (это только дилетанты с руки снимают), вы снимаете часть листов и кладете рядом. После чего на вашу часть колоды нужно положить нижнюю. А делается наоборот. То есть, так, как будто вы и не срезали. Этот «вольт» – трюк и называется он – «качалка». Одной рукой, за треть секунды. Проиграть два раза Чекалинскому было важно. Во-первых, жертву затягиваешь по уши, и он поглощен всеми низменными своими вожделениями, а игра при этом с понтом честная, боевая. Во-вторых, для прочего мира – все правдиво, никто же не предъявит, что тебе с третьего раза подфартило. А в-третьих, это как реклама удали и риска. Фундамент мифологии. В третьем заезде руки Чекалинского тряслись. Конечно, и у меня бы затряслись. Вроде все продумано, а на кону убийственный куш. Третий день у Чекалинского «прочие игроки не поставили своих карт», то есть шпилили один на один. Чтобы точно все было. У автора «это было похоже на поединок». Не похоже это. При таком раскладе, как я комментирую, это чистый отъем. Не колода была у Чекалинского, а петля для Германа. Дальше вы знаете: «Ваша дама бита» [Вышенков].

Вот такой расклад дает Бегемот, по памяти цитируя классика. Поскольку из нас двоих профессионал он, мне приходится лишь комментировать пушкинский текст. «Что будет ставить Герман, все знают», – говорит Бегемот. Он не говорит, почему все это знают. Так ему диктует его шулерская интуиция, и это имеет смысл, поскольку даже если Германн и не поделился с другом тайной карт, то инсценировка с призраком уже предполагала знание шулеров того, на какие карты будет ставить бедолага. В последней сцене игры нельзя сказать наверняка, на какую карту поставил Германн в действительности. Известно лишь, что он собирался поставить на туз. Поначалу Германн уверен, что он сделал именно так, но в конце он видит вместо туза даму. Как подобная трансформация могла произойти? Перечитаем эту сцену шаг за шагом: «Каждый распечатал колоду карт». Как подготавливаются колоды в подобных случаях, мы уже осведомлены. «Чекалинский стасовал» – как тасуют шулера, нам тоже известно. «Германн снял» – как «лох» снимает карту, нам пояснили выше – «и поставил свою карту, покрыв ее кипой банковых билетов».

Иллюзион начался. И Германн, и читатель полагают, что он поставил на одну карту, а из-под кипы ассигнаций Герман вытаскивает другую. Коли мистика не вмешалась, то что же произошло? Шанс принять картинку с дамой за картинку с тузом, будучи в трезвом уме, близок к нулю. Можно спутать даму с королем или даму с валетом, но спутать даму с тузом практически невозможно – графика этих карт подчеркнуто разная. Бегемот, высказывает следующее любопытное предположение: «Дальше вы знаете: "Ваша дама бита". В действительности тогда Чекалинский произнес: "Ваш туз бит." Но тогда бы Пушкин описал бы картежную историю, каких были с тысячу».

Почему Бегемот убежден, что «в действительности» Чекалинский должен был произнести: «Ваш туз бит»? Очень просто. Если следовать классической «качалке», то в третий раз «чос» будет направлен на то, чтобы туз проиграл. Однако схема «качалки» частично изменена Пушкиным. С точки зрения гипотезы шулерства речь идет о дополнительном трюке, позволяющем совершить подмену карты.

Трюк этот старинный, знакомый любому шулеру. Он называется «картохранитель» и состоит в следующем: «Картохранитель — один из шулерских приемов, представляющий собой приспособление с лишней картой. Суть картохранителя состоит в том, что в определенный момент карта выбрасывается из рукава или втягивается в него при помощи движения коленом» [Деньги…]. Дело несомненно рискованное. Поэтому Чекалинский бледен. Бледность не разыграешь, в отличие от дрожания рук. Но главное – что в случае провала теряешь. Дом Чекалинского известен хорошей репутацией, туда приходят очень богатые клиенты. Любой скандал повлек бы за собой конец бизнеса. А скандал бы непременно разразился. Германн – «лох», он взбунтуется, если гарантированная карта не сыграет. Ведь он убежден, что играет наверняка – он уже дважды это проверил! Единственный вывод, который Германн может сделать в случае проигрыша, это то, что его обжульничали. Не забудем и про темперамент Германна, вторгшегося в покои графини и угрожавшего ей пистолетом. Для хозяина игорного заведения это был бы конец. Сразу же потребовали бы проверки, раскрыли «чос», обнаружили бы много чего занятного, и на этом карьера Чекалинского бы закончилась. Выходом в данном конкретном случае было заставить «лоха» поверить в то, что он сам виноват в проигрыше.

Три типа карточной игры – вист, «фараон» и «наполеон» – включены не только в сюжет, но и в подтекст «Пиковой дамы». В литературоведении общепринятой является точка зрения о том, что фараон моделирует в повести «столкновение с силой мощной и иррациональной, зачастую осмысляемой как демоническая» [Лотман 1992, 400]. «Ситуация поединка» – это и есть то, что придаёт динамику и зрелищность игре, что приравнивает её к триллеру, возбуждая зрителя и участников. Внешне сюжетная канва «Пиковой дамы» соответствует этим метафорам, исчерпывающе раскрытым в трудах литературоведов.

Другая игра – это вист. Она остаётся в тени, и ей не придаётся особого значения, хотя именно она могла бы пролить свет на технику, которой Пушкин пользуется при написании повести. Имеется в виду не прямое и банальное приложение правил игры в вист к происходящему в «Пиковой даме», а метод, сказавшийся на построении художественного целого. Итак, повесть включает в себя план, открытый глазу любого и вовлекающий его в «ситуацию поединка» с судьбой и случаем, как это происходит в «фараоне», и план скрытый, тайный, обозначенный метафорой виста.

В вист, считавшийся наиболее сложной, интеллектуальной игрой в России 19 века, играют в доме у Чекалинского «несколько генералов и тайных советников» (С. VI, 235). В отличие от популярного и зрелищного «фараона», ставшего центром всеобщего внимания, вист скрыт от публики, и ему в повести сопутствует эпитет «тайный», относящийся к тайным советникам. Но даже и они на какое-то время отрываются от виста, «чтоб видеть игру, столь необыкновенную» (С. VI, 236). По этой модели Пушкин выстраивает повесть, разыгрывая и «вист», и «фараона», и при этом выдвигая ситуацию «фараона» на первый план. «Фараон» усиливает ощущение мистики, тогда как вист, связанный с расчётом и запоминанием карт, относится к интеллектуальной сфере. Это лишь на первый взгляд ситуация «фараона», где «моделируется конфликт двух противников» [Лотман 1992, 400]. На поверку же это как раз ситуация виста. Пушкин строит повествование по этому типу – какие-то карты открыты читателю и героям, а остальное должно быть замечено и проанализировано. Одно из коренных отличий виста от «фараона» состоит в том, «что вист, который еще у Страхова числится как игра "в службе степенных и солидных людей", — не средство быстрого и немотивированного обогащения» [Лотман 1992, 406].

В плане литературном, если «фараон» сравним с занимательной литературой, то вист соответствует большой литературе, где многое скрыто от глаз простого читателя. Уже само название игры (whist) означает «спокойный», «молчаливый», «внимательный». Партнёры в вист не имеют права переговариваться или обмениваться какими-либо репликами относительно карт, кроме тех, которые предусмотрены в правилах. Взятки кладутся лицом вниз, так что запоминать карты следует сразу же. Перед следующей взяткой разрешается посмотреть на карты только предыдущей взятки. Всё это создаёт внутреннее напряжение и внутренний сюжет игры. Введя вист в повесть, где на первом плане царит фараон, Пушкин словно совмещает эти два стиля и в повествовании, умея, не снижая качества, потрафить и массовому читателю, от спроса которого зависит издательское дело.

Говоря о приложении некоторых идей виста к сюжету «Пиковой дамы», можно предположить, что «в задних комнатах» повествования (т.е. на уровне подтекста) герои играют в свой «вист». На балу это вист втроём: Томский с княжной Полиной играют против Германна с Лизой. При этом Германн реально не присутствует – упоминается лишь его имя как «напарника» Лизы. Это ситуация карточного «болвана» или виста втроём, когда участие принимают три игрока, а место четвёртого занимает «болван» – то есть подразумеваемый четвёртый игрок. Его карты открыты. Всё остальное происходит по правилам стандартного виста. В этом смысле, карты Германна также частично открыты. Так, Лизе кое-что известно о Германне из его писем, а намёки и предостережения Томского свидетельствуют о том, что он тоже в курсе развивающихся отношений Лизы и Германна.

Ещё одна особенность стандартного виста, т.е. виста вчетвером – два партнёра располагаются друг напротив друга; партнёры меняются и партнёрство устанавливается по жребию. Ситуация обмена партнёрами и жребия обыгрывается в сцене, где Томский танцует с Лизой, а княжна

Полина кокетничает с кем-то, чьё имя не называется (этот анонимный герой тоже своего рода «болван»). По окончании мазурки Томский оказывается в паре с княжной, но не по своей воле, а вытягивая жребий:

Подошедшие к ним три дамы с вопросами — oubli ou regret? — прервали разговор, который становился мучительно любопытен для Лизаветы Ивановны.

В комментариях читаем: «Oubli ou regret? — Предлагающие этот вопрос дамы заранее уславливались, какое слово принадлежит какой даме. Кавалер, выбравший слово, должен был танцевать с дамой, которой принадлежало выбранное слово» (С. VI, 530). Томский, только что беседовавший о Германне с Лизой, теперь оказывается в паре с княжной, а Лиза остаётся со своими думами о Германне, т.е. с его картой или «болваном». Интересно, что «партнёрство» Томского и княжны выражено и в их именах, близость которых проступает при сопоставлении французского варианта имени Томского и русского варианта имени княжны: Paul (так называет своего внука графиня) и Полина. «Неслышный» диалог Полины и Томского во время мазурки – так же одно из проявлений «молчаливого» виста, его метафора.

В этом висте все взятки вращаются вокруг графини и сведений, относящих к ней. Германн нуждается в графине как источнике информации. Цели Томского неясны и полностью гипотетичны. Если он ждёт наследства, чтобы жениться на княжне, то его внутреннее отношение к богатой бабке может быть описано пушкинским «когда же чёрт возьмёт тебя?». Но на злодея он не тянет. Он не способен убить во имя достижения своей цели. Однако он способен на интригу, которую и затевает рассказом о графине в кругу азартных игроков. Он явно что-то имеет в виду, пытаясь убедить присутствующих в том, что история – чистая правда. В дальнейшем мы узнаём о его любви к Полине, и серьёзность этих чувств находит подтверждение в конце, когда он женится на ней. Тот факт, что женитьба происходит лишь после смерти графини, явно оставившей завещание внуку, наводит на размышления о типе препятствий, бывший на пути к женитьбе. Для Лизы же замужество означало бы освобождение от графини путём брака.

В висте, в зависимости от того, какой ход делает партнёр или противник, строится гипотеза о том, что у кого на руках. Правила – это опосредованный язык общения между партнёрами, когда информация добывается путём анализа ходов и счёта. Подобный принцип общения наблюдается и в «Пиковой даме», где не ставятся прямые вопросы и не даются прямые ответы. Всё, что происходит, имеет двоякий смысл.

Сам Германн хоть и сравнивается с Наполеоном, но ему явно далеко до гениального стратега, на которого он якобы смахивает в профиль. Сравнение Германна с Наполеоном обычно трактуется как историческая аллюзия. Однако возможна и другая ассоциация. «В самом заглавии "Пиковая дама" слиты три предметно-смысловых сферы, три плана сюжетного движения. В общей речи "пиковая дама" — название, термин карты. Следовательно, это имя влечет непосредственно за собой ситуацию карточной игры», – пишет В. В. Виноградов [Виноградов 1980, 176]. Аналогично, и имя Наполеона в контексте картёжной атмосферы может, помимо исторической, относиться ещё и к сфере игры. Имеется в виду игра «наполеон» или «клад Наполеона», весьма популярная в 19-м и начале 20-го века. Она довольно простая, её правила легко запоминаются, и она не требует интеллектуальных затрат и знания других игр. В центре стола ставится коробка с деньгами, которая и называется «клад Наполеона». Он достаётся тому, кто помимо объявленных 5 взяток, заявит ещё, что идёт на «Наполеона». Сделать это он может только в случае, если у него есть 5 верных взяток. Иначе он должен будет внести в кассу ту сумму, которая там имеется в наличии.

По аналогии, Германн отправляется за «кладом», имея лишь три «взятки»: (1) в лице Лизы, благодаря которой он попадает в дом; (2) графини, смерть которой служит появлению призрака; и (3) трёх желанных карт. У Германна нет верных 5 «взяток» на момент взятия «клада», и он уже заранее обречён на провал.

Напоследок вернемся к классику, его собственному опыту общения с картежниками – шулерами высокого класса и отнюдь не низкого происхождения. Приведу полностью цитату из книги Р. Скрынникова, основанную на документальных фактах биографии Пушкина: «После 1829–1830 гг. Пушкин чрезвычайно сблизился с П. В. Нащокиным, одним из самых известных московских карточных игроков. В полицейском списке картежников за 1829 г. на первом месте фигурировал граф Ф. Толстой-«Американец», 22 месте – Нащокин, игрок и буян». Описывая быт Нащокина, Александр Сергеевич писал в 1831 г.: «С утра до вечера у него разные народы: игроки, отставные гусары, студенты, стряпчие, цыганы, шпионы, особенно заимодавцы»; «…как можно жить, окруженным такою сволочью?». Играя с подобной публикой, Пушкин постоянно оставался в проигрыше. За карточным столом плутовали не только профессиональные игроки, но и люди из высшего общества. Нащокин описал эпизод, имевший место в 1835 г. Поэт явился к троюродному дяде, князю Н. Н. Оболенскому с просьбой занять денег. Князь денег не дал, но предложил играть пополам. Пушкин принял вызов, рискуя наделать новые долги. Оболенский выиграл много денег. Когда проигравший ушел, Оболенский стал отсчитывать половину денег племяннику, сказавши: «Каково! Ты не заметил, ведь я играл наверное!» Поэт пришел в ярость и, бросив деньги, в которых крайне нуждался, пулею вылетел из квартиры [Скрынников: 8].

Тому же Нащокину (не по аналогии ли с этой фамилией сделана фамилия «Нарумов»? Не только приставка «на», но и ассоциация со щеками – «румянец», «нарумяненный» налицо) Пушкин якобы сам читал свою «Пиковую даму», о чем Нащокин рассказывал П. Бартеневу, пытаясь убедить его в том, что «главная завязка повести не вымышлена» и что внук графини Голицыной «рассказывал Пушкину, что раз он проигрался и пришел к бабке просить денег. Денег она ему не дала, а сказала три карты, назначенные ей в Париже Сен-Жерменом. "Попробуй", — сказала бабушка. Внучек поставил карты и отыгрался» [Рассказы... 46].

Но эту легенду мы уже слышали от Томского... Интересно, сколько после этого рассказа игроков побывало в «17-м нумере» Обуховской больницы?

Печатается с сокращениями и добавлениями по первоначальному варианту, опубликованному в «Вопросах литературы (см. «Пиковая дама»: вист против фараона. // Вопросы литературы, № 3, 2017)

Литература

Виноградов В. В. Стиль Пушкина. М.: Гослитиздат, 1941.
Виноградов В. В. Избранные труды. О языке художественной прозы. М.: Наука, 1980.

Вышенков Евгений. «Пушкин играл в любую игру» // Фонтанка. Петербургская интернет-газета. 2012. 6 июня. URL: http://www.fontanka.ru/2012/06/04/149/
Деньги ваши будут наши // Коммерсант.ru. «Настоящая игра». Приложение № 2. 2007. 27 июня. URL: http://kommersant.ru/doc/778149.
Достоевский Ф. М. Полн. собр. соч. в 30 тт. Т. 30. Кн. 1. Л.: Наука, 1988.
Пушкин А. С. Полн. собр. соч. в 10 тт. Т. 6. Л.: Наука, 1978.
Рассказы о Пушкине, записанные со слов его друзей П. И. Бартеневым в 1851–1860 годах / Вступ. ст. и примеч. М. Цявловского. М.: Изд. М. и С. Сабашниковых, 1925.
Скрынников Р. Г. Пушкин. Тайна гибели. СПб.: ИД «Нева», 2006.
Сон // Большой толковый словарь русского языка / Гл. ред. С. А. Кузнецов. СПб.: Норинт, 1998. URL: http://www.gramota.ru/slovari/dic/?game=x&all=x&word=

Виктор ЕСИПОВ «Швейцар запер двери...»
(К теме фантастического в «Пиковой даме»)

Проблема фантастического всегда привлекала повышенное внимание исследователей пушкинской повести, и не случайно. В ней присутствует чуть ли не весь джентльменский набор ситуаций, присущих фантастической повести пушкинского времени. Как отмечала в своей давней работе на эту тему О. С. Муравьева, в «Пиковой даме» «обнаруживаются, если не все, то очень многие фантастические мотивы: связь азартной игры со сферой "сверхъестественного", тайна, передаваемая из поколения в поколение, магические карты, суеверия, роковые предчувствия, наконец, привидение, без которого не обходилась почти ни одна фантастическая повесть» .

При этом все проявления сверхъестественного даются в повести таким образом, что им можно найти и вполне естественные объяснения. Например, прищуривание мертвой графини во время отпевания в церкви можно объяснить расстройством сознания Германна, так же, как и появление привидения графини ночью в его комнате. То же можно сказать и о карточном поединке Германна с Чекалинским: Германн напряжен, взвинчен, недаром он «обдергивается», открывая не ту карту. Вполне естественно предположить, что и здесь ему просто показалось, что дама, открывшаяся вместо туза, «прищуривает» одним глазом. Недаром в эпилоге повествования мы узнаем, что Германн содержится в сумасшедшем доме.

Короче говоря, любому проявлению сверхъестественного в «Пиковой даме» у не верящего в чудеса читателя всегда находится логическое объяснение, исключающее иррациональную природу явления или поступка, — такова принципиальная творческая установка Пушкина.

Но в появившихся в нулевые и десятые годы нынешнего века исследованиях повести встречаются такие наблюдения над пушкинским текстом, в которых проявления сверхъестественного уже как будто бы не могут быть дезавуированы никакими логическими рассуждениями. А тем самым нарушается принцип двойственного отношения к таким проявлениям, принятый автором в «Пиковой даме».

С. Г. Бочаров назвал вновь выявленные случаи «внутренней, неявной фантастичностью» .

Речь, в частности, идет о том месте главы третьей повести, где Германн следит за домом графини, готовясь к свиданию с Лизаветой Ивановной. Он видит, как графиня уезжает на бал, швейцар запирает за ней двери, горничные гасят свет в комнатах. Казалось бы, в этом описании нет ничего особенного, кроме слов «запер двери».

Здесь-то и вся загвоздка.

Некоторые современные комментаторы, например, Л. Магазанник, воспринимают это описание в фантастическом ключе:

«"Швейцар запер двери. Окна померкли" — после чего через несколько строк он (Германн. — В.Е.) ступил на крыльцо и взошел в освещенные сени. То есть, если связать все звенья в тексте, он прошел через запертую дверь...».

При всем уважении к известному литературоведу тут мы не можем с ним согласиться. Все дело в значении слова «запереть», принятом в пушкинское время. Оно несколько отличается от современного. А именно: слово «запереть» означало не только запереть ключом, но и просто затворить, закрыть двери. Такое же значение слова «запереть» приводилось в «Словаре Академии Российской» 1793 года:

«Запира/ю, ешь, за/перъ, запру\, пира/ть, запере/ть. гл. д. 1) Замыкаю, затворяю, укре»пляю плотно. Запереть дверь, покой, сундукъ».

Это значение слова «запереть» сохранялось еще в словаре Даля, спустя много лет после написания «Пиковой дамы».

Укажем также, что случай употребления в «Пиковой даме» слова «запереть» в значении «затворить, закрыть» не является единственным. В таком же значении слово «запереть» использовано Пушкиным в главе V «Арапа Петра Великого»:

«Гаврила Афанасьевич запер все двери (в опочивальне. — В.Е.), сел на кровать в ногах князя Лыкова и начал вполголоса следующий разговор <...> В эту минуту за дверью раздался шум. Гаврила Афанасьевич пошел отворить ее, но почувствовал сопротивление, он сильно ее толкнул...» (VIII, 24 – 26).

Взаимосвязанность слов «запереть» — «отворить» в приведенном фрагменте текста свидетельствует о том, что слово «запереть» употреблено в значение затворить, как и в рассмотренном выше эпизоде из «Пиковой дамы».

На это же указывает и подробность «запер все двери» (в опочивальне) — невозможно себе представить хозяина дома боярина Гаврилу Афанасьевича, запирающего ключами все двери в собственной опочивальне, чтобы уединиться для разговора с сестрой и тестем. Неужели кто-то из домочадцев осмелился бы в такой ситуации нарушить их уединение? Нет, он закрыл все двери, чтобы семейный разговора не был слышен снаружи...

Приведем, наконец, еще один пример – из повести «Выстрел»:

«Он (Сильвио. – В.Е.) медлил – он спросил огня. Подали свечи. Я запер двери, не велел никому входить и снова просил его выстрелить <…> Вдруг двери отворились, Маша вбегает и с визгом бросается мне на шею» (VIII, 73).

Отметим, что в данном случае помимо лингвистических соображений в пользу того, что граф не запирал дверь кабинета на ключ, косвенное указание на это обстоятельство содержится в самом авторском тексте. Вот оно: «…запер двери, не велел никому входить…»!

Итак, мы настаиваем на том, что швейцар не запирал двери ключом, тем более что из письма Лизаветы Ивановны Германну совершенно очевидно, что двери после отъезда графини на бал не запираются на ключ:

«…Приходите в половине двенадцатого. Ступайте прямо на лестницу…».

То есть Германн «не проходил сквозь запертые двери», а просто открыл их и вошел в сени.

Есть смысл сравнить рассмотренный эпизод из третьей главы с другим эпизодом повести из главы пятой, в котором лишившемуся сна Германну является привидение графини:

«В это время кто-то с улицы заглянул к нему в окошко – и тотчас отошел <…> Через минуту услышал он, что отпирали дверь в передней комнате <…> он услышал незнакомую походку: кто-то ходил, тихо шаркая туфлями. Дверь отворилась вошла женщина в белом платье».

Тут следует обратить внимание на то, что приведению графини, прежде чем войти в дом, пришлось отпереть запертую дверь ключом. А Германн, обычный живой человек, не наделенный в тексте повести никакими сверхъестественными качествами, по представлению поборников «внутренней фантастичности», якобы проходит сквозь запертую дверь! Это, конечно, совершенно несостоятельное утверждение, исследовательское недоразумение.

Ничего фантастического, на наш взгляд, не содержится и в том обстоятельстве, что при отъезде графини окна в доме померкли, а сени, куда в назначенный час вступил Германн, были освещены («…вступил в ярко освещенные сени»). По тексту Германн увидел сени освещенными, только «вступив» в них. А что было за несколько минут до этого? Читаем:

«Германн стал ходить около опустевшего дома: он подошел к фонарю, взглянул на часы…».

Значит, вокруг было темно.

Из этого следует: в сенях не было окон, иначе Германну не потребовалось бы подходить к фонарю, чтобы узнать время. И поэтому сообщение о том, что после отъезда графини в доме «окна померкли», никак не означает, что и в сенях свет тоже был погашен: там не было окон. А швейцар, который должен был находиться у двери, мог сидеть при свете или без него, что не имеет никакого отношения к делу. И значит, никакого противоречия в тексте нет, а тем более нет здесь ничего фантастического.

Еще одна «незамеченная подробность» иногда рассматривается исследователями в том же духе:

«...ее (подробность. — В. Е.) впервые как будто недавно заметил М. Л. Гаспаров, читая "Пиковую Даму" в присутствии Ю.Н. Чумакова, о чем тот рассказал недавно тоже: "Однажды на моих глазах он вычитывал поэтические фразовые конструкции из «Пиковой дамы» и вдруг прочитал вслух: «Мертвая старуха сидела, окаменев»". Так Германн видит ее уже на обратном пути из спальни, после того как она "покатилась навзничь и осталась недвижима". — Вы не находите, что позы умершей не совпадают? — спросил Гаспаров, и Чумаков согласился».

Но и в этом случае ничего фантастического в пушкинском тексте, по нашему убеждению, не содержится.

Наши возражения начнем с того, что «покатиться навзничь» — это метафора: графиня, сидящая в вольтеровом кресле, теряя сознание, постепенно откидывалась головой назад. Откинувшись назад («покатившись навзничь»), она неминуемо уперлась затылком и плечами в спинку кресла и «осталась недвижима», занимая при этом сидячее положение. Лежачее и даже полу-лежачее положение женщина обычного сложения занять в вольтеровом кресле не могла физически.

В современной интернет-статье о вольтеровых креслах указывается: «А между тем, с течением времени вольтеровское кресло эволюционировало, становясь все удобнее. Его стали снабжать <...> раскладной подножкой, чтобы можно было расположиться полулежа».

Приведенная цитата полностью подтверждает наше убеждение в том, что графиня, умерев («покатившись навзничь») в вольтеровом кресле, оставалась в нем в положении сидя. И, следовательно, никакого противоречия в тексте и в этом случае нет.

Обратим также внимание на то, что отмеченная метафора в пушкинском творчестве не единична. Находим ее и в стихотворении 1813 года «Монах», там речь идет, слава Богу, не о смерти героя, а о том, что он уснул, сидя:

«…седая голова, // Как яблоко, по груди покатилась….» (I, 11)

И наконец подтверждение тому, что ничего иррационального здесь нет, опять-таки содержится в самом тексте повествования:

«При виде пистолета графиня во второй раз оказала сильное чувство. Она закивала головою и подняла руку, как бы заслоняясь от выстрела… Потом покатилась навзничь… и осталась недвижима.
– Перестаньте ребячиться, – сказал Германн, взяв её руку».

То есть из текста следует, что после того, как графиня «покатилась навзничь», Герман берет ее за руку, не наклоняясь, не становясь на колено, как, если бы она лежала на полу – нет, она остается сидящей в кресле и после смерти.

Таким образом, рассмотренные примеры «неявной, внутренней фантастичности» в тексте «Пиковой дамы» фантастичностью как таковой не обладают.

Фантастики в них не больше, чем в пушкинском плане неосуществленного замысла «Русская девушка и черкес»: «…бабы убивают молодого черкеса — берут его в плен — отсылают в крепость — обмен — побег девушки с черкесом» .

Ведь «убивают», а потом он убегает с девушкой!..

Что же касается известных примеров «явной» фантастичности, которыми повесть действительно насыщена, то ни один из них, по справедливому замечанию О. С. Муравьевой в упомянутой выше работе, не становится «стержнем сюжета», а все вместе они лишь обозначают собой стилистическую особенность «Пиковой дамы».

Марина ВОЛКОВА. Критика глазами культуртрегера

Похожа ли сегодняшняя критика на критику пушкинской поры? Разве что тремя особенностями: некой замкнутостью литературного круга (сейчас бы эту замкнутость назвали «тусовкой»); универсальностью литераторов («чистый» критик и сегодня редкость) и бытованием части критических высказываний в эпистолярном жанре. Правда, на смену дневникам и письмам 19-го века пришли блоги, посты и комментарии в соцсетях, т.е. нашим потомкам не удастся в полной мере восстановить сегодняшнюю атмосферу неотредактированного литпроцесса, но к теме этих заметок столь грустная нота не относится.

А вот от критики постпушкинского периода нынешняя критика отличается кардинально. Несмотря на совершенно разные политические взгляды и литературные вкусы критиков середины и конца 19-го века, одно общее у них все же есть: вера в первичность слова, в то, что литература может повлиять на общественное устройство, на человека, на взгляды и поведение людей. Общее представление, что критика находится за пределами литературы, смотрит на нее со стороны, через призму социальных и политических идей и потому мыслит литературу как инструмент решения социальных и жизненных проблем. Сегодняшняя же критика не столь цельна, да и литературу она не мыслит как единое целое, способное повлиять на что-то кроме литературы.

Понятно, что литература развивается не линейно, хотя два этапа ее развития (критика пушкинской поры и критика постпушкинской поры) вполне удачно иллюстрируют идею развития как таковую: от общего – к частному, от абстрактного – к конкретному. И язык критики постпушкинской словно продолжил салонные разговоры, споры в переписке и журнальные дискуссии пушкинской поры: у критиков середины и конца 19-го века – живая дискуссия: то проскользнет прямое обращение к читателю-собеседнику, то текст частит местоимением «мы», то автор апеллирует к реальным дискуссиям, то провоцирует читателя на пусть и мысленный, но спор.

Но уже конец 19-го и начало 20-го века «скривили» прямой путь развития критики в сторону истории литературы и литературоведения, потеряв читателя-не литератора, а уж потом и вовсе заменили литературную критику на «советскую критику» (хотя и в многословной и марксистко-ленински ориентированной советской критике были светлые имена, скорее, как исключения, нежели как традиция).

Эти заметки – наблюдения культуртрегера за движением русской критики последних лет, с 2014 по сегодняшний день.

Марина ВОЛКОВА. Критика глазами культуртрегера

ЖУРНАЛЫ И САЙТЫ. 2014-2015

Как живет русская критика сейчас? Как читатель, критику я читала «по скользящей», пролистывая все критические разделы во всех журналах сначала бумажных, потом «Журнального зала» (светлая ему память!). Главным для меня был ответ на вопрос «что почитать» – имена, названия произведений, после чтения текстов иногда снова возвращалась к критической статье, читала уже пристально, чтобы увидеть другой взгляд на прочитанное. Критику на книги поэзии почти не читала – какой прок читать про то, что вряд ли сможешь прочесть в силу крошечных тиражей поэтических книг?

Все изменилось в 2014 году, когда мы с Виталием Кальпиди начали проект «ГУЛ». Аббревиатура имеет два значения: ГУЛ – Галерея уральской литературы, 30 книг, которые я издавала со скоростью книга в неделю, и ГУЛ – Год уральской литературы, продвиженческий проект, направленный на создание уральского поэтического кластера.

От эпизодического чтения критики я перешла к тотальному изучению, сменив роль безответственного читателя на позицию культуртрегера-перфекциониста, рассматривающего критику как важнейшую составляющую литературной инфраструктуры.

В течение 23-х месяцев проекта ГУЛ я читала всю критику на поэтические книги и подборки во всех журналах ЖЗ + журналах «Воздух», «Вещь», «Менестрель», «Графит», «Гвидеон», на ведущих литературных порталах и в некоторых блогах. И до сих пор не могу остановиться: критику не почитать – как зубы не почистить.

Тотальное чтение критики было вызвано необходимостью отследить один из критериев эффективности проекта ГУЛ: количество публикаций о книгах и подборках поэтов Уральской поэтической школы (УПШ) и само понятие УПШ как инструмента анализа творчества этих поэтов (для интересующихся: в 49% критических статей и рецензий анализ творчества уральских поэтов давался через УПШ).

Некоторые наблюдения моего глобального погружения в критику поэзии 2014-2015 годов:

1) Критика отражает проблемы литературы. Как-то на встрече писателей одна писательница вздохнула: «Хорошо было Мамин-Сибиряку: все понятно, что писать, капитализм плохой, рабочих угнетают…» В итоге договорились почти до хрестоматийного: «Нам бы сказали, что и как писать, а уж мы б написали…» Потеря общей идеи, ценностных и социальных ориентиров сказывалась прежде всего не на литературе, а на критике. И, если критика прозы еще цепляется за сюжет, за характеры героев, то критические статьи по поэтическим книгам и подборкам дрейфуют где-то между упрощенным литературоведением

и усложненным читательским откликом первокурсницы филфака, пытаясь удержаться хотя бы за эстетические критерии и институтские представления о «правильной» поэзии (недаром самый цитируемый автор в статьях той поры – Михаил Гаспаров).

2) Выбор поэтических книг и подборок для критических статей, эссе, рецензий чаще определяется не гениальностью поэта, не его именем, не новизной поэтики, не многими другими факторами, а личным знакомством критика с поэтом и/или степенью активности поэта в погоне за отзывами критиков. Про «своих» пишут чаще и «хвалебнее», про чужих молчат или ругают. С этой точки зрения критика пушкинской поры была честнее и резче, хоть сам круг поэтов и критиков – куда как меньше нынешнего. В условиях, когда «критиков» на всех не хватает, сами поэты переквалифицируются в критиков – и очень редко – удачно.

3) Большинство критиков словно и не предполагает, что их будет читать кто-то, кроме поэта и коллег по цеху. И они во многом правы, потому что сложилась парадоксальная ситуация: тиражи поэтических книг на порядок меньше, чем совокупные тиражи журналов, в которых опубликованы рецензии на эти книги. Приведу один из примеров той поры: на книгу тиражом 200 экземпляров в «толстых» журналах опубликованы 6 рецензий, общий тираж этих журналов – около десяти тысяч экземпляров плюс возможность прочитать эти рецензии в интернете (сама книга в открытом доступе отсутствовала). Надо ли говорить, что это была не самая яркая книга тех лет. Увы, одной из функций современной критики (в том числе и всяческих предисловий-послесловий к поэтическим книгам, которые тоже пишутся критиками) стала функция легитимации посредственности, это логическое продолжение пункта 2.

Но все эти минусы меркли перед моей личной «выгодой»: я стала фанаткой чтения критики. Причина тому - становление нового языка говорения о поэзии, главный процесс сегодняшней критики, наблюдать который невероятно интересно!

«Материально» процесс становления нового языка критики отражается в возникновении новых площадок для серьезных разговоров о поэзии (и не только о поэзии). Судите сами: 2014 год – электронный литературный журнал Лиterraтура; 2015 – литературно-исследовательский журнал о поэзии Prosōdia, просветительский проект Arzamas, портал Год литературы, спецпроект «Российской газеты»; сайт «Открытая критика»; 2017 – сетевое издание «Горький»; 2018 – литературно-художественный альманах «Артикуляция», журнал актуальных литературных практик «Контекст», электронный журнал «Литосфера», «Традиции&Авангард»…

Да, есть за эти годы и потери: прекратил существование журнал «Арион»; закрыта телепрограмма «Вслух», в которой хоть и не было собственно критики, но читательское восприятие было представлено зримо; остановлена работа Журнального зала… Но продолжают работать остальные «толстяки» и «Воздух», литературно-критический журнал «Транслит» (с 2005 года), Новая карта русской литературы (с 2007); Textura.club, Colta (оба с 2012), Медуза (с 2014); и многие-многие сайты и издания, в большинстве которых есть место и для критики.

МЕРОПРИЯТИЯ И КНИГИ. 2016-2018

Следующий этап моей личной читательской и культуртрегерской истории (и развития критики) – проект Виталия Кальпиди «Русская поэтическая речь-2016», в котором я отвечала за издание книг и продвижение проекта (здесь можно прочесть оба тома и описание проекта http://mv74.ru/rpr/o-proekte.html). Двухтомник собрал большое количество рецензий и стал самым обсуждаемым проектом начала века. Первый том, «Антология анонимной поэзии», благодаря составителям Виталию Кальпиди и Дмитрию Кузьмину представил всю линейку современной поэтической практики. Второй том («Аналитика: тестирование вслепую») презентовал молниеносную научную и читательскую рефлексию на первый том (разница между томами – 4 месяца). Правда, идеального второго тома не получилось: Кальпиди мечтал, чтобы второй том выполнил роль альманаха «Вехи», спроектировав траекторию движения поэзии, выдвинув некий философский «заказ» для поэтов. Но и отрицательный результат эксперимента тоже результат, главное – проблема обозначена. Критиков к участию во втором томе приглашали многих, откликнулись (с робостью) единицы, среди 60 авторов второго тома критиков – 15, причем среди них есть критики, совмещающие занятия критикой с научной работой.

Но, к чести критиков, этот период стал и периодом профессиональной рефлексии, стартом многих обсуждений и серьезных разговоров о критике поэтических текстов. Только по проекту «Русская поэтическая речь-2016» было около двух десятков круглых столов и мини-конференций. В 2016-ом я организовала круглый стол «Что и как писать о поэтических книгах», в 2018-ом Людмила Вязмитинова затеяла цикл круглых столов по проблемам современной критики (мои заочные выступления на круглый столах https://www.youtube.com/playlist?list=PLV2GqZRf-OSNkgnP8tWeeoUxTC9yYzdE_).

Главным показателем развития современной критики в 2016-2018 годах для меня как издателя являются, конечно, книги. Только в 2018 вышли книги критических статей Татьяны Бонч-Осмоловской «Умножение сущностей», Юлии Подлубновой «Неузнаваемый воздух», Марии Галиной «Hyperfiction», Константина Комарова «Быть при тексте», «Теория литературной критики» Сергея Казначеева, ранее выходили книги Анны Голубковой, Людмилы Вязмитиновой...

ИМЕНА И КРИТЕРИИ. 2019

Вот и дошли до 2019 года – первого сезона Всероссийской литературно-критической премии, возникшей по инициативе Свердловской областной библиотеки им. В. Г. Белинского. Для меня как критикомана эта премия не только радость и начало очередного витка развития критики, но и работа – я член жюри этой премии. Уже сама подготовка к объявлению премии внушала надежду: пока ко мне не обратилась Елена Соловьева, представитель Белинки, с просьбой дать координаты критиков, я и не предполагала, что в моем «активном» списке (т.е. с кем я переписываюсь хотя бы время от времени) – 119 критиков. А когда я вывесила этот список в фейсбуке с просьбой дополнить, список разросся до 190 фамилий. И это радует – пишут многие, пишут много, площадок для публикаций много, направлений и жанров в современной критике тоже много. В линейку или иерархию выстраивать критические материалы вряд ли получится – критика, как и современная литература, живет в разных, иногда непересекающихся пространствах. Есть в современной критике «стратеги», «проектировщики», выстраивающие идеологию направлений и жанров, например, Мария Галина методично и дерзко формирует повестку современной фантастики, Валерия Пустовая объявляет «новый реализм»... Есть «возмутители спокойствия», легко опровергающие воздвигнутые другими критиками памятники, например, Александр Кузьменков и Владимир Лорченков. Есть «эстеты», «знатоки», «философы», «скептики»... Не всех их номинировали на премию, но какие ее годы, у нас есть шанс познакомиться со всеми современными критиками. А пока начать знакомство можно с шорт-листа (лауреат премии и получатели специальных призов будут объявлены 7 июня): Бавильский Дмитрий, Балла Ольга, Галина Мария, Ленивец Алия, Макеенко Елена, Пермяков Андрей, Погорелая Елена, Подлубнова Юлия, Скворцов Артем, Хлебников Михаил, Чанцев Александр, Юзефович Галина. Их работы, а также работы всех участников лонг-листа, можно увидеть здесь http://book.uraic.ru/project/premiya-neistoviy/long-list.html , некоторые и со ссылками на тексты.

Почему меня так радует появление этой премии? Прежде всего, потому, что премиальный процесс позволяет оттачивать профессиональные критерии, выявлять «провалы» и «точки роста». В Положении о Премии говорится, что вручается она за значительные достижения; творческую активность в области критики, обращенной к современной отечественной литературе; за вклад в развитие критической мысли; за повышение роли экспертов в сфере художественной словесности. В части оценивания конкретных текстов, присланных на конкурс, работает другая группа критериев: глубина анализа, наличие оригинальных творческих решений; мастерство критического высказывания (в своем личном оценочном листе я добавила еще полезность для читателя). Впору возвращаться к манифестам Василия Жуковского и формировать манифесты критиков 21 века (кстати, Манифест как текст присутствует только на сайте «Открытой критики», и начинается он с признания кризиса критической мысли). Во-вторых, сама процедура оценивания присланных текстов показала, что внутри современной критики пора четче выделять жанры и направления, для каждого из них формируя свои критерии эффективности, в зависимости от назначения текста (специализация, между прочим, – показатель «правильного» развития любой отрасли). Наконец, каждая литературная премия – это внимание общества, а наша критика это внимание заслужила.

Безусловно, картина современной критики далеко не идиллична: проекция литературы на критику получается по принципу «то густо, то пусто» – некоторые произведения вызывают переполох в среде критиков (например, роман Анны Старобинец «Посмотри на него» или роман Алексея Сальникова «Петровы в гриппе и вокруг него»), другие, не менее интересные, оказываются вне зоны внимания критиков (например, «Повесть, которая сама себя описывает» Андрея Ильенкова). Иногда критики забывают о читателе, переходя на «птичий» (или, того хуже), на «скучный» язык, стремясь поразить коллег, но не будущего читателя. Иногда литературные дискуссии перерастают в межличностные конфликты, и фейсбук превращается в место склок, далеких от литературы…

Но стоит вспомнить 190 имен критиков, открыть их работы – и все наносное забудется.

Тем более, что сейчас критические тексты можно не только читать, но и слушать (например, подкаст Галины Юзефович и Анастасии Завозовой), смотреть (например, влоги Дмитрия Гасина, Александра Самойлова, Виталия Кальпиди) и даже создавать самому – в живом журнале, Ютьюбе, в проекте «Опыт прочтения».

Но вначале – читайте, слушайте, смотрите наших критиков!

Валерия ШУБИНА Коаны Когана. О книге Исидора Когана «Бедная проза»

(Рига, 2018, 144 с.)

Эту прозу я прочла в интернете. Год назад. Записки о тюремной школе, о том, как однажды среди слушателей появился молодой цыган с огромными глазами и тихим голосом. Он внимательно смотрел на учителя (будущего автора этих записок) и ловил каждое слово. Оказалось, цыган готовил побег: за ним числились убийства и пытки хуторян в Литве. Вскоре цыгана расстреляли. Майор по режиму сообщил тогда автору: «Твой Гаспарович казнен». А вот последняя фраза записок: «… я тогда думал и думаю сейчас: что передавал мне взглядом убийца Гаспарович? И во что трансформировались его глаза, пронзительно-грустные и печальные? На какой кузне природы куются новые тела, и как и из чего Великий Стеклодув выдувает человеческие глаза, которые светятся даже тогда, когда они прикрыты веками». Январь 2018. Здесь же на экране фотография автора. Одна из тех фотографий, нацеленных на жесткую правдивость. Хмурое выражение, седоватые волосы, напряженный взгляд, а в нем – ранимость, незащищенность, перепады настроения, упрямство, вызов судьбе. И что-то еще, что-то еще. Над всем этим – имя: «Исидор Коган».
«Кто такой, – подумала я. – Откуда он взялся. И чего неулыбчивый.» Возможно, изобразительная сила слова, которая свела сюжет о загадочном взгляде убийцы к всевидящему оку закона, обнаружила и другого постоянного наблюдателя – того, что внутри каждого человека. Незримый, он следит за нами, как страж. Перед ним меркнет даже магическая власть Стеклодува. Именно он, внутренний соглядатай, помогает нам попасть в лапы иллюзии. Этим наблюдателем была я сама, угадывающая во всяком живом что-то свое. Рядом другие снимки, интеллигентные, импозантные, иногда чуть богемные, с женой, цветами, картинами.

Неожиданное знакомство. Книга

Скоро я прочла его новые публикации. Смешные и совсем не тюремные. Похоже, на его страницу приходят развеяться. Бросают готовые лайки и уходят. Он же – ни дня без строчки, пригоршнями рассыпает свою эрудицию, остроумие, играет смыслами и словами, не чураясь фривольности и грубой эротики. Одаряет стихами. Самые простенькие получали кучу отметок, посложнее – две-три. Но он как-то умел не сердиться. «Какое, однако, желание не затеряться, – думала я. – В своей чертовской настойчивости так по-человечески искренен. Даже обидно. Не массовик же затейник».

Были там и картины. Они возникали как будто от взмаха ресниц и, мелькнув, пропадали – по прихоти опущенного на электронную клавишу пальца. Но внутреннее зрение удерживало их и отправляло в свой запасник, где копились предшествующие видения. Образы ярких цветов, округлых женских фигур, ломаные линии авангардных портретов... При них автор незримо удостоверял единство личности и творений. Как ни странно, молчал. В отличие от себя, стихотворного. Лишь иногда в комментариях отбивался от сходства с Матиссом, которое ему навязывали поклонники. И как-то забывалось, что он работал в тюрьме и чуть сам ни сел за то, что иногда помогал заключенным. Рискуя сроком, передавал письма на волю, а деньги с воли, и еще что-то непозволительное делал. Словом, обращался по-человечески, так что спустя годы бывшие заключенные, встречая его, дружески приветствовали, а ведь могли и зарезать.

Странные отношения между говорить и молчать, литературой и живописью не могли не обратить моего внимания. О раздвоении между языковым и визуальным они говорили, – этими рискованными сферами притяжения, об их воздействии, преобразованном потоком электронов в особый вид жертвоприношения. Вспоминалось травмирующее безмолвие электронных страниц.

Наше общение насчитывало уже более десятка писем, когда автор издал книгу «Бедная проза» и прислал мне её цифровой вариант. В темном переплете, не толстая и не тонкая, книга представлялась такой, чтобы положить её в сумку и при случае доставать и скрашивать чтением что-нибудь нудное. Открывалась она фантазией 1963 года. Дальше под заголовком «Две смерти Яна Гуса» шел 2010-й. Ничего себе пауза в прозе, подумала я. Между началом и продолжением – почти полвека! Если не считать Артюра Рембо, – никаких хрестоматийных примеров. Но Рембо – это давно и все знают, и вообще совсем не так, а тут человек совершил, можно сказать, подвиг, и никто ничего. Можно сказать, повернул время вспять и догнал себя молодого, сбылся как литератор.

Примерно с этими мыслями я вновь пробежала тексты глазами. И снова подумала: «Не каждый день попадается автор, которому можно сказать: «Да ты молодчина, не позволил жизни сбить себя с ног. А ведь, наверно, старалась». И прежние разрозненные впечатления потребовали уточнения, потянули на отзыв. На со-радость, если хотите. На первую фразу. Вот она: «Игра слов, эрудиция, ирония, острый намёк – всё это искрилось, избегало линейного хода и складывалось в пародию, саркастический каламбур». Фраза так понравилась мне, что присоединив к ней кучу слов, запятых, восклицаний и точек, я изготовила большой кусок чернового текста и, подогретая нетерпением автора, а также его болезнью, отправила электронной почтой.

Всё, что произошло дальше, будет описано ниже. А сейчас –

несколько слов, адресованных уже не Исидору Когану, а его «Бедной прозе»: «Надо же было лунному затмению случиться именно в январе. Завихрения в небе – и вот результат: твой автор полез в бутылку. И вовсе не по прихоти Великого стеклодува. Нервы загнали. Что ж, от такого не застрахован никто, даже черная кошка, прошмыгнувшая между нами».

И, провалив всё написанное в корзину, уставилась на подмигивающий курсор. Так «Бедная проза» обнаружила, что и я сама – не подарок.

Избавленная от дружеской слепоты. Всё по-новому

Текст распадался, дробился, расползался даже, автор не обязывал себя никакой композицией, полагал: читатель сам разберется и сложит её. Лепил, что называется, впечатление из фрагментов. Да и кто сказал, что форма должна быть цельной, если текст не обслуживает, а ищет взаимодействия. Что интересно: эстетические эффекты, особенно юмор, действовали мгновенно, вот со смыслами было сложнее. Они не сразу давались, держали дистанцию. Но по мере углубления в текст начинали генерировать как живая структура. Тот случай, когда от восприятия желательны свойства какой-нибудь навороченной техники. Как в фильме заумного режиссера, когда простенький пейзаж оборачивается скоплением странных деталей, а с ними – какой-нибудь скрытой жути, из-за которой герой вляпывается в историю. Подзаголовки названий: «сюрреалистическая мини-повесть» или «роман, не содержащий признаков романа», разные «входы в Знание», «площадки Истин» – подтверждали мою догадку.

Такую прозу иногда называют белибердой. Издатели руками-ногами открещиваются от неё, шлют автору вежливые отписки, но чаще – резкие отповеди. Случалось, и нобелевским лауреатам (С.Беккет) получать их по сорок две штуки.

Вряд ли и наш автор был исключением.

В Предисловии Исидор Коган пишет кое-что о себе. Заброшенный в Германию, в какой-то Реклинхаузен, где ни поговорить, ни выпить по-русски, он упоминает Ригу, откуда уехал в конце 90-х, когда всех «не своих» признали оккупантами и выдали им временные паспорта. Говорит об атмосфере легкой интеллектуальной оппозиции, в которой варился, – ею тогда отзывалась даже бочкотара, затоваренная апельсинами из Марокко.

Как правило, предисловия читаются в последнюю очередь. И меня вернуло к началу книги желание уточнить, кое-что сверить. Речь о загадочном духе коанов, который в когановских писаниях не то чтобы чувствуется, но сквозит. Кто не понял, попробую объяснить. Коан – это такое художественное высказывание – не то загадка, не то задачка, которая помогает вправить человеку мозги. Сломав стереотип мышления, она просветляет сознание, переводит его на более высокий уровень. Как говорят мудрецы Востока, коан нужен, чтобы открыть ворота ума.

Предисловие завидно короткое, охватить его взглядом нетрудно. В нем пять имен. Их размещение наводит на мысль о симметрии, о чем-то похожем на мягкую окантовку: одно в начале, остальные в конце. В первой же строчке – имя Лиза. Определению «бедная» на обложке обязаны мы неожиданной встрече с ней здесь. Автор просит не жалеть его бедную прозу как бедную Лизу. Вроде бы осторожным родителем предупреждает: «Будьте добры отойдите / Отойдите, будьте добры».

Так героиня Карамзина служит знаком отталкивания – метафорой литературного факта, его культовой власти. Вот уж действительно бедная. Один сочинитель утопил её, молодую, красивую, а второй перекрывает её тенью свою дорогу, над которой написано: «романтизм не здесь; патока, сладкий сироп, сантименты не для меня». Это к тому, что дальше наш автор – стоик, честен как римский Катон. Свою прозу он называет «войлоком», себя – Шейлоком, от читателя ждет иронии и культуры.

Легенда шамана-художника

Поклонникам авангардного искусства известно, что войлок – любимый материал знаменитого немецкого акциониста Йозефа Бойса, и это как бы обязывает соотносить его имя с метафорой Исидора Когана. (Да, кстати, и с личностью Дмитрия Пригова, потому что Бойс стал моделью его творческого поведения). Для обоих войлок – символ и убежища и отчуждения, знак нового видения мира. Но пристрастие Бойса (летчика люфтваффе, сбитого во время войны) без легенды о крымских татарах-кочевниках, якобы подобравших его и завернувших в войлок, непонятно, тогда как войлок «Бедной прозы» не вызывает вопросов. «Сцепление смыслов, ассоциаций, раскавыченных цитат и имен делают мою прозу похожей на войлок», – пишет Коган и добавляет: «Да, это войлок. Войлок Шейлока», забывая прибавить: «Его не ест моль», в отличие, скажем, от войлока Бойса, вернее его войлочных костюмов, варианты которых выставлены в самых продвинутых галереях мира.

Именами Свифта, А.Франса, Ильфа и Петрова оканчивает Исидор Коган свое Предисловие, желает под занавес: «Пусть будет теплым ваш войлок».

Такими словами кочевников открывает дорогу в сторону чтения по направлению к Исидору Когану. И сам сразу же к ним попадает, возникая под собственным именем в истории Чингис-хана. И своим панибратством размывает легенду об этой полководческой личности. Прямо на деле, быка за рога, устраивает перформанс на тему антимифологичности, которой намерен придерживаться как заповеди.

И что-то далекое заставляет вспомнить. Кажется, из времен Древней Греции… Ну, конечно же, Диогена. Того, кто жил в бочке и возле неё грелся на солнышке. Однажды к нему пожаловал сам Александр Македонский. Сколько они говорили, забыто, а вот то, что царь остался доволен, известно. «Проси чего хочешь», – сказал. Ответ Диогена не потерялся в веках: «Отойди. Ты заслоняешь мне солнце».

Вот так же и Коган своей миниатюрной притчей о встрече плененного Художника-чужестранца с Владыкой монгольских племен Великой степи предлагает читателю пойти дальше ухмылок-смешков. Вечную оппозицию имеет в виду: Творец тире Правитель. Да! не всякий подобно Александру Македонскому скажет: «Если бы я не был царем, то сделался бы Диогеном». Вот автор и заставляет монгольского владыку взглянуть на себя пристальней, прикинуть что он такое без власти, богатства, невольников, наложниц, слуг… А заодно, включая себя в сюжет истории, позволяет и на него, Исидора Когана, внимательней посмотреть. Вспомнить: «Белое облако Чингисхана» Ч.Айтматова, опубликованное вдогонку «Буранного полустанка» (первое название «И больше века длится день»), а еще «Райсуд» Олега Хафизова. Оба вписывают личность «Равного небу» в политический контекст и тем превращают художественные параллели во флюгера актуальности. Политика связывает по рукам и ногам, не дает достойно выпутаться из затеянного, держа писателей на поводке и наполняя воздух повествования конъюнктурой и злобой дня. Больше века день длится только в гуманитарном пространстве, а в физическом он продолжается столько, сколько ему предписано математикой, законам которой подчиняется вечность. Как известно, любая наука, даже филология, ни с чем так не дружит как с истиной, а истина питается математикой. Когда эксцентричный, самолюбивый, знающий себе цену пленник говорит владыке-завоевателю: «Я интересен», то его самомнение перерастает в метафору Вечного, утверждается над равнодушием, усталостью, непониманием публики, которая живет фастфудом, шопингом, масс-медиа и всяческой чепухой.

Как будто всё очевидно в этой миниатюре, даже банально на первый взгляд. Ну а если перекодировать самовознесение автора на человека-одиночку, его отчуждение? Ведь наши теперешние авангардные ветераны, сталкиваясь с непониманием и гонением, декларировали не столько новые формы искусства, сколько новый тип поведения творческой личности. Прорывались, если хотите, «штыком и гранатой» и обязательно группой. Создавали «культурное поле», цеплялись за «имена». Это Василий Аксенов говорил о плеяде, о принадлежности к ней, сейчас в лучшем случае можно говорить о тусовке, о размытых случайных связях. Товарищество подменилось корпоративными отношениями. Вот и попробуйте-ка сохранить себя без никого, как когановский Чужестранец – вне зоны подтверждения и различения, без поддерживающих институций. Это уже не только другая история, но и другая география. И топология соответственно: чем дальше ты идешь на Запад, тем скорее придешь на Восток.

Постмодерновый сноб

А теперь представим иного читателя, какого-нибудь въедливого литературоведа, который уже по заглавию на обложке сечёт, куда автор клонит. Естественно, этот сноб скинет пенсне, или что там у него на цепочке, и пробубнит: «но позвольте… манифестация… а возможно, и пафос, властный концепт с указанием, чувственная акупунктура… Ну, имя мне ярость……Тогда не декларируй свою независимость. Не указывай – жалеть или нет. Мы слышали Семёна Гудзенко. Да-а, блин, "Павшие и живые" И композиторша, "Нас не нужно жалеть"… Написавшая музыку. Оригинальная дама, я бы не прочь. Какая, египетская ваша мать, независимость, если весь постмодерн – это пост-постмодерн, это прото-и-пост, это фото и жест, перевод переводов. Это вместо Орфея Плутон в Колыме, что становится текстом. К чёрту шорох, жужжание книжности, переиначивание, пересобачивание… Сгинь! "Всё уже сказано". Разрушая искусство, вы творите его!! Белый, блин, флаг!»

А действительно: что говорить, когда нечего говорить? Может, поставить вопрос на уши: «Постмодерн – это сбор колосков или золотая жатва?»

Ирония, приправленная свинцом

ссссСтоп! Не исключено, что этот въедливый тип оставит в покое Семёна Гудзенко, выпутается из фантомов революционного уголовного кодекса-статей-приговоров, отряхнется от праха Вольтеровой переписки и наконец-то ухватится за Шекспира, а он ухватится обязательно, потому что в том же Предисловии, как я сказала, автор называет себя Шейлоком… И не только потому, что он Коган. Шейлок тоже метафора, разумеется, скупости. Но особенной, фантастической, – прежде всего по отношению к словам, к их собирательству. А потом уже душевной черствости. При десятке ларцов словесных богатств золото и серебро он держит на редкий случай, зато свинец загребает всей пятернёй. Косит направо-налево, не признавая авторитеты, всё и всех выворачивая наизнанку, да и себя, «титана самомнения», не щадит. Вот почитайте:

«Эта история началась в 21 веке и продлилась, пожалуй, еще века два. В центре рассказа будет фигура, которую мы спрячем под сокращением ИК. Фон – стремительно раскручивающаяся спираль времени. Давайте, представим себе немолодого мужчину, с весьма скромными физическими данными. Взгляду читателя зацепиться не на чем. Но – существует и так называемое внутреннее содержание человека: характер, способности, индивидуальная тактика общения и многое другое. Итак, ИК, социолог в прошлом, большой любитель хорошей литературы и пишущий натюрморты исключительно для собственного удовольствия, неожиданно попал в одну социальную сеть. До дебюта в сети, ИК имел определенный успех, особенно у домработниц, поварих и буфетчиц… Слушатели его лекций всегда отмечали его обаяние, возможно, заменявшее глубину изложения. Вот, пожалуй, и всё. Однако, ИК ничем не выделяясь, был фантастически честолюбив. Читая Маркса, он внутри себя полемизировал с ним, проглатывая романы, мысленно их переделывал. Эта тайная практика выработала в нем ВЕЛИКУЮ ПРЕТЕНЗИЮ. А претензия требовала выхода, реализации».

«О широте любви и долготе жизни» – называется история, начало которой только что процитировано и которой автор уготовил подзаголовок: сказка. Исидор Коган собственной персоной, со всей своей биографией перевоплощается здесь в своего же героя эгоцентричного ИК. Какое-то время повествование держится на иронии, но ближе к концу из сказки превращается в притчу о Великой претензии, которая переходит в Великое отчуждение, а потом Великую пустоту. От сказки остается разве что казнь героя. Недруги из кружка «Не Коган, а Тютчев» вешают на шею бедняги 32-томное собрание сочинений Мамина-Сибиряка и сталкивают с мостика в воду.

Пожалуй, так жестоко автор расправляется только с одним своим персонажем – писателем Францем Кафкой, не впадая, правда, в обаятельную печаль, которой овеян конец его автобиографической сказки. Автор сравнивает Франца Кафку с Климентом – придуманным уродом из Кремоны, жившем в 14 веке. Телесный клубок без рук, без ног, бессмысленный, непонятный – и всё это только за то, что Кафка автору скучен. Будем честны: скучен не ему одному. Но это как-то не принято говорить. Разве что великий безумец Антонен Арто, писатель и режиссер, позволял себе разные вольности, но в психиатрической лечебнице, куда Арто поместили, да после сеансов электрошоковой терапии, и не такое скажешь, тем более в адрес коллеги.

Но особенно причудлива фантазия Когана при описании безобидных пенсионерок вроде С.Л. Левенталь («Осторожно, двери закрываются»). Другой бы автор махнул рукой на их маленькие человеческие слабости и снисходительно открыл бы им двери, хотя они и сквозь них просочатся. А Коган нет, обыгрывает почетную активистку в самой дорогой особенности её внешнего вида: у неё столько медалей, значков и памятных знаков, что стоя их не смог бы вынести даже атлет. Потому она передвигается в специальном кресле. К поясу С.Л. прикреплен пригласительный билет: «Участница семинара Мамардашвили с выходом в бескрайние зоны». А ведь правда – медийный имидж подобных особ так заполонил пространство, что дышать уже нечем. Погрузил их в легенды, обволок «новой» этикой, хуже того, приучил к ним, и – вся ирония в том, что совсем ни в какие ворота, – граждане этого не заметили. А Коган увидел. Потому что он вне, в другой системе координат.

Однако новелла-галлюцинация написана не ради этой особы. Идея согласия между людьми – вот что заботит автора. И он воплощает её подобно художникам стрит-арта. Они своими граффити, либо оптическими иллюзиями на тротуарах обличают пограничные стены между государствами, представляя их разрушенными, тогда как стены не просто стоят (Израиль-Палестина), а возле них убивают и в назидание нарушителям вешают на них символические гробы (США-Мексика). Коган же обрушивается на двери – вечную препону человеческой страсти: «…мудрецы, поэты, философы, пророки, юродивые – Великое ничто было им ответом», – пишет он, фантастически оборачивая Вход в Знание Пиком Замерзших Надежд. По Когану, выхода нет, потому что вход закрыт, даже если открыт: его караулит Вий.

В определенной степени это медитация автора на прочитанное, на вселенскую переизбыточность текстов, их чисто количественное накопление, перекрывшее все входы и выходы, не дающее найти себе место. Одновременно и реакция на высокие ожидания, заявленная с мощной прямотой.

Та же идея вскользь проброшена и в философской притче «Вахта Антея». Титан, держащий Землю, устал. С ходом тысячелетий к привычному весу Земли прибавилась тяжесть человеческих страстей и мыслей. Груз становится непосильным. И Антей наклоняет земную ось. Земля рассыпается и трещит. Всё живое оказывается под властью планеты Сатурн в его суровой фазе. Начинается новый исторический цикл. Иные люди, иные ценности.

Крысы и тень Ники Самофракийской

Можно привести целый список известных имен, задействованных в «Бедной прозе», но лучше рассказать, что вытворяет автор со своими литературными жертвами. Стефан Цвейг, попадая в новеллу «Исчезновение», затевает братание с выдающимся людоедом Спиридоновым, который вульгарно жрал классовых врагов. К сюжету подверстывается таинственный агент Максим, который приносит себя в жертву, чтобы внедриться в тело, интеллект и творческий дар знаменитого писателя. Хоть и обольщенный Россией, западноевропейский интеллектуал опасен и потому нежелателен. Причудливый абсурд превращается в дикую путаницу с участием чекистов, дипломатов, поэта Маяковского и самого тов. Сталина. Путаницу усиливает сама композиция рассказа – доверительная, в форме писем, дополненных псевдоархивными материалами под грифом «Совершенно секретно». Окрик вождя: «Кончайте с достоевщиной и мейерхольдовщиной!» – кладет конец свистопляске, и резолюция о подготовке агентов высокого класса подводит итог всему балагану. Концентрация бреда здесь такова, что даже крупица здравого смысла воспринимается как полный идиотизм. «Богемных писателей следует искать там, где они находятся, то есть в кафе». Эта смешная фраза замгенпрокурора, к тому же Вышинского, в обстановке поголовного помешательства дает эффект абсолютного дуболомного тупоумия. Да и сам запрос об исчезновении иностранного гражданина и прочие документы, включая стихи Маяковского, – ментальная коллекция сбрендивших бюрократов. А уже в «Сталинослове» конкретно выясняется, как все советские люди становятся одновременно разведчиками, пограничниками, таможенниками, конвоирами и подменяют собой ЧК-ОГПУ-НКВД-МГБ. На полное отождествление им требуется иногда несколько минут, а иногда, как агенту Максиму, – вся жизнь.

Перед этим пассажем, подающим доносительство в оболочке идеологии, просто смешны реальные нападки на стукачей как на неких уродов и недоумков, одержимых манией закладывать ближних. Даже иностранцы, попавшие в СССР, не брезгали доносами. С удовольствием писали, полагая, что исполняют важную государственную миссию. И думать не думали о циркуляции специально подобранных, возведенных в канон идей, утверждающих этику любой власти.

Но это не всё. В рассказе «Так закалялась сталь» есть «Преамбула первого вдоха». Согласно её методике каждому новорожденному, едва появившись на свет, следовало кричать не «а-а-а», но: «в теснине чрева я думал о Сталине».

В стиле пародийной подмены написана и новелла о Яне Гусе. И здесь парадоксальная выдумка подается на полном серьезе, создавая впечатление ахинеи.

Но высшей степени фантастический бред достигает в другой псевдоистории, где описана встреча тов. Сталина с пианисткой Марией Юдиной. Читая нынешние писания, можете представить себе Сталина, шлепающего босиком к телефону? В «Бедной прозе» есть такой Сталин. Но автора не упрекнешь: он помнит о знаменитых сапогах вождя и от имени своего героя предлагает их пианистке. Ведь пожилая эксцентричная музыкантша выходит у автора на сцену в потрепанном тренировочном костюме и кедах. Почему бы ей не сыграть Моцарта в сапогах? Или лаптях?

«Звуки шли вначале под инструмент, а потом, деформируясь от обуви, ликующе рвались в пространство», – рассуждает автор, прикидываясь профаном, не ведающим, что под рояль идут только проваленные концерты. Юдина, впрочем, оставив Сталину свои кеды, оставляет с ними и запах. Сталин зачем-то нюхает их. В этой концовке есть какая-то перекличка с началом гоголевского «Ревизора», с Городничим, его сном, где что-то нюхают крысы – примета обещает крупные неприятности. И они не задерживаются. Рассерженный друг всех пианистов приказывает строптивой артистке: нести музыку в массы уже не в кедах или сапогах, а валенках!

Бредовые когановские несуразности ожидают и поэтов Рильке, Пастернака, Цветаеву («Вообразим на троих», по мотивам одной переписки), и пламенного трибуна революции Троцкого, который в эротическом трансе бегал по болоту за тенью Ники Самофракийской вместо того, чтобы ехать на похороны Ленина. (Если под Никой Самофракийской подразумевается Лариса Рейснер, то Троцкого можно понять). И всяких иных партийцев, которые в момент откровения на площади Истины забывают самое важное и духоподъемное слово. Описывая одного из таких старцев, Коган называет его сухое тельце тушкой – точность, которой вряд ли не позавидует ценитель краткости.

Но всё это нужно читать. Некоторые тексты книги раскручиваются как сны. И как сны улетучиваются. Если кто-то думает, что это сделать проще простого, пусть попробует сам. Пересказу когановские вещи не поддаются. Да и смысл филологического анализа не в том, чтобы разложить по полочкам содержание. Настоящий текст тем и силен, что его тайна неизъяснима. Это и есть основной коан Когана: давая мифам новую жизнь – в мире абсурда, он отождествляет исчерпавшую себя, осточертевшую банальную дребедень с паранойей и казнит её издевательством и глумлением. В этом прелесть таких книг, как «Бедная проза».

Категорическая культура

А теперь попробуем найти их слабое место и заглянуть по другую сторону коана. Для этого нужно вернуться к Предисловию, где автор уподобляет себя Шейлоку, и признать общечеловеческое право на скупость. Ведь сам автор говорит, что «Бедная проза» написана дотошным собирателем имен, раскавыченных цитат, разных историй, мифов, фантазий, что она мотивирована культурной памятью человечества. Выше я назвала манеру автора свинцовой, хотя Исидор Коган сравнивает свое письмо с войлоком. Но, предлагая себя в образе Шейлока, как бы становится адептом игры под флагом Шекспира, в пьесах которого исчерпываются предшествующие попытки других драматургов. Здесь уважаемый Исидор впадает в ересь. Заигрывается. А может, самого себя переигрывает. Подпадает под чары своей фамилии: коганы – пропагандисты царских указов, ветвь приближенных к царям израильским, первосвященникам. Иначе говоря – агитаторы.

А уж совсем иначе – комиссары. Языком свинца наделенные и от него же погибшие.

Марк Аврелий не дремлет

Есть в «Бедной прозе» вещь, на которой стоит остановиться особо. И не только в связи с фольклорными пристрастиями автора. Это «Ступени блабы».

Автор сразу же поясняет: «блаба – это особое состояние человека, сопровождаемое видениями жизни малого народа в Экваториальной Африке». Предположим, что это так. Следом представляет свой текст как «роман без признаков романа и прочих литературных жанров». А вот это уже совсем не так. Читая, скоро начинаешь понимать, что перед тобой пародия, изощренная и тонкая, и что под блабой подразумевается околесица, какую несут люди, объевшиеся беленой. Так автор с издевательским правдоподобием, что называется, на полном серьезе выдает некий сказ, ориентированный на псевдоисторическую "лапшу", которую обильно вешают на уши, говоря о причинах Октябрьской революции, её демонах, героях и пр. Скрывшись под маской Исидора Свияжского, Коган закладывает свою идею в эпиграф: «Идите, опираясь на Посох Истины, коля Им в глаза, заросшие неправдой». Эта красивая фраза становится для читателя путеводной. Но она не спешит раскрыть свою глубину.

Отличие «Ступеней блабы» от других текстов книги в том, что, отсылая, как и они, к литературным источникам, этот «роман-не-роман» обнаруживает родство с новым российским кинематографом. Если хотите, с экранными галлюцинациями «Ангелов революции» Алексея Федорченко, современного режиссера из Екатеринбурга. Свою монтажную киноинсталляцию режиссер осуществил с Денисом Осокиным, сценаристом. Фильм, представленный на фестиваль, был отмечен специальной премией «Марк Аврелий Будущего».

Что же так поразило ценителей-итальянцев в фильме? Советские 30-е годы, народ меря, шаманы, приобская тундра, куда прибыли миссионеры из центра?.. Прибыли учреждать культурную базу. И учреждают Наркомат Неба. Но шаманы поднимают восстание. (Реальное Казымское восстание обских шаманов против советской власти произошло в 30-х годах).

Реквием по рыцарскому экстазу гениев Культпросвета таких, как Лариса Рейснер, Татлин, Малевич, Освальд Глазунов (режиссер расстрелянного латышского театра «Скатуве») и многих-многих других – так можно определить этот фильм, исполненный грусти, даже нежности к своим героям-ангелам. Видимо, это и покорило итальянцев.

Но вернемся к «Ступеням блабы». Трудно не заметить их идейное

Валерия ШУБИНА Коаны Когана. О книге Исидора Когана

сходство с «Ангелами» Федорченко. Подпись под эпиграфом: «от Исидора Свияжского» намекает на то, что туземный остров Отмель, где происходит действие «Ступеней», имеет отношение к Свияжску. В свое время в это сельцо под Казанью наведывались Троцкий и Лариса Рейснер с флотилией, с командой «Ваня – коммунист», где Рейснер была комиссаром. Укреплять советскую власть. Легенда говорит о том, что здесь даже памятник Иуде был установлен. Как первому революционеру. (Правда, никто этот памятник не видел.)

Невинный народец «флуффо», безмятежно живущий в «Ступенях блабы» на острове под сенью гигантских хвощей, подается Коганом как идеальная модель для социализации. И вот в доадамово неведение туземцев вторгается пришелец. Его прибивает к острову после кораблекрушения. Хитрый и властный, он прибирает Отмель к рукам. Проходит время и уже на диктатора готова управа. Комиссар ЧК Моисей Натанзон и валькирия революции Лора Победер прибывают на остров.

Имитация сказовой формы, лубок, китч – к этому прибегает автор, чтобы спародировать "лажу", которую выдают публике за историю. Коган как бы забавляется, сохраняя невозмутимую, серьезную мину, и тем перечеркивает эту "лажу", ставит крест от имени Исидора Свияжского.

По сути, все авторы: что Коган, что Федорченко и Осокин нацелены на одно – на правду о Революции. Но литератор делает это в форме насквозь прозеркаленной пародии (она задевает и сам факт, и его отражение и даже тень отражения типа слухов, баек), а режиссер – с помощью культурно-мистических видений кино. Их работы можно объединить по принципу: что не сделал Мистификатор, доработал Иллюзионист, а что не додумал Иллюзионист, дополнил Мистификатор. Так Посох Истины, взятый в начале, приводит Когана к планете Сатурн, под власть её последней безжалостной ипостаси – энергии, затмевающей разум. Страж мистерий Сатурн – планета, которая распоряжается судьбами всего живого. Всего, что принадлежит её доминиону. Даже гигантских хвощей, растущих на острове, даже зеленых изумрудов, транслирующих её влияние. И той белены, что видится под блабой. В ауре темного излучения гибнут и жертвы и палачи. Их пожирает Циклоп. Негативная энергия этой планеты снова активизировалась, снова сбивает с толку враждующих потомков, ослепляет страхом – таково послание автора. Посох Истины – пророческий атрибут, ведет Исидора к Улиссу. Ведь это он, хитроумный, победил Циклопа. Так текст, начатый как сказ, оборачивается загадкой, аллюзией в сторону Джойса и полной неизвестностью по поводу заданного автором вопроса: «Насколько хитроумны мы?».

Не по такому ли случаю автор «Бедной прозы» – приверженец контркультуры – требует от читателя иронии и культуры? Вот тут и спросить: уважаемый Исидор свет-Коган-задэ, вы что, охренели? На дворе 2019-й год новой эры! И 5779-й старой. Где их взять – иронию и культуру в нужном количестве? Агрессии навалом, оскорблённости до чёрта, эксгибиционизма – до тошноты, а ваших высоких материй – днем с огнем… (Опять же! привет Диогену – это он средь бела дня с фонарем искал Человека). Вашенская культура чувствительна к эпидемиям. Об отвращении к ней, которое нападает на человечество, еще ваш любимый Стефан Цвейг написал. А теперь его правду застолбил Илья Кабаков: «В будущее возьмут не всех»! Прямо как Данте начертал на воротах своей выставки в Третьяковке. Возвел страх в движущую силу жизни. И всех апостолов власти, секса и всяческих архетипов, этих Фрейдов, Юнгов и Адлеров послал подальше. Расписание выноса ведра на помойку увековечил на уровне приговских записочек и крика кикиморой. Кстати, гораздо раньше, убедительней и бесспорней это сделал тов. Зощенко, исповедуя преданность творчеству вне конъюнктуры. А сейчас Н. Касаткин (1932 г.р.) радикально совмещает миры без какого-либо шума и треска.

Неуравновешенные моменты жизни

Не уверена, что я переполнена этой самой культурой, которую автор так категорически требует, но интерес к его художественной личности у меня сразу возник. Наверно потому, что в Когане я поймала саму себя. Такие прыжки и гримасы жизни, какие случились с ним, заставляли задуматься. Одна работа в тюрьме чего стоит! Все эти гаспаровичи и прочие отпетые типы. А также великие стеклодувы, приверженцы мимолетности, оборачивающие высокие ожидания в мыльные пузыри. Во встречи с майорами по режиму. А до этого детство в Свияжске (том самом, что помянут в «Ступенях блабы») – при разрушенной крепости, оприходованной монастырями, потом госпиталями для пленных, сначала царскими (в Первую мировую войну здесь около года как австрийский военнопленный содержался Иосиф Броз Тито, будущий диктатор Югославии, в ту пору солдат, раненный в Галиции черкесским всадником), потом советскими психбольницами, тюрьмами, приютами для совсем уж обрубленных инвалидов войны; вот где кошмар! Его не пишут, его поют, уже опера есть о Свияжске, «Сны Иакова» называется, где намоленность, безумие, кровь бессудных расстрелов смешались в одну адскую эманацию, ту самую, что вышла из призрака коммунизма, который когда-то бродил по Европе. А после лавиной шизофрении двинулся на Восток. Выпеть, проговорить или возопить к небесам – есть ли музыкальный эквивалент истлевшим страницам следственных дел, историй болезней хронических сумасшедших или калек, изувеченных до состояния кочерыжек?.. Какой звук вберет в себя эти страсти? Реквием или минута молчания?

А до Свияжска – рождение в Ленинграде, блокада и мартовский лёд

1942-го по страшной «Дороге жизни». Что тоже достойно библейского видения.

Перечисленное вовсе не означало моей готовности к истолкованию «Бедной прозы», то есть партнерства в жанре, который можно назвать литературой о литературе. Абсурд, как и магия, тоже имеет цвет. Мое чувство абсурда видится белым. Чистым как лист. Потому сразу скажу, терпеть не могу жанр пересказов, его шум, котлованы для терминов. Всё это занудство, синечулочничество. Вторичность. Хотя нельзя не признать, кое-какие заметки вдогонку иногда важнее первоисточника, ставшего для них поводом. Но для этого нужно родиться Бахтиным. Так что идти по чьим-то следам – радость невелика. Но и героическая жизнь первопроходца тоже не сахар. «Ни тебе спасибо, ни мне здрасьте», – как в анекдоте, где обманутый муж сталкивается с любовником своей жены. То ли дело писать тысяча-энную статью о каком-нибудь монументальном лауреате или апробированной посредственности. Но… Не дано. Мне же как-то милее образ того молодого человека, который после Свияжска попал в Ригу, работал в тюрьме, интересовался архивным делом, любил читать, сам начал писать, потом бросил и, забыв свое одиночество бегуна на длинной дистанции, перескочил на другую дорожку – и сразу лбом в Психологию, Социологию, что-то еще. Этим наукам тогда дали ход, ничего удивительного, что публике потребовалось молодое горячее красноречие и нечеловеческое честолюбие. Неудивительно и то, что молодой человек бросил прозу. Молодые люди, может, для того и существуют, чтобы всегда что-то или кого-то бросать. Вопрос в другом: для чего существуют люди, так сказать, кое-что повидавшие и хлебнувшие, так сказать, непростые, начитанные, амбициозные и талантливые? Вот где главный коан Когана. Много ли примеров того, чтобы, кинув увлекательное занятие в молодости, человек через полвека вернулся к нему пересмешником и продолжил его на профессиональном уровне? Судите, каково прозаику, то есть мне, сушиться и париться в текстах, когда их проламывает личность самого автора, когда готовый герой налицо. При этом он не таится в каких-нибудь внутренних зеркалах своей книги, а кричит о себе, мешая услышать голоса своих же персонажей. И тем наводит на мысль о неврозе творца, о личном зацикливании на непризнании. Я не врач, но на меня это действует. Кто-то же должен сказать во всеуслышание, что «Бедная проза» талантлива, ярка, самобытна, не заметить нарциссизма её автора (этой полуценности-полуобузы) и по-дружески посвятить себя текстам. Ведь все междометия, восклицательные знаки, хвалебные лайки, эти ахи и охи на страницах Фейсбука не сделают книгу объектом исследования и осмысления. Задействованная, она всё равно останется вещью в себе, вне триады «писатель-читатель-критик». Тогда-то и взялась я за отзыв.

Эмиль СОКОЛЬСКИЙ. Книжный обзор

ОТРАЖЕНИЯ

**Валерий Земских. Бог сидит за пулемётом.
СПб. – М.: «Русский Гулливер», 2017**

Сколько ни читал Земских (а у него пятнадцать книжек!), всегда сомневался в том, что он как-то связан с прочей литературой – да и вообще с кем-либо. Он словно бы существует отдельно от всех, в своём пространстве, и разговаривает только с этим пространством. «Всё понятно / Даже то, что непонятно», – так можно объяснить его язык; то есть – понимать ничего не нужно, нужно видеть, чувствовать, вспоминать, представлять, думать о чём-то, брать на заметку, записывать… Что-то проносится мимо, что-то мелькает, мерцает, проплывает, покоится, – и всё это нужно ухватить, зафиксировать; вплоть до собственного состояния или настроения. Чем и занимается ежедневно, ежечасно Земских. При такой интенсивной восприимчивости нужно, наверное, иметь крепкую нервную систему, или попросту быть флегматиком. Валерий Земских – всегда ровен, спокоен, слегка задумчив и полностью отстранён от раздражителей из социального мира. По крайней мере, в стихи он никой напряжённости не впускает; может лишь обозначить некий итог проблемного происшедшего, – итог, окрашенный философской невозмутимостью:

Сел
Сел в лужу
Лужа большая
Грязная
Не перепрыгнуть
Не обойти
Не вычерпать
Сел и сижу
Со своей правдой
Присаживайтесь

Верлибры Земских, даже если читать их в рассеянности, никогда не проскальзывают мимо внимания: каждая строка – ёмкая, самодостаточная, отрывистая, иногда – независимая от соседних строк (последующая, например, может быть неожиданной до невероятности). Автор не «прокладывает» стихи строками, а бросает; бросок получается метким, звук – отчётливым. Краткость письма Земских можно уподобить военным донесениям: ни слова лишнего. И, как в военных донесениях, он пишет о чём-то реально происходящем, – либо вовне, либо только в его голове. И это происходящее – независимо от степени его реальности – как правило, сюрреалистично.

Тихо плакало в углу
отражение собаки
Та лежала под столом
Положив на лапы морду
Ей хватило двух блинов
Чтобы пребывать в нирване
Угол был сырым от слёз
Я погладил отраженье

Редчайший случай белого стиха у Земских! Даже само это обстоятельство преисполнено сюрреализма.

КОГДА БЫВАЕТ НЕ ПО СЕБЕ

**Андрей Полонский. Где пчёлы.
СПб.: Союз писателей Санкт-Петербурга, 2018**

«Когда мы были маленькими, было столько пчёл вокруг, / а теперь только мёд при лавках», – сокрушается автор. Но дело не в простых сожалениях, всё гораздо трагичней: «Человек рождается, человек умрёт, / может / ещё о чём-нибудь рассказать?» – это я привёл целиком стихотворение «Нищета философии». При всём тематическом разнообразии мысли Полонского сводятся к тому, что мы – смертны. Но дело даже не во всеобщей тленности, о которой писал ещё Державин, а в том, что и само наше рождение на свет не гарантирует жизни, – то есть того, что достойно ею называться; и единственное, на что способен мыслящий человек – осознавать, насколько он далёк от истинной жизни, от возможности быть всегда (или хоть иногда) на высоте: «… мы не так жили, как требовал Бог, / зато всегда знали, что Он от нас хотел». Полонский, безусловно, философ, причём его философия восходит к античности. Фалес (как пишет Диоген Лаэртский) сказал, что между жизнью и смертью нет разницы. «Почему же ты не умрёшь?» – спросили его. «Именно поэтому»,– ответил он. Полонский, однако, рассматривает «сходство» жизни и смерти в духовном ключе:

Время, полученное на жизнь, мы используем совсем по-другому,
и смерть, объедаясь, устаёт от излишеств,
она говорит, что ей не хватает
   обыкновенной борьбы, хотя бы простого спора, минутного противостояния,
так скучно, – говорит она, – ещё не было никогда.

Конечно, это – уж очень сильная метафора бессмысленного проживания; автор всё-таки настаивает на том, что есть «большие люди», которые говорят «на языке рек, степей, лесов, долин, гор, … огня и холода», и есть «маленькие», понимающие лишь язык «чашек и ложек, правил и порядков, …джинсов и топиков», говорящих «о детских травмах и гендерных переживаниях». Противоречие между большим и маленьким человеком язык этих стихов только обостряет; что стоят, например, «политические» реплики! Оттого Полонский отказывается от гармоничного лада, бесконечно прибегает к ритмическим сбивкам и переходит на прозаический разговор, который в одних случаях можно назвать верлибрами, в других – исключить из поэтического поля. Его строки не льются, не поют, не танцуют, они «нарезаются» на разную длину, размышляя, констатируя, замечая, вопрошая, простодушно признаваясь (вот, всё о том же: «Не то, чтобы я хотел спешить или, наоборот, остаться и остановиться, / наоборот, никаких претензий, просто бывает не по себе / от необходимости когда-то умирать…»). Но что мне видится особенно важным – во-первых, в книге есть мотив покаяния, – редкий гость в современной литературе:

Ну вот и я. Такой, как прочие,
Среди сомнений и причин,
Осознаю заветы Отчие,
Но не исполнил ни один.
За окнами зима. Смеркается.
Свободным прожил я? Рабом?
И очень хочется раскаяться,
Как староверу – об пол любом.

И во-вторых – в этом сборнике есть свет любви – спасительной, многое оправдывающей, придающей высший смысл – и жизни, и стихам. Которые, впрочем, и есть жизнь. Строки, посвящённые Анастасии Романовой:

Лучше тебя никого нет,
к сожалению, не всем это ясно, но
так обычно случается видеть свет –
это тоже не каждому суждено.
Этим я и пользуюсь. Иначе мне
пришлось бы совсем худо. Мир таким пустым
иногда кажется, как на дне –
никого не слышим. Лежим, спим.
Но я протягиваю руку, и вот, вдвоём,
иногда этого достаточно, чтоб действовать и говорить

о том, что мы несчастных выручим, устроим, обогреем, спасём, не наверняка, разумеется, но всякое может быть.

ПРОЧИСТКА ГОРЛА

**Андрей Таюшев. Обходчик.
М.: «Пробел-2000», 2018**

Дочитал до стихотворения на 14-й странице (а всего в «Обходчике» 84 страницы, не считая «Содержания») и почувствовал, насколько же оно органично выглядит среди прочих стихотворений Таюшева:

А за окном всё тот же дивный вид
Сквозь толщу осени зима уже молчит
С утра церковный колокол звенит
Ребёнок плачет
А маменька рычит ему: «молчи…»
И за руку волочит за собою
Спеша куда-то. Тучи небо кроют
И воздух, с дымом смешанный, горчит
О чём бишь я? – Да в общем, ни о чём.
Вдохнул – и выдохнул, едва пожав плечом.

Стихи-рисунки, стихи-настроения, стихи-наблюдения, стихи-заметки, а в целом – негромкий, лёгкий разговор человека, не обременённого трудным характером, излишней впечатлительностью и травматическим сознанием. Автор не склонен делать трагедию из чего бы то ни было; он принимает жизнь такой, какая она есть (точнее – какую видит). Не жалуется, не огорчается, а шутит над разного рода душевными нестроениями. Говоря о декабрьской депрессии, иронически замечает: «И вот опять в процессе я / Ныряния во мрак», а непрошенные грустные думы вызывают такой отклик: «Душа моя гаснет и киснет / А мыслям – как с гуся вода». Гармоническое восприятие мира проявляется и в том, что зима (или приближение к зиме) вызывает у Таюшева вместе и печаль и радость (в противовес «декабрьскому депресняку» есть другое: радуясь зиме, автор надеется, что «мороз прочистит горло, / Которое, как той вороне, спёрло / От воздуха сырого ноября»). Собственно, Таюшев и напрямую пишет о том, что жизнь «состоит из холода и горя, / Из радости и счастья – пополам». Впрочем, вспышек горя и счастья в этой книге нет. Повторюсь: автор ровен, тихо-шутлив, а «холод» и «радость» – поэтизирует:

Мы на фото: в саду, за столом, на любимейшей даче
Только что от реки – веселы, беззаботны, свежи

Август близок к концу, впереди уже осень маячит
Паутинкою в воздухе еле заметной дрожит.
Кто-то возится с мясом, а кто- то бренчит на гитаре
Кто-то водку уже разливает, а кто-то уже перебрал
И у дуба свернувшись калачиком, тихо кемарит
Кто-то возле костра шашлыком заправляет мангал. <…>

Название у книги символическое – «Обходчик». Взгляд словно со стороны, готовность улыбнуться миру и самому себе.

ОСВЕЩЕНИЕ ДУШИ

Юрий Аврех. Сферы.
Екатеринбург – Москва: «Кабинетный учёный», 2018

Голос тишины – так можно назвать стихи Юрия Авреха. Жизнь в них словно и не говорит словами – она течёт, струится сама по себе, и любой звук стремится к затиханию. Попытка сказать так, чтобы слова не нарушали безмолвия, а напротив – его наращивали, утверждали, сохраняли – вот поэзия Авреха. Его стихи – не столько наблюдения, сколько – созерцания; когда их читаешь – не отпускает впечатление, что «продуманность строк», «работа над словом», «поэтическая кухня» – эти слова кажутся здесь бессмысленными; Аврех «ловит» уже готовые строки, «не в силах подобрать слова / В живом молчании», – ловит с воздуха; их словно бы не коснулась обработка, правка, шлифовка.

Луна сквозь облака сияла
И светом тайны освещала
Дома и мир
И был так ярок и к земле так близок
Юпитер, и струился свет,
И слышно было тишину
Апреля. На пустых качелях
Я занял место, и смотрел,
И вспоминал.
И жизнь незримая, ночная
Сама собой жила. Жива.
И в тишине росла трава,
Не в силах подобрать слова
В живом молчании… Я наблюдал.
Луна светила. И миротворец ангел
Благословил в ночи меня.

Стихи Авреха – не социализированы, им это попросту не нужно;

образец его жизни – природа, в которой всё пребывает в гармонии. «Осенний день уравновешен / Покоем солнца и воды». Сначала мне показалось, что свой внутренний мир поэт встраивает в природу, словно в раму, но потом стало очевидным: мир свой он погружает в космическое пространство. То есть Аврех всё время уходит от земного; его земное уходит в невыразимое, невероятное: «И легенды реальны. Они не лгут и не / Притворяются правдой, а повседневная жизнь людей / Часто бывает побегом от собственных дней». Его строки – припадание внутренним слухом к музыке неземной – уж никак не «запись на фирменном диске»:

> <...>
> А небесная музыка тихо звучит. Звучит.
> А земная горчит. Или кричит.
> И каждый ищет сам для себя ответ.
> Над Соборами Праги невыразимый свет.

Аврех немногословен, его стихотворения коротки. Но читая книгу, ловишь себя на ощущении, что она вмещает в себя единое стихотворение, – то есть правильней сказать – поэму, – и поэтому фрагментами книга не воспринимается. Это сплошной поток тёплой энергии, которую можно назвать упоением жизнью, небом, пением птиц, морем, грозой и молниями, красотами любимых автором уголков Праги, Голландии, Санкт-Петербурга,– да что тут перечислять, когда каждая строка – прославление Создателя, – прославление от всего сердца, до просветляющих слёз благодарности. Юрий Аврех не смущается высоких слов; не в силах сдерживать восторг, он всё же действительно решается на поэму (которая и дала книге название). Слова вроде бы и простые, стиль старомоден, но Аврех обитает в таких «сферах», где нет понятий «архаика», «современность», «мода»:

> <...>
> А потом, когда прольётся дождь
> Божьими прекрасными слезами,
> Выйду я, превозмогая дрожь,
> Чтоб рыдать с Тобой под облаками,
> Тучами, в которых есть просвет,
> Пенье птиц над временем тягучим,
> Вязким, непонятным и могучим,
> За которым — истинная жизнь!

Справедливости ради приведу и другие строки – из «Ночи перед Рождеством» –доказательство того, что автор не столь уж прост, как это может казаться по отдельным стихотворениям; всё дело в том, что образами он не увлекается: они могут отвлечь от чего-то главного, не поднимаясь выше сугубо эстетических достоинств.

>   На улице метель и вспаханное небо,
>   В котором снег летит на ветряных крылах.
>   В ночь перед Рождеством вкушай вина и хлеба,
>   И выметай за дверь сомнения и страх.
>   Не плачь. В полях пустых уже пропали бесы,
>   И от молитв святых исчезли в темноту,
>   Когда метель летит над выбеленным лесом,
>   Не в силах охватить святую красоту. <…>

Книгу завершают «Стихи в прозе». Да, это действительно – больше стихи, нежели проза – с той разницей, что поэт здесь, отказавшись от стихотворно организованной речи, раскрывает – почти объясняет! – суть своего творчества, которая – в попытке обретения мира в душе, нащупывании пути к той самой «истинной жизни» и «свободе от невежества и страданий» (то есть – в поиске Царствия Небесного: конечно же, его можно найти не где-то, а в самом себе). «А сейчас я вслушиваюсь в дождь. Так небо говорит на своём языке нечеловеческими словами. Прикосновениями капель. Тихих, как благодать святых молчальников. Я разговаривал с небом. И лёгкие капли дождя нисходили с небес на землю, и я подставлял им лицо, чувствуя, как на душе становится тихо, и в сердце проникает мир. Каждую каплю я представлял и чувствовал, как частицу Благодати Божьей. Не знаю, сколько времени я был под дождём. В этот момент я не думал о времени. Кроны деревьев на фоне светлых сумерек были величественны»…

Высший смысл книги – освещение души; об этом, например, говорит стихотворение, по формальным признакам очень характерное для Юрия Авреха: неторопливый свободный ритм, движение от белого стиха к верлибру, неконфликтующие между собой слова и звуки.

>   И снова я заглянул в свою душу,
>   Чтобы увидеть в ней темноту, чтобы, раскрыв
>   Окна двери, выветрить пыль солнечным светом,
>   Высветить то, что ещё неосвещённым осталось, и
>   Произнести, что нет темноты.
>   Есть то, чему не хватило света,
>   Что просит любви, голодает,
>   Боится, хнычет, страдает,
>   Кричит.
>   Всему нужен свет, и я говорю:
>   – Я его принимаю.
>   И тогда свет темноту превращает в себя.

ИЗ ОГНЯ В СНЕГ

Изяслав Винтерман. Галлюцинариум; Страсть страстей
М.: «Воймега», 2017; «СТиХИ», 2018

Книг у Винтермана уже больше десятка; выходят регулярно. С одной стороны, это означает, что автор в хорошей «поэтической» форме; с другой – вызывает вопрос: не спешит ли он с изданиями? Может быть, нужно дать стихам хоть немного отлежаться? Есть и третье предположение: возможно, Винтерман намеренно не заботится о литературном «причёсывании» своих сочинений, коротких, как вдох и выдох, небрежных, словно разговорные фразы; бежит правильности предложений, отглаженности фраз, того изящества, которое может лишить сочинение речевой естественности. Мне не всё понятно в стихах Винтермана, они мне порой видятся по смыслу туманными и косноязычными – при том, что выстроены по строгим классическим канонам – с соблюдением размера и рифмы. Некоторые строки не устают меня озадачивать; вроде бы автор говорит о вещах серьёзных и главных (например, многие стихотворения – о любви), но то ли он привык на всё смотреть с юмором, то ли принципиально избегает душевности и лиричности, давая нам понять: я-то, конечно, говорю именно о том, о чём думаю, но не забывайте всё же, что это – не более чем стихи. Так-то оно так, но я, признаюсь, совсем не вижу разницы между автором и так называемым «лирическим героем»; у меня создалось стойкое впечатление, что всё, о чём пишет Винтерман – он пишет о себе самом; разве можно кому-то ещё приписывать такие заявления на грани пародии? – «Заливая все пазухи, все этажи,/ изгибаясь в какой-нибудь форме, / солнце вплавлено в женщину – / мне с нею жить/ и поддерживать линии в норме»; «Вот и тень твоя поправилась/ аж на целых три кило»; «Мы таем друг на друге! На огонь – / огонь, а утром выпадет два снега»; «Я женщину у бога попросил – / согреть себя и спереди и сзади»; «Женщина эта могла бы меня зажечь! / Я за такую – мог бы убить, украсть»…

В стихах Изяслава Винтермана есть взгляд на природу – как продолжение его размышлений о жизни, о времени; он, кажется, ни к кому не обращается: что-то бормочет про себя – возможно, во время бессонницы (ночное бодрствование не однажды возникает в винтермановских стихах; один из разделов книги «Галлюцинариум» называется «Школа сомкнутых глаз»); а это стихотворение из второй книги органично могло бы находиться и в первой – как очередная галлюцинация.

Ты мог в тысячу раз… – почему не в этот,
почему остаёшься жив?

Чьею волею, чьим обещание света
сохранён... для чего, скажи? <...>

Просто ты забыл: что ни жив, ни умер,
и паришь между сном и... сном, –
принимая желание жить за юмор,
умереть – за гротеск, приём.

Не разгадка ли оно тональности всех стихотворений Изяслава Винтермана? Юмор, гротеск... Так человек заслоняется от мыслей о смерти, так он маскирует драматическое ощущение жизни, несущейся в бездну.

ПО КОМ ПЛАЧУТ ДЕВЫ

Лиза Неклесса. Феноменология смерти.
СПб.: «Свободное направление», 2018

Страшные стихи. Не знаю, что и думать. Вот первое стихотворение – «Плакальщицы»:

Кто умер? - Не знаю,
Лишь вижу чёрных жён-ворон
И гроб, как падаль, на плечах
Ворон рыдающих.
Кто умер? Спрошу я.
«Никто», – ответят девы.

О чём речь? О воронах? О девах? Умер кто-то или нет? Понятно, что умер, но нам ничего не объясняется: просто речь идёт о смерти, об «ужасе», о «падали», которые не имеют отношения к жизни, существуют (не существуя) отдельно от неё, никоим образом с ней не пересекаясь и ничего друг о друге не зная.

Но следующее стихотворение наводит мост между жизнью и смертью:

На море требуется большая осторожность.
И лодок крашеных ты лучше не бери
Я не уверена, что лодок подбородки
Так уж охотно рассекают гладь
Отвар хлебая из морской воды
И украшая пеной себе щёки
Якутские глаза закрылись на скамейках
Но появились тут же по бокам.
Их мнёт руками море молодое.

Эмиль СОКОЛЬСКИЙ. Книжный обзор

Вечно молодое море – и лодка жизни, которая может захлебнуться, насыщая себя жизнью, украшая себя её радостями, – захлебнуться смертью от переизбытка жизни. Только так я могу понять эти строки, веющие каким-то отравленным дыханием. Но дальше – ужас нарастает:

Как тремор или тремоло на домре
Иль постоянное елозенье по скрипке
Смычком блудливым - в общем, так рука
К стакану наклоняется, дрожа

И запах мерзкий и соленый как на море
Когда кальмарами торгуют старики
Держа их связанными в лыковых корзинах
Откуда те глядят подслеповато –

Такой же запах. Мерзкий, словно соль
 Или другие ноты музыкальной гаммы
Когда стоишь на берегу, и соль кричит
И вылупляется из воздуха на ноздри <…>

Здесь соль выступает как природное образование («вкус жизни») и как музыкальная нота (заворожённость жизнью как забвение смерти). Адская музыка, «белая смерть», и снова – море, то есть – жизнь (поскольку назван «берег»). А смерть – она и здесь поджидает: во время игры на домре и на скрипке.

О дальнейших строках писать уж совсем нелегко. Это какая-то жуткая анатомия смерти, которая рассматривается во взаимосвязи природы и человека – обречённых, рука об руку стремящихся к исчезновению. Автор ни на миг не отводит взгляда от телесного угасания и нагнетает натуралистические подробности:

<…>
Рот, заполненный красный мешок
 Шиповника теплый бутон
Содрогнулся и задрожал
С уголка побежала струя <…>

Неклесса – не только пишет стихи, она – ещё и художник. То есть, в «Феноменологии смерти» мы имеем дело со стихами художника. И в стихах, и в смутных, как сны, иллюстрациях всё смело, всё безумно, всё за гранью. Взгляд в бездну. Заглядывать или не заглядывать в неё – воля каждого. Лиза Неклесса – заглядывает, остальное – решать нам: присоединиться к ней или отворачивать лицо.

ТОРЖЕСТВО ДРУЖБЫ

Александр Лебедев. Пенсионная книжка.
М.: «Образ», 2018

Почти все стихи здесь – посвящения друзьям, среди которых личности известные: Леонид Якубович, Тамара Гвердцители, Александр Градской, Александр Малинин, Лев Рубинштейн… Вместе с тем – «Моим родителям посвящается»: слова, предваряющие сборник. О чём такое говорит? Конечно, в книге есть стихи, обращённые к отцу и матери, но прежде всего – это значит, что книга адресована всем, кто возьмёт её в руки. Читатель приглашается на интересное, доброе театральное представление, в театр одного актёра; строки Лебедева – открытые письма, застольные речи, энергичные монологи, – то с грустинкой, то с улыбкой; за лёгкостью и изяществом, за остроумным литературным щегольством просвечивается прочувствованное, продуманное, большой жизненный опыт, судьба. «Пенсионная книжка» (а в «книжке» – почти двухсот страниц!) – не «высокая поэзия», это скорее «антипоэзия». Автор бежит серьёзности – и действует на читателя безотказно: нельзя относиться к жизни излишне серьёзно, не всегда нужны глубокие умствования и железные принципы; хочешь и можешь что-то изменить – меняй, напирай на препятствия, побеждай их; не можешь – успокойся и наведи порядок у себя в комнате, на даче, в своей душе, пообщайся с родным, с другом, или… напиши стихотворение!

> Я ловлю каждый лист,
> опадающий с чахлых дерев,
> хамской плитки приемлю
> шершавые серые ранки,
> фонарей неуместных
> беру на себя перегрев
> и наглеющий байков терплю
> по ночам перебранки. <…>

Стихи Александра Лебедева – настойчивое, с тёплым дыханием дружеской иронии, снятие напряжения, которого немало в нашей жизни; в них – ни слова о скорбях или даже о простых житейских заботах; мысли о дружестве, о «прекрасном союзе» друзей попросту не оставляют места для бытовухи – её даже и впускать в строки не хочется. Куда лучше – если уж говорить о грусти! – отвлечься, скажем, на природу – например, так: «В который раз / уютно я болею / томленьем убывающего лета».

Вот я и проговорился: «о грусти». Стихи Александра Лебедева, будучи такими «несерьёзными», в то же время полны грусти. Просто эта грусть почти растворена в жизнелюбии. Иногда она прорывается в чистом виде – например, в «новогоднем» стихотворении: «Я вас ни с чем не поздравляю – / не будет лучше новый год, / и кто-нибудь опять уйдёт / из тех, кого люблю и знаю». Это редкий пример прямого высказывания – да и посвящения здесь не стоит: стихотворение посвящено всем друзьям. Но вот образец разговора с глазу на глаз: своего друга Константина Воробьёва автор призывает поднять «два гранёных, / судьбой наполненных стакана». Популярный русский напиток не раз упоминается в стихах Лебедева, но здесь он уходит от банального распития и превращает дружеские посиделки в священнодействие, в торжество дружбы, в праздник сердца:

<…>
Пусть льются через край щербатый
печаль и горечь в наши глотки –
мы будем истинно богаты,
покуда в доме хватит водки.

Мы будем искренне беспечны,
покуда сигареты а пачке,
покуда света хватит в свечке
и хватит памяти в заначке. <…>

Не затянулись наши раны,
и эта жизнь не стала краше,
и снова в мутные стаканы
стучится наш надрывный кашель.

Пока ведёт нас, как бывало,
по горькой памяти дорога,
не важно нам, что водки мало, –
нас и самих уже немного. <…>

«Судить всякого автора следует по законам, которые он сам себе вменил в обязанности», – напоминает в предисловии Евгений Рейн. Хорошо владея формой, Лебедев упрощает свои способности стихотворца: с посвящениями широко не развернёшься. Но всем ли дано – достичь совершенства в своей – пусть маленькой – нише? Александру Лебедеву – удалось.

МЕРЦАЮЩАЯ ТИШИНА

Яна Кане. Равноденствие
М.: «Образ», 2019

Мысли, переживания, приметы повседневности – всё это есть в стихах Яны Кане, с 1979 года живущей в США. Но что приятно удивило в её стихах? Их спокойный тон. Например, читаю такую вот первую строку: «Отпусти меня в самое сердце зимы», – и сразу на душе покой, слух настраивается на музыкальную волну. Стихи Кане рождены не головой, а самой природой – дружественной, таинственной, манящей, зовущей; вот и объяснение спокойствия, ровного дыхания! Автор не забывает, что является частью природы, и потому научен терпению, смирению, не шумит, не плачет, не выражает бурно свою радость, просто живёт в согласии с ритмами вселенной. В стихах Кане много зимы, и невольно воспринимаешь все эти упоминания о морозе и снеге именно как образы покоя, душевного равновесия, которые невероятным образом поддерживаются среди обстоятельств, способных покой и равновесие пошатнуть, разрушить. Но Яне Кане, говоря языком Ахматовой «научилась просто, мудро жить»: «Печалью жажду утолив, / Весельем – голод, / Свободен тот, кто всё простил. / Он снова молод». Что не означает, конечно, лёгкости существования, – а то ведь можно сгоряча подумать, будто автор вообще не способен к сильным чувствам и жизнь его беспечна и беззаботна. Чувства Кане не кричат; возможно, не в последнюю очередь это объясняется тем, что она – по рождению ленинградка, а петербургская поэзия – традиционно сдержанна в выражении эмоций. Кстати – разве не о родном городе эти слова? –

<...>
Просыпается город далёкий –
И мне не спится.
Просыпается город озябший –
И мне тревожно.
Из любви можно выковать
Горечь и даже ярость.
Но нё превратить в забвение
Невозможно.

Здесь пробуждение словно бы спорит с вечерним часом: первое – неконтролируемые чувства, бессознательно проявляющиеся, а вечер – ясное сознание, работа души, настраивание себя на внутренний лад:

Погружаясь в сумрак,
как в воду,

Освобождаюсь от груза
Памяти, слов, имён. <…>

И я , как дельфин, выдыхаю
Безмолвную благодарность,
Всплывая и вновь погружаясь
В мерцающую тишину.

Есть в книге стихотворение, стоящее особняком; оно очень многое объясняет у Яны Кане: невозможность свободы во внешнем мире – и острая необходимость свободы внутренней, стремление к ней, вероятность её достичь. Другими словами – необходимость обустройства своей души.

Как птица в клетке начинает петь?
Вначале кажется – не выжить ей в неволе:
Кричит, и мечется, и разбивает в кровь
О прутья грудь, не замечая боли. <…>

Забившись в угол, много дней сидит
Нахохлившись, в немом оцепененье,
И только голос иногда подаст со сна –
Так, жалкое чириканье, не пенье. <…>

И постепенно громче и сильней,
Закрыв глаза, забыв про всё на свете,
Она поёт…и песнею своей
Свободных птиц заманивает в сети.

Здесь явный психологический подтекст. Я прочитываю его так (хотя автор, может, и не это имел в виду): человек рождается свободным; видя внешнюю, благополучную сторону жизни, хочет взрослеть и жить так же благополучно, как, по его мнению, живут другие, однако – оказывается в тисках житейских проблем. Легко ли в них «запеть»? Не всегда. Но Яна Кане утверждает: можно!

«Равноденствие» завершают короткие изящные рассказы (поэтические зарисовки) и несколько стихотворений на английском языке. Куда же от него деваться, живя на чужбине с пятнадцатилетнего возраста!

Олег ГУБАРЬ. Пушкинские адреса Одессы: дом Лучича

Перечисляя несохранившиеся пушкинские здания, первый серьезный исследователь этой проблематики В.А. Чарнецкий упоминает и дом Ф.Л. Лучича — ул. Жуковского, № 38, Александровский просп., № 6 (1).Филипп Лукьянович Лучич — довольно значимая фигура в Одессе той поры: коммерции советник, городской голова в 1824 – 1827, 1830 – 1833,1839 – 1842 гг. (2), с начала 1822 г. вместе с И.С. Ризничем входил в директорат Одесского коммерческого банка (3), член правления Ришельевского лицея и проч. (4), пушкинский знакомый (5).

Общеизвестно, что Пушкин упоминает Лучича в письме к своему приятелю, чиновнику и поэту В.И. Туманскому, из Михайловского от 13 августа 1825 г. Речь идет о том, что за несколько дней до отъезда из Одессы, то есть в 20-х числах июля 1824 г., Пушкин играл в карты в доме Лучича с хозяином и таможенным чиновником А.П. Савеловым, выиграв у первого 900 руб. На следующий день Лучич вернул Пушкину 300 руб. из этого проигрыша, а 600 перевел на своего должника, Савелова, с его, естественно, согласия. Но впоследствии этот последний непорядочно отказался от своего слова (6).

Оный сюжет интересен нам в том отношении, что его контекст явно свидетельствует о неоднократном посещении Пушкиным дома Лучича, о том, что отношения меж игроками были сложившимися, устойчивыми. На сегодняшний день об этом строении мы ровно ничего не знаем, ибо в градостроительной хронике зафиксирован лишь новый дом, построенный на том же участке Лучичем, документы на который он получил 10 декабря 1828 года (7). Возникает несколько вопросов: каким образом предшествующее сооружение оказалось во владении Лучича, когда, у кого оно приобретено и что собой представляло? Ответам на эти вопросы и посвящены наши разыскания.

Интересующий нас участок находится в пределах IV квартала Греческого форштата, под № 29 и смежными (8). Согласно реестру раздачи мест под застройку в сентябре 1794 г., №№ 29-32 в этом квартале отданы штаб-лекарю Миклашевскому (9) — это было не только угольное место по будущей Почтовой улице и Александровскому проспекту, но и почти весь квартал непосредственно по Почтовой. Застроил ли этот фигурант отведенные ему места? Из плана, составленного военным инженером Е.Х. Ферстером около 1802 г. (10) и высочайше утвержденного в 1803 г. как будто следует, что не застроил, ибо строения в этом квартале обозначены только со стороны будущей улицы Полицейской. Кто же в таком случае был здесь первостроителем? Ответ находим в одном из дел Одесского строительного комитета. 13 ноября 1818 г. именитый гражданин Ларион (Илларион) Портнов просит узаконить за ним места №№ 29-32 в IV квартале Военного форштата (к тому времени этот квартал, как и вся территория меж Преображенской улицей и

Александровским проспектом, фактически откололись от Греческого и примкнули к Военному форштату; впрочем, официального разделения на форштаты тогда уже не существовало, город разделялся по частям, а прежнее разделение бытовало по старинке).

Портнов пишет, что более 20-ти лет назад обзавел на этих пустопорожних местах дом и сад, причем его право удостоверило пятеро авторитетных старожилов, в том числе Осип Сапожников, Семен Андросов, Сидор Ширяев (11). 18 ноября прошение обсуждалось в Строительном комитете. Сверились с журналом инженерной команды, занимавшейся отводом участков в конце XVIII ст. Оказалось, что в 1795 г. №№ 29-30 числятся за надворным советником Иваном Боршаниновым (Боряниновым?), а №№ 31-32 за упоминавшимся штаб-лекарем Миклашевским, однако оставались пустопорожними, и более 20 лет назад застроены Портновым. Принимая вышесказанное во внимание, места со всеми обзаведениями Комитет за ним узаконил (12).

Весьма любопытны касающиеся тех же обзаведений архивные данные фиксирующие статус кво буквально месяцем ранее. 12 октября 1818 г. По предписанию Строительного комитета городской архитектор титулярный советник А.А. Дигби освидетельствовал «дом именитого гражданин Портнова, состоящий на Греческом рынке» (ареал этого базара был довольно расплывчат), где некоторое время назад произошел пожар, и насчитал в нем более 25 печей! Печные трубы оказались ветхими, без надлежащей изоляции, крайне опасными в отношении возгорания. Архитектор приказал разобрать трубы до потолка, чтобы меж потолком и крышей была «разделка из кирпича». Но хозяин разобрал только 5 труб «в том самом корпусе, где случился пожар», а остальные остались без изменений. Дигби докладывает, что полиция должна обеспечить надзор за исполнением противопожарных мероприятий, причем следует обязать Портнова подпиской. Далее зафиксировано, что строения внутри двора крайне ветхи, безобразны и грозят падением: надо разломать их до основания. «Крыша же покрыта им вновь под главным корпусом двухэтажного дома по большой улице (то есть по проспекту. — О. Г.) из драниц произведена без всякого правила бесподобным и удивительным безобразием, так что и описать нельзя» (13).

Ларион Федорович Портнов — одесский именитый гражданин, известнейший фигурант ранней истории Одессы, солидный купец (торговал русским железом, мануфактурой, лесом и др., отдавал внаем свою недвижимость), крупный подрядчик, владелец одного из старейших домов в историческом центре (14), на углу Дерибасовской и Ришельевской (№ 5, впоследствии на этом месте возведен существующий до сих пор дом Ралли), где находились популярные трактирные заведения, а также лавок с жилыми покоями в так называемом Красном ряду (15), городской голова в 1798-1800 гг. (16).

Прибыл в Хаджибей еще в сентябре 1792 г., будучи орловским купцом 2-й гильдии, и построил дом в два с половиной этажа, субсидировал сооружение временной деревянной Николаевской церкви, спонсировал постройку Городового госпиталя, одним из первых ходатайствовал о необходимости строительства кладбищенской церкви, получил два похвальных листа от одесских граждан (17).

Дата устройства интересующего нас комплекса строений («более 20-ти лет», то есть не позже 1798 г.) хронологически несколько расходится с упоминавшимся планом Ферстера, однако едва ли намного (к слову, датировка этого плана сама по себе достаточно условна: он мог быть составлен и ранее 1802 г.). Почему? Во-первых, недвижимость Портнова в Красных рядах как раз в 1798 г. фиксируется цитировавшимися архивными материалами, собранными А. Орловым. Во-вторых, в журналах Строительного комитета от 19 июля 1806 г. находим прошение именитого гражданина Портнова к герцогу Ришелье о дозволении присоединить к его и соседей местам из 15 сажeней улицы «за гостиными рядами, торгующими красным товаром» (располагались по проспекту и занимали два квартала, меж Троицкой и Почтовой улицами), хотя бы 5 сажeней, поскольку они испытывают большое стеснение во дворах. Однако Ришелье отказал просителям, поскольку такая прибавка сужала бы главную торговую магистраль и, разумеется, явно нарушала генплан (18). То есть в середине 1800-х комплекс интересующих нас строений представлен как давно сложившийся. Общеизвестно, что Красный (Гостиный) ряд функционировал уже в конце XVIII в. (19). О давности постройки, понятно, свидетельствует и тот же износ кровли, печей и дворовых построек.

В 1818 г. Портнову было 65 лет, и он, судя по всему, подумывал о передаче имущества наследникам — супруге Наталии, сыновьям — Егору, Василию, Николаю, дочери Анне (20). Недвижимость на Почтовой улице явно становилась обременительной, ее нелегко было реконструировать, в особенности после пожара. Понятно, что она досталась Лучичу, но при каких обстоятельствах? Исчерпывающий ответ находим в журналах Одесского строительного комитета от 14 января 1819 г., где изложено буквально следующее. Херсонская палата гражданского суда оформила купчую крепость: именитый гражданин Ларион Портнов продал одесскому купцу Филиппу Лучичу дом в IV квартале Военного форштата, №№ 29,

30, 31 и 32, со всеми строениями и землею за 28.000 руб. При этом оговаривается, что Портнов должен Комитету 5.000 руб., выданных ему заимообразно в июне 1805 г., и еще 1.000 руб., выданных прежде того.

В число погашения долга зачтены выполненные им работы по устройству набережной, 3.066 руб. (21).

О чем здесь идет речь? О том, что Строительный комитет ссужал достойных доверия горожан деньгами на домостроительство под скромные проценты (22), и Портнов тоже получал подобные ссуды. Что касается подряда на устройство набережной, то он надежно фиксируется сохранившимся архивным делом 1810 г. под названием «О покрытии Портновым набережной диким камнем вместо должных Комитету 6 тыс. рублей»

(23). И чтобы завершить историю Портновых, прибавим: после кончины главы семейства его наследница, супруга Наталия, не осталась без имущества (24). Правда, объявление Одесского сиротского суда от 1 мая 1837 г. о вызове наследников и должников после ее кончины (25) может означать, что благосостояние семейства к этому времени было, очевидно, подорвано.

Итак, что мы можем сказать о доме, который посещал Пушкин? Из современных планов (26) видно: довольно протяженный одноэтажный «дворовой дом» Лучича (который, по мнению архитектора Дигби, следовало разобрать до основания) стоял параллельно Почтовой и имел форму клюшки, а на проспект выходил недлинный по фасаду «главный двухэтажный корпус» — тот самый, что горел, отчего на нем и латали крышу.

Поскольку двухэтажный дом служил продолжением Красных рядов, постольку в нижнем этаже и размещались упоминавшиеся торговые помещения — четыре лавки со сводчатыми подвалами, а наверху — «жилые покои». Именно во втором этаже этого корпуса и проходили карточные бдения, ибо в полуразвалившихся одноэтажных дворовых постройках могла обитать разве что дворня, тут по обыкновению находились конюшни, каретный сарай, дровяной склад, уборные и т. п.

Накануне продажи Портнов частично восстановил эти строения (кое-что, как мы видели, даже в принудительном порядке), однако они оставались ветхими, ибо расчетливый Лучич, конечно, не стал бы их кардинально реконструировать накануне слома и постройки нового здания. Поэтому в первой половине 1820-х владения его поистине поражали «бесподобным и удивительным безобразием, так что и описать нельзя». Вот и выходит, что явно плачевное состояние апартаментов притерпевшегося ко всему в Кишиневе и на прочих задворках Александра Сергеевича нисколько не смущало — была бы игра и интересное общение.

И еще любопытный момент: выходит, поэт посещал экзотические, рельефные, пряные Красные ряды, где торговали мануфактурой, ювелирными изделиями, церковной утварью, «военно-офицерскими вещами», книгами, оптикой, стеклом, табаком, канцелярскими, москательными, колониальными и прочими элитарными товарами. Причем не только известные русские купцы Авчинников, Протасов, Андросов и др., но и греческие, немецкие, еврейские, армянские, караимские, молдавские коммерсанты.

Затем Лучич построил новый роскошный дом (1828 г.), по красной линии Почтовой улицы и отчасти Александровского проспекта, и с 1 октября 1838 г. в этом здании разместилась Херсонская духовная семинария (27). После его кончины наследники продали семинарии дом и подсобные помещения, разумеется, вместе со всей землей (28). Так или иначе, а мемориальный знак тут был бы вполне уместен: Портнов, Лучич, Пушкин, Красные ряды, Духовная семинария — уж очень велика плотность меморий на этом перекрестке.

Примечания

1. В.А. Чарнецкий. Древних стен негласное звучанье... — Одесса: «Друк», 2001, с. 60.

2. Одесса: 1794$1894. Издание Городского общественного управления. — Одесса, 1894,

с. 791.

3. «Новороссийский календарь на 1837 год». — Одесса, 1836, с. 113.

4. Пушкин. Статьи и материалы. Под редакцией М.П. Алексеева. Выпуск III. — Одесса,

1926, с. 66.

5. Л.А. Черейский. Пушкин и его окружение. — Ленинград: «Наука», 1989, с. 243.

6. Летопись жизни и творчества А.С. Пушкина. — Ленинград: «Наука», 1991, с. 355,

440, 556.

7. Государственный архив Одесской области (ГАОО), ф. 59, оп. 1, д. 973, 5 л.

8. Согласно генеральному плану, составленному Г.И. Торичелли в интервале 1827$

1828 гг. — ОГИКМ, инв. No К$605

25

9. Застроение города Гаджибея, теперь Одессы, в 1794 году // Записки Одесского об$

щества истории и древностей. Т. III. — Одесса, 1853, с. 593.

10. ОГИКМ, инв. No К$600.

11. ГАОО, ф. 59, оп. 1, д. 127, л. 710$711.

12. Там же, л. 713$714.

13. Там же, л. 611$612.

14. К. Смольянинов. История Одессы. — Одесса, 1853, с. 39.

15. Олег Губарь. Новые вопросы о старой Одессе. — Одесса: «Optimum», 2007, с. 145$146.

16. А. Орлов. Исторический очерк Одессы с 1794 по 1803 год. — Одесса, 1885, с. 50.

Одесса: 1794$1894. Издание Городского общественного управления. —

Одесса, 1894,

с. XVIII, 72, 231, 232, 791. В.А. Чарнецкий. Древних стен негласное звучанье... — Одесса:

«Друк», 2001, с. 28.

17. Записки Одесского общества истории и древностей. Т. XII. — Одесса, 1881, с. 461$

462. Одесская старокладбищенская Всех Святых церковь. (Исторический очерк). Соста$

вил П. А. Т. — Одесса, 1899, с. 3.

18. ГАОО, ф. 59, оп. 1, д. 18, л. 32.

19. ГАОО, ф. 17, оп. 1, д. 20, 106 л. К. Смольянинов. История Одессы. — Одесса, 1853,

с. 60. Красные ряды, разумеется, обозначены и на упоминавшемся плане Ферстера.

20. А. Орлов. Исторический очерк Одессы с 1794 по 1803 год. — Одесса, 1885, с. 106,

123, 132.

21. ГАОО, ф. 2, оп. 5, д. 275, л. 35.

22. Смотри, например, ГАОО, ф. 59, оп. 1, д. 20, 173 л.

23. ГАОО, ф. 59, оп. 2, д. 32, 86 л.

24. Смотри, например, ГАОО, ф. 59, оп. 1, д. 1573, 8 л.; оп. 2, д. 232, 15 л.

25. «Одесский вестник», 1837, 1 мая.

26. План Г. Торичелли, на который я уже ссылался, и план Ф. Фраполли 1814 года.

27. Одесса: 1794$1894. Издание Городского общественного управления. — Одесса, 1894,

с. 643.

28. ГАОО, ф. 59, оп. 2, д. 621, 6 л. Одесская старина. — Одесса, 1869, с. 52-53

Владислав КИТИК. «По праву лирного родства…»

* * *

Где божественный Данте закончил земные круги,
Где пылающий Байрон любовь свою прятал за стены,
Я когда-то родился… Тех лет продолжая шаги,
Я вернусь в этот город, что вечностью назван Равенна.

Хладнокровный, как мрамор, врезается в сумерки дня
Парус, выпятив грудь.
                    Тает в море напев колыбельной,
Спетой не для меня. А могли бы покоить – меня
Рей сосновых качанье и шорох сосны корабельной.

Как ребенок, играл бы с дельфинами, как мореход
Вновь открыл бы и порт, и флажка указующий палец,
И сквозняк переулков Равенны, в которых живет
Дух пророчеств, летающий над тишиной усыпальниц.

Нет к пророкам любви, но к словам избежав глухоты,
Иногда одинаково слушают сердце и уши.
Там закрыты долги, и манжетами стерты висты.
Ни одним парадоксом поток перемен не нарушу.

Но хотя бы увидеть за шторами твой силуэт,
Только б глянуть в окно, толщу времени превозмогая,
Где, наполнив кувшин, чтобы в воду поставить букет
Белоснежных цветов, ты всегда меня ждешь, дорогая.

* * *

В морщинках трещин, в паутине лет
Любуется прибоем город Сет,
От рыбьей чешуи блестят лучи,
Веслом по борту лодочка стучит.
Дым парохода. Порт…
                    Не знаю сам
Зачем по мокрым охровым камням
Я, как француз, в берете и кашне
Шел к маяку, который Клод Моне
Изображал.
           И снова – как тогда
Бесшумно кисть касается холста.
Стоит скала. Рассвета ждет коса.
Одушевляют гавань паруса,

Мне оставляя ветер кочевой
И репродукций глянец неживой.
Так от кормы волнообразных лет
Давно отстал солнцелюбивый Сет,
И, кашлянув, старательно ведет
Мечтам и дням неторопливый счет.
Когда ж по сбитой лестнице наверх
Идет, хромая, XXI век
И набегает запад на восток,
Приятно вспомнить южный городок,
Где в свой черед под здешним маяком,
Любили жизнь художник с моряком.

ВЕЧЕРНИЙ ЛЬВОВ

Мечтательный кофе, эклектика пиццы,
Каменья тенистого средневековья, –
Все в улочке сгорбленной, словно черница,
Ведомая в жизни иною любовью,

Иной тишиной сокровенных печалей,
Смягчающих наших сует аритмию.
Еще от перрона состав не отчалил,
И можно поставить лампадку Марии…

Поверить, что жизнь повторяется снова,
Чтоб хлопнуть тебя по плечу фамильярно,
Вернув к дружелюбию старого Львова,
Позвавшего выпить за столик «кавярни».

Но стихли к луне обращенные тосты,
Легко в силуэт превращается башня,
И кажется, что в настоящем, то – просто,
А то, что еще ожидает, – не страшно.

* * *

Все, как по нотам: клекот страсти,
Мятеж, переворот зеркальный
Как способ отраженья власти,
Созданье символов опальных.

Триумф. Надежды. Обещанья.
Призыв к аналогам былого.

Страх. Депрессивное молчанье
Как плата за свободу слова.

И что от переделки мира
Вернет к себе?
                    Ах, неужели!..
Шаги державинской Плениры,
Свирель для маленькой Адели.

* * *
Солнце низко – почти у обочины,
Темный холод идет от воды.
Для кого к небесам приторочена
Одинокая блестка звезды?

Даже свечку неровно оплавило
Наваждение смутных времен,
Где под игры подогнаны правила,
И не каждому писан закон.

Только ночь не бывает рассудочной.
Открывается небо окном.
В доме тихо, за стенами – сумрачно.
Утомленно широким крестом

В обе стороны руки раскинуты,
Будто хочешь обнять белый свет.
Все попрал бы, как ангел низринутый.
Но иного спасения нет.

ПРОСЬБА К АНГЕЛУ

Побудь со мной у правого плеча,
Оставь свою намоленную фреску,
Подай мне знак, пока горит свеча,
Качнув рукой незримой занавеску,

Раздуй огонь во снах, как наяву:
Он помнит вечность, он – ее движенье.
И я прочту Десятую главу,
И «Мертвых душ» узнаю продолженье.

Представлю, как, смеясь, горел Щедрин,
Как Достоевский морщит лоб угрюмый,
Как Герцен смотрит пристально в камин,
Чтобы былое превратилось в думы.

Благое дело рукописи жечь, –
Есть, что беречь и от чего отречься…
Не столько речь важна, не столько печь,
Как самому до этого обжечься.

* * *
    «Кузнечик дорогой…»
      М. Ломоносов

Кузнечик на моем ботинке
Сидит, расправив пеньем грудь.
Но чем свистящей хворостинкой
Его сольфеджио спугнуть,
Мы лучше солнышком подышим, –
Два незнакомых существа.
И пообщаемся неслышно
По праву лирного родства.

Иван ЛУКАШ (1892-1940) Правнучки Гоголя и Пушкина в Париже

Холодный вечер с дождем. В парижской весне, когда зацветают сирень и каштаны, есть такая холодная полоса.

Квартира на четвертом этаже, около Конвансион. Темная, прихожая. Наша эмигрантская квартира, где все вещи как будто собраны наспех и случайно. Меня встречает графиня Анна Николаевна Апраксина и ее старшая сестра, Елизавета Николаевна Савицкая. Третья сестра Наталья Николаевна, живет в Белграде, они правнучки Гоголя и Пушкина.

Отец их Николай Владимирович Быков, сын сестры Гоголя, Елизаветы Васильевны, вышедшей замуж за Владимирского помещика Быкова, а мать, Мария Александровна, внучка Александра Сергеевича Пушкина.

* * * *

Николай Владимирович Быков, племянник Гоголя, служил в молодости в Нарвском гусарском полку, которым, как известно, командовал старший сын Пушкина, Александр Александрович. Именно тогда племянник Гоголя и встретился, а позднее повенчался, с внучкой Пушкина, Марией Александровной. В рядах Нарвского гусарского полка Николай Владимирович проделал балканскую кампанию 1877 года, вышел в отставку поручиком, служил, по полтавскому губернскому присутствию, а в конце жизни был в составе правления полтавского земельного банка.

Во время революции, в 1920 году, три внучатые племянницы Гоголя выбрались из России через Константинополь, как и большинство эмигрантов. У Быковых есть еще четыре сестры, и было два брата, ныне скончавшихся.

Владимир Андреевич Савицкий, муж Елизаветы Николаевны, киевский и полтавский помещик, соиздатель «Полтавского Вестника» и сотрудник южно-русских газет, служит теперь в Париже на телефонной станции, Елизавета Николаевна вышивает, обе их дочери также служат.

Граф Апраксин, муж Анны Николаевны, служит инженером-электриком; сама она музыкантша, но теперь занята двумя своими малышами. Семья потомков Гоголя и Пушкина в Париже, как видите, большая, и настоящая эмигрантская.

* * * *

Легко перебирая цепь часов, больше рассказывает старшая сестра, Елизавета Николаевна, а младшая, Анна Николаевна, устроившись на канапе, изредка ей помогает, закуривая очередную папиросу. Очень обычная эмигрантская встреча в дождливый вечер и совершенно необычайный рассказ о Гоголе, Пушкине, Жуковском, о полтавской Яновщине.

Иван ЛУКАШ (1892-1940) Правнучки Гоголя и Пушкина в Париже

В самом голосе Елизаветы Николаевны, чистом и сильном, и в овале ее лица, или во взгляде Анны Николаевны, в ее движениях, я не знаю в чем, но кажется, чувствую я некое странное и живое дуновение, может быть, отдаленный звук, строй и лад тех же голосов, тех же движений, что были у их прадедов Гоголя и Пушкина. И сокровенным знаком кажется сочетание двух имен в этой семье.

Сестры просто рассказывают мне все, что семья сохранила о прадеде. Это домашние воспоминания об отцовской усадьбе Яновщине, славного Миргородского повита, Полтавской губернии, о детских годах в бабушкином доме в Полтаве.

Необыкновенной солнечной тишиной Украины, буднями помещичьего Миргорода и простотой домашности веет от воспоминаний сестер.

* * * *

Их отец, Николай Владимирович, вместе со всеми детьми Елизаветы Васильевны, после ее смерти, воспитывался другой сестрой Гоголя, Анной Васильевной, оставшейся в девичестве. Гоголь писал сестре Анне, кажется, чаще, чем другим сестрам, Марии, Елизавете и младшей Ольге. Младшая сестра, Ольга. Гоголь, как помнят сестры Быковы, больше всех походила на портреты своего брата и была такой же остроносой.

Сестры Быковы хорошо помнят бабушку Анну Васильевну, пережившую всех замужних сестер, и скончавшуюся в девятисотых годах в тихой Полтаве.

Анна Васильевна Гоголь была небольшого роста, с легкой походкой, добрым, круглым и свежим лицом. Она была в свою мать, Марию Ивановну. Глаза у Анны Васильевны, как у всех Гоголей, были светлые, прозрачно-серые.

Когдато, в былые времена, которые кажутся уже небывалыми, в тридцатых годах прошлого века, мать Гоголя, Марья Ивановна, по просьбам сына из Петербурга, записывала в Яновщине народные песни, сказания, страшные рассказы и собирала старинные деревенские плахты и гетманские наряды.

В те невероятно далекие времена никому неведомый провинциал Гоголь, дрожа от стужи и ветра, бегал по Петербургу, пробуя все — актерство и чиновничество, и репетиторство, и литературу. Он уже знал тогда, свое призвание и уже страшился он, судя по одному его письму, «черной квартиры неизвестности в мире». Ему тогда едва минул двадцать один год. Его младшие сестры тоже, как умели, помогали матери собирать украинские сказания и песни для брата.

* * * *

Сестры Быковы помнят, что бабушка Анна Васильевна была очень рассеян-ной, можно сказать невероятно рассеянной, часто путала имена детворы, и по доброте своей все раздаривала. Анна Васильевна Гоголь всегда носила чепец с кружевной оторочкой и бархатную тальму. В ее милой светскости было нечто, напоминающее старинные портреты помещичьего дома, писанные еще крепостным живописцем. До своей кончины Анна Васильевна жила в Полтаве, в мирной усадебке, что неподалеку от полтавского девичьего института. В детских воспоминаниях сестер сохранилась не раз повторяемая сцена. Бабушка Анна Васильевна, в неизменном кружевном чепце и тальме, в солнечный день, сидит у окна в покое полтавского дома. Какие-то заезжие гости окружают кресло бабушки. И вот заговорили о «братце» Николае Васильевиче. И вот уже тоненький старинный платок забелел в ее руках. Беседы о Николае Васильевиче расстраивали ее до того, что многим заезжим поклонникам Гоголя она, по старческой доброте, «для вечного сбережения» дарила его собственноручные записки, его письма, тетради, рисунки. Сестры вспоминают теперь об этом с жалостью и отчаянием.

* * * *

А горничной девушкой у Анны Васильевны Гоголь была бывшая крепостная Наташа, живая старушка с кривым подбородком, уже отдыхавшая на покое, весельчак и забавница, любопытная фигура полтавского дома.

Дряхлая горничная девушка Наташа была дочерью славного гоголевского слуги Якима. Николай Васильевич Гоголь не расставался со своим крепостным человеком Якимом в долгих странствованиях по заграницам.

В нанковом коричневом сюртуке, ворот хомутом, с тугим черным галстуком, обмотанным вокруг шеи втрое или вчетверо, молчаливый Яким был неизменным попутчиком Гоголя по бричкам и дилижансам, на постоялых дворах, в итальянских остериях и по немецким пансионам.

По домашним преданиям, молчаливый Яким, суровый молитвенник и удивительный знаток священного писания, мог бы рассказать о Гоголе много такого, чего не знал о нем ни один другой человек на свете, но Яким так и хранил молчание до самой своей смерти.

* * * *

Сестры уже не застали гоголевского слугу в живых, зато в Яновщине, на покое, доживали свой век крепостные еще отца Гоголя, ветхий Петро и ветхая Настасья.

От двух стариков до сестер докатились дальше отзвуки гоголевских времен, деревенские тихие о нем предания.

В летний день, когда звенела полуденная тишина и теплые дуновения едва шевелили волосы старого Петро, в Яновщине, на кургане, что над прудом, бывший крепостной рассказывал девочкам, притихшим в траве, о паныче Николае Васильевиче.

В Полтаве стояла засуха, и был недород, рассказывал Петро, когда паныч вернулся из дальней столицы, может быть, из Москвы, а может быть, еще дальше от той столицы, где живет сам государь. В Яновщине паныч созвал тогда парубков и девчат. Много пришло народу. А Микола Васильевич повел их всех на это самое место и сказал: «Ройте здесь глубокую яму». Люди вырыли ему глубокую яму. Тогда он сказал: «Теперь насыпайте высокий курган».

Насыпали и курган и еще обвели его рвом. Люди все «сробили», как было приказано, и он наделил их деньгами и подарками, а Петро, когда был уже насыпан высокий курган, спросил паныча, зачем ему это понадобилось. «Вы насыпали мой курган, — сказал Гоголь, — чтобы люди меня вспоминали, когда я помру...» По-видимому, в тяжелый для Полтавщины год, Гоголь задумал так дать заработок своим деревенским сверстникам.

Но в доме Быковых жило предание, что в тот курган над тихими водами Яновщины Гоголь зарыл тайную свою рукопись. Все младшее поколение дома в это верило свято. «Я и теперь убеждена, что он зарыл туда рукопись, — говорит мне графиня Анна Николаевна.

Отец, Николай Владимирович, знавший такое домашнее предание, настрого запрещал детям разрывать Гоголевский курган.

Но все же, однажды, когда отец с матерью уехали куда-то к соседям, вся детвора живо снарядилась и отправилась на курган с лопатами и мотыгами. Рыли долго, до седьмого пота и до самого вечера. Под курганом, на котором шумела седая трава, дети прорыли целую пещеру, но в земле не нашли ничего, только было почему-то много в кургане старых, уже изгнивших кусков дерева. «А я все равно верю, — повторяет графиня Анна Николаевна, — что он зарыл там рукопись. Нам надо было еще глубже рыть, тогда бы нашли...»

Так, по-видимому, живуче в семье гоголевских потомков предание о таинственной рукописи, зарытой Гоголем в кургане в Яновщине.

* * * *

И еще одно любимое место Николая Васильевича было в Яновщине. Оно называлось Дубки. Росли там дубы в беспорядке, толпой, и на дороге, и по холмам. Это были Гоголевские дубы, и те же Настасья и Петро рассказывали, что сеял их сам Гоголь: возьмет в горсть желудей и бросит, с закрытыми глазами куда упадут. «Куда упадут, там и вырастут».

Там и выросли его дубы.

* * * *

Скромная помещичья семья, и в Яновщине, и в Полтаве, с

удивительной простотой и душевностью берегла память писателе. Сестры с детства помнят две гравюры: потемневшее от времени «Преображение», которое любил сам Гоголь и другую, позднюю гравюру «Гоголь, сжигающий свои рукописи».

В Яновщине, в их доме был особый Гоголевский повой. Девочки въходили туда со странной и трогательной учтивостью, как входили они в деревенскую церковь. Там стоял темный книжный шкаф Николая Васильевича, задернутый тафтяной занавеской. В шкафу были его книги и среди них пожелтевшая «История Малороссии» Кулеша.

В другом углу стояла конторка, на которой он в бытность свою в Яновщине писал стоя. Конторка красного дерева, сработанная в старые времена венским мастером, потертая по краям и изрезанная перочинным ножом, в чернильных кляксах и росчерках, пробах пера.

А под конторкой, в потемках покоился в тонком слое пыли дорожный чемодан Николая Васильевича, тот самый обтертый и, как бы выдохнувшийся дорожный ковчег с потертыми ремнями, который сопутствовал Гоголю и в Рим, и в Париж, в Штутгардт и в Ниццу, в его долгих — долгих дорогах.

В том же покое, а потом в Полтаве у Анны Васильевны, был портрет Николая Васильевича, писанный с него в Италии Федором Моллером. Портрет этот совершенно известен по любому школьному изданию миллионам людей.

Но, вероятно, мало кто заметил, что на портрете поблескивает на груди Гоголя золотая цепь.

Сестры Быковы знают, что это золотая цепь от часов Гоголя, которые он носил так на длинной цепочке через шею.

Кроме того, у Николая Васильевича были довольно большие часы, подаренные ему Пушкиным. Сестры видели у бабушки эти золотые часы с серебряным ободком. Самому Пушкину часы достались от Жуковского. Кажется, в Царском Селе был сделан Пушкиным этот подарок молодому Гоголю.

Пушкинские часы были остановлены в час и минуту смерти Николая Васильевича, и никогда и никто их больше не носил.

После смерти Анны Васильевны, мать сестры Быковых, внучка Пушкина, Мария Александровна носила обычно золотую цепочку от часов Гоголя.

Сохранилась домашняя фотография Марии Александровны, где хорошо видна эта длинная цепь от часов, кованая крупными плоскими звеньями. Позже цепь была украдена.

Сохранился еще шелковый шейный платок Гоголя, почему-то наполовину оборванный. У сестер осталась память и о старинном его жилете, гранатового бархата с белым крапом, также берегшемся в помещичьем доме.

Где теперь все это в России, сестры точно не знают.

Иван ЛУКАШ (1892-1940) Правнучки Гоголя и Пушкина в Париже

И еще одно воспоминание, щемящее и странное, осталось у сестер.

* * * *

В доме был старинный рисунок, как бы смутный след чьего-то дыхания, точно кто-то только что обвел туманный, едва видимый, очерк длинноносого лица, профиль Гоголя. Это был рисунок самого Гоголя. Когда-то он сам, глядя на себя в домашнее зеркало, как бы снял свое магическое отражение.

Может быть, Гоголь оставил его, вернувшись из тех своих скитаний, когда он приникал к домашней тишине, ища утешения в ее благословенной простоте и ясном покое ее вечеров, с мирным пением деревенских дверей.

Он, может быть, тогда начертил это смутное отражение, когда уже чувствовал свой душевный надлом, свои «открытия и предслышания», и «духовные зеркала», предсмертную смуту и откровение духа.

* * * *

«Мы, конечно, ничего не могли вывезти с собою, — говорит Елизавета Николаевна. Всего несколько домашних фотографий, дорогих нам...» Сестры показывают мне пожелтевшую фотографию, вероятно, еще времен императора Александра II: Гоголевский дом в Яновщине. Перед домом парубки и девчата, один нарубок со скрипицей. Вот они Агапки, Ганны, и Вакулы, наивные и счастливые в своей совершенной свежести, с которых писал Гоголь героев «Вечеров» и «Мир города». Теперь Вий или сгубил или подавил их всех со всей темной силой своих чудовищ. В разгар революции крестьяне Яновщины не только не поддались агитаторам, но сами, по своей воле защищали и охраняли усадьбу Гоголя от проходивших шаек.

Еще пожелтевшая домашняя фотография «верховья» тихого пруда в Яновщине и портрета Николая Владимировича.

* * * *

«Одну только гоголевскую вещь удалось мне вывезти, — говорит с улыбкой Елизавета Николаевна. — Я вам ее покажу». И она приносит крошечный наперсток красноватого золота, старинной чеканки. Прелестно вычеканена по его краю гирлянда листьев с серебряными цветами. Этот наперсток с другими сувенирами, подарками сестрам, Николай Васильевич привез в Яновщину в свой последний перед смертью приезд, после 1848 года.

Это его последний подарок сестре Елизавете Васильевне, бабушке Быковых. Другие сувениры исчезли, а крошечный прелестный наперсток остался. И было ему суждено вместе с потомками Гоголя долгое изгнание, чужбина.

Я рассматриваю его, и кажется мне каким-то волхованием, что я касаюсь крошечного куска потемневшего золота, которого касались и его руки.

«Как странно, — говорит Анна Николаевна, — что он его когда-то рассматривал, выбирал, бережно вез сестре...

* * * *

Елизавета Николаевна вспоминает и полтавских соседей, и поместье Трощинского, где когда-то отец Гоголя, Василий Афанасьевич, разыгрывал домашние спектакли, а маленький Николаша восхищался первыми театральными зрелищами. Помещичий дом, когда довелось там быть Елизавете Николаевне, уже стоял запущенный, крытый соломой, а рядом с ним тянулось строение забытого крепостного театра. Там, во времена Елизаветы Николаевны, в пустом зрительном зале, мирно дозревали в ненарушимом покое на полу благословенные украинские арбузы, абрикосы и груши...

* * * *

Мы заговорили о матери сестер, Марии Александровне Пушкиной. Она вторая дочь Александра Александровича Пушкина, старшего сына поэта. Она жива. Она в России. Сестры хорошо помнят и дедушку Александра Александровича, который для России, как бы навсегда остался маленьким «рыжим Сашкой», как называл его Пушкин.

Они помнят сухощавого невысокого старика, с мягким, слегка смуглым и подвижным лицом, седобородого, лысого, в очках, за которыми живо и весело светились слегка прищуренные приветливые глаза, серые, с синевой, пушкинские глаза.

Александр Александрович постоянно жил в Москве. У сестер осталась от него память, как о благородном, барственном человеке. В нем было что-то слегка старомодное, кавалерственное, обаятельное, и простое.

Он командовал Нарвским гусарским полком. На домашней фотографии, вывезенной из России, Александр Александрович снят в полной парадной форме, в регалиях, во весь роста. Он похож на отца, особенно верхней частью лица, и тонкостью черт, и выражением глаз.

Мать свою, Наталию Николаевну, жену поэта, Александр Александрович, как и все в семье, почитал глубоко и трогательно. Наталья Николаевна часто приезжала гостить к старшему сыну в Москву. Именно по приезде к сыну на крестины его третьего ребенка, Наталия Николаевна смертельно простудилась, слегла, и вскоре скончалась. Это было в шестидесятых годах. Есть еще много неясного, неточного, и явно искаженного в представлениях русского общества о Наталии Гончаровой, как и о последней любви и смерти поэта.

От второго замужества Наталии Николаевны за Петром Петровичем Ланским у нее было три дочери Александра, Елизавета и

Иван ЛУКАШ (1892-1940) Правнучки Гоголя и Пушкина в Париже

Софья. Александра Петровна, но мужу Арапова, как известно, горячо выступала в печати в защиту памяти своей матери.

Барон Геккерен-Дантес, смертельно ранивший Пушкина на дуэли, до конца жизни мучился таким исходом поединка, всегда говорил, что не желал того, что «черт вмешался в это дело». Уже стариком, здесь, в Париже, Дантес не раз дрался на дуэли за малейший намек на оскорбление или поношение памяти Наталии Николаевны.

Младший сын Александра Александровича Пушкина, внук поэта Николай Александрович, как известно, благополучно здравствует среди нас, издавна проживая с семьей в Брюсселе.

Сестрам известно, что внук барона Геккерена-Дантеса приезжал в Брюссель к внуку Пушкина и предложил ему покончить с почти вековым трагическим раздором двух семей и примириться.

Полное и дружеское примирение Пушкиных и Дантесов состоялось.

Отметим, наконец, что здесь, в изгнании, хранится печать Пушкина и веер Наталии Николаевны, и ее длинные бальные перчатки...

* * * *

В семье, о деде Александре Александровиче Пушкине ходил один чудесный рассказ.

В лютый зимний день был на одной из стоянок смотр Нарвскому гусарскому полку. Гусары, окутанные морозным паром, с конями, уже построились на плацу. Показался верхом на жеребце командир полка, Александр Александрович Пушкин. Но тут, откуда ни возьмись, на плац, с салазками, нагруженными нищенским скарбом, выбралась какая то старушонка. Александр Александрович посмотрел как она бьется со своей кладью, и, перед строем всего гусарского полка, спрыгнул с коня, легко перебежал по снегу и приналег вместе со старушонкой в веревочный гуж. Весело ободряя ее, он тащил салазки, покуда к нему не подоспели другие гусары.

В этом рассказе, не правда ли, есть светлая пушкинская стремительность?

* * * *

Затейливые настольные часы, подарок однополчан, были у дедушки Александра Александровича. Нарвский гусарский полк, под командой Александра Александровича, имел двенадцать стоянок по всей России. Каждый час на циферблате обозначал одну из стоянок, а когда стрелки торжественно сдвигались на двенадцати, эти любопытные часы мелодически и приятно играли гусарский марш.

Сестры восхищались у деда полковым маршем каждый полдень.

* * * *

В рассказе внучатых племянниц Гоголя есть неизъяснимая прелесть, простота милой домашности. Я благодарю их за рассказ, как будто еще приблизивший и Пушкина, и Гоголя. Я думаю, что, может быть, никто так магнетически странно не близок нам и нашему времени, как именно Гоголь. Он магически живет с нами, не со стороны, а внутри, в нас самих.

Я прощаюсь с сестрами, и Владимир Андреевич Савицкий уже провожает меня в темную переднюю. Я узнаю, что граф Апраскин, муж Анны Николаевны, изобрел счетную электрическую машину. Его изобретение было одобрено Французской Академией, а правительство наградило его серебряной медалью.

О третьей сестре Быковой, Наталии Николаевне, мне рассказывают, что она обладает прекрасным контральто, редкого приятного тембра, и поет солисткой придворной капеллы в Югославии, во дворцовой церкви.

В Югославии правнучка Гоголя и Пушкина была награждена медалью, а недавно и орденом Св. Саввы 5-ой степени, пожалованным ей королем Александром!

«А вы знаете ли, — говорит В. И. Савицкий, поблескивая очками, — что знамени той Миргородской лужи больше не существует. «А разве она существовала в натуре? — «И еще как... Но незадолго до революции ее засыпали, замостили и разбили даже на ней Миргородский городской сад».

Париж, 1934

Публикация Елены Дубровиной

Саша ЧЁРНЫЙ (1880-1932). Пушкин в Париже
Фантастический рассказ

Конан-Дойль, обладая независимым состоянием и досугом, исчерпал все свои возможности в области «новейших похождений знаменитого сыщика», в последние годы, как известно, занялся материализацией духов. К сожалению, далеко не все опыты ему удавались. Так однажды, в конце мая 1926 года, он, чередующимися в таинственной последовательности пассами и острым напряжением воли попытался было вызвать к жизни шотландского пирата Джонатана Пирсона. Пирсон, как полагал Конан-Дойль, несомненно, знал несметное количество легенд, приключений и старых поверий, авторское право в потустороннем мире никем не закреплено, – стало быть, пират мог бы, ничем не рискуя, обогатить творчество маститого сыщика на несколько томов сразу.

Спутался ли порядок пассов или материализующие волны, исходившие из позвоночного хребта англичанина, приняли не то направление и вместо утесов Шотландии, достигли, никем не перехваченные, далекой Псковской губернии, – но вместо знакомого по старинным английским лубкам, похожего на дикобраза Пирсона, в восточном окне перед удивленными глазами Конан-Дойля закачалась незнакомая фигура. Ясные, зоркие глаза, тугие завитки волос вокруг крутого широкого лба, круглые капитанские бакенбарды, вывернутый ворот старинного сюртука, закрывающий самое горло сложно повязанный фуляр. Профессия?.. Быть может, музыкант: мягкое мерцание глаз и узкие кисти рук позволяли это предполагать, — во всяком случае, джентльмен отборного калибра. Пираты такие не бывают.

— Кто вы такой, сэр? — спросил озадаченный англичанин.

Незнакомец вежливо назвал себя, но странный шипящий звук ничего не сказал Конан-Дойлю.

— Скажите, это Лондон? — в свою очередь спросил незнакомец, твердо и отчетливо выговаривая английские слова.

— Да, сэр. Лучший город в мире.

Человек в фуляровом галстуке отмахнул платком клубящийся вокруг головы туман и сдержанно улыбнулся.

— Быть может. Простите, я еще не успел осмотреться… Скажите, какой теперь год?

— 1926-ой, — ответил Конан-Дойль и гостеприимно распахнул окно. Он знал, что материализированные духи неохотно проходят сквозь стекла. Незнакомец явно располагал к себе, но нельзя же по душам разговаривать с человеком по ту сторону окна под аккомпанемент сиплого ветра и под плеск лондонского дождя.

За окном никого не было… На противоположной стене лопотал отклеившийся угол афиши: «настоящие леди и джентльмены носят резиновые каблуки фирмы «Крум». Стоило ради этой давно намозолившей глаза хвастливой фразы высовывать наружу нос, подвергая себя простуде?.. Англичанин досадливо крякнул, сел в кресло и стал припоминать: где, в какой книге видел он изображение, напоминающее его сегодняшнего гостя? И вообще, нелепо так исчезать, обрывая беседу на полуслове… Странные у этих духов понятия вежливости!

* * * *

А через пять дней после описанной встречи русская эмигрантская колония в Париже была взволнована необычайном слухом: в Париже появился Пушкин, подлинный Александр Сергеевич Пушкин поселился в отеле Гюго на улице Вожирар, по целым часам роется у букинистов на набережной Вольпер и упорно нигде в русских кружках не показывается. Необыкновенный слух подтвердился, знаменитый пушкинист Х., — настолько знаменитый, что перед ним даже меркло самое имя Пушкина, – клятвенно подтвердил в редакции своей газеты, что с фактом надо считаться: галстук тот же, на мизинце пушкинский перстень, один глаз темнее другого. А ведь последнее обстоятельство было доподлинно известно пушкинисту и даже послужило основанием его карьеры.

Эмигранты, впрочем, через два дня уже довольно спокойно обсуждали это из ряду вон выходящее происшествие. Обсуждали наряду с причинами падения франка, последней исторической фразой Пилсудского («сверкнула молния») и предполагаемым открытием на северном полюсе русского клуба. Впрочем, эмигрантская жизнь сплошной поток чудес и потрясающих событий: одним чудом больше – не все ли равно. Но общественных дел лоцманы не дремали. Принимались решения, выбирались делегаты... надвигался день «Русской культуры».

* * * *

Солидный приват-доцентского облика человек, проверив в коридорном зеркале позу сдержанного самоуважения, поправил в петлице академические пальмы и четко постучался в занимаемый Пушкиным номер.

Пушкин встал, вытянулся и, изумленный бойким строем гладкой тирады, так и остался на ногах до конца речи, словно принимая рапорт.

—Глубокоуважаемый Александр Сергеевич! На меня выпала высокая честь приветствовать Вас от лица нашего прогрессивно-радикального объединения. Кажется, никто справа меня не предупредил… Вы в эмиграции человек новый, но можно ли сомневаться, что душой и телом, от первых лицейских опытов до последнего аккорда вашей лирическо-радикальной арфы, Вы с нами. Угнетаемый светской чернью, придавленный в своих светлых порывах грубым сапогом царизма и жандармской цензуры, друг декабристов, автор оды «Вольность», «Цыганы», «Дубровского», «Анчара», — Вы, конечно, не могли мыслить государственного устроения в иных формах, чем мыслим его мы. Ознакомившись подробно с политической программой нашего объединения, которую я имею честь Вам вручить, верю сердцем, что Вы завтра же запишетесь в число сочувствующих, и не откажетесь от принадлежащего Вам по праву почетного председательствования на устраиваемом нами прогрессивно-радикальном торжестве в день «Русской культуры». Дабы не утруждать Вас, ответ Ваш и приветствие нашему объединению составлены нами заранее. По ознакомлении с этим ответом, вы, разумеется, имеете право на отдельные стилистические поправки, но основные линии изменению не подлежат...

Солидный человек положил на стол программу, проект ответа и, самодовольно покосившись на себя в зеркало, откланялся.

* * * *

Второй посетитель нисколько не был похож на первого. Тощее унылое лицо классного наставника, огромная университетская бляха, прикрепленная к лацкану старого вицмундира, плоско и однообразно помахивающая ладонь правой руки, отсчитывающая, словно метроном, каждое слово...

— Милостивый Государь, Александр Сергеевич! Для нашей самой мощной зарубежной организации несомненно ясно, что Вы, являясь строгим представителем классического консерватизма в искусстве, внесли таковой же вклад и в историю русской общественности. Вращаясь в высоких сферах, получая на издание своих трудов Августейшие субсидии, будучи Всемилостивейше удостоены звания камер-юнкера и повергая к Высочайшим стопам на предмет личного утверждения, через посредство графа Бенкендорфа, Ваши трезвоохранительные произведения, Вы тем самым, сами того не сознавая, стали предтечей наших, единственно здравых в метущейся эмиграции идей. Обращаясь к автору «Полтавы» и «Капитанской дочки», мы уверены, что в день «Русской культуры» Вы с нами. Другого выбора нет: либо Пугачев, Лже-Дмитрий и их демократические приспешники, либо мы, Tertium non datur.

Ваше Превосходительство! Редакция нашей самой распространенной и самой литературной газеты, считая своим долгом закрепить Вас за нами, поручила мне заключить с Вами контракт на два года с предоставлением Вам места по воскресеньям в отделе «Маленького фельетона». Принимая во внимание Ваше положение вновь прибывшего в Париж эмигранта-литератора, мы широко идем Вам навстречу. Посему благоволите принять аванс в 100 франков с выдачей мне на расписке автографа на получение оных. Честь имею кланяться.

* * * *

Третий посетитель, похожий на оторопелого леща, не стучась, вкатился в номер и, уперев кулаки в бока, залихватски доложил:

— Александр Сергеевич! Интеллигенция погубила Россию.

— Н-да-с!

— Всякие шмаровозы, вроде Герценов, Пироговых и прочих милюковских молодчиков, подтачивали функции нашего исторического фундамента, пока он не рухнул.

— Что-с?!

— А вот что-с: не совать зря свой нос в разные политические платформы. Консерватизмы, футуризмы, демократизмы… Что голландцу здорово, то русскому смерть! Любите, как я, нашу Матушку Родину, держите высоко свой стяг, как держу его я, — остальное приложится. Вот-с.

— Александр Семенович!

— Мы с детства, облитые лучами вашего беспартийного, истиннорусского творчества, почитываем ваши ямбы и прочии амфибрахии. «В армяке с открытым воротом» — завет Ваш мы храним свято. Будьте покойны-с! Именно любовь к народу, попросту, без платформ, без всяких интеллигентских фиглей-миглей. А когда народу вожжа под хвост попала, нечего с ним дурака валять!.. Я это говорил еще на предпарламентском совещании. Но шмаровозы меня не послушали. Результаты налицо.

— Н-да-с…

— Александр Спиридонович!

— Наш беспартийный орган желает Вас в складчину чествовать в «Аскольдовой могиле». Цена с персоны 40 франков. С Вас, как с великого писателя земли русской, — половина. Программа выдающаяся: при участии знаменитых цыганских, боярских и композиторских сил, с инсценировкой при бенгальском освещении вашего захватывающего сонета «Лесной царь».

— Русское спасибо и земной поклон, Александр Созонтович! Запомните дату: 7-го июня, ровно в 9 часов вечера, адрес в объявлениях. Н-да-с.

* * * *

Пушкин прислушался: меднолобый тыкволицый человечек пропыхтел в коридор и исчез.

— Однако, какую Ноздрев в Париже карьеру сделал! — усмехнувшись, подумал поэт.

Прошелся по комнате, зевая, посмотрел на грязный потолок и вдруг вспомнил старую псковскую поговорку:

— Корова ревет, медведь ревет, а кто кого дерет, сам черт не разберет...

Позвонил слугу.

— Все?

— Там еще, monsieur! От крайних правых дожидаются и от пражских эсеров...

Поэт покачался на каблуках.

— Масоны, верно, какие-нибудь... Скажите, что я уехал, — строго сказал он слуге. — Что это у вас?

— Почта.

Француз, удивленно поглядывая на старинный покрой платья постояльца, положил письма на стол и удалился.

Пушкин взял плотную пачку конвертов. Вялым движением вскрыл один, другой...

«Одесское землячество в Париже, подтверждая гениальному собрату свое почтение и держа его, на основании биографии, также в некотором роде за одессита, просит его выступить на суаре землячества 12 июня в пользу открываемых его имени курсов по разведению синих баклажанов и уходу за дамской гигиеной лица».

«Директор Акционерного Общества „Руссофильм" просит назначить час для переговоров о переделке „Капитанской дочки" в комический сценарий. Предложение исключительно деловое. Просил бы до встречи составить подробный конспект, не особенно напирая на обстановочность».

Телеграмма:

«Редакция „Благонамеренного" просит обратной почтой прислать статью о Пастернаке. Привет старому учителю от молодых титанов. Руководитель Огурцов».

«Милостивый Государь, господин Пушкин.

Обращаюсь к Вам столь официально, за неимением под рукой, как вас по батюшке.

Я известный бессарабский издатель Кандалупа. В Румынии особенно благоприятен для вас рынок, потому что русские книги пропускаются сюда с баснословным трудом, а некоторые ваши сюжеты, изданные на месте, могли бы иметь успех.

Находясь проездом в Монте-Карло, приехал бы, не щадя билетных расходов туда и сюда, если бы получил Ваш принципиальный ответ: нет ли у вас интимных стишков, вроде Кишиневских, страниц на сто с портретом и факсимиле? Условия: обычно никому не платим, но так как у вас имя, могу дать 5 % с обложечной цены; первая уплата 1 апреля 1932 года.

(Число почтового штемпеля)

Известный вам Кандалупа».

* * * *

Пушкин поморщился, смахнул в туалетное ведро остальные письма и подошел к окну. Слава Богу, стемнело. Ах, какой нелепый день!

Он вынул из кармана случайно завалявшийся там луидор, положил его на видном месте — на край ночного столика, нажал кнопку звонка, быстро распахнул окно… и…

Отельный слуга был очень удивлен: в номере никого, в ведре грязная куча набухших конвертов, никаких следов багажа, на столике тускло блестит старинная золотая монета… Что за дьявол?..

Впервые напечатано в парижском журнале «Иллюстрированная Россия», Вып. 24, Июнь, 1926 г.

Публикация подготовлена Еленой Дубровиной

АВТОРЫ

Лиана АЛАВЕРДОВА. Поэт, журналист, критик, публицист. Автор книг поэзии, эссе и рецензий. Последняя книга «Ностальгия по настоящему» вышла в Иерусалиме. Публикуется в толстых и тонких журналах и в газетах.

Ефим БЕРШИН. Поэт, прозаик, публицист, редактор отдела поэзии журнала «Гостиная». Лауреат премии «Антоновка» (2019). Автор книг стихов, двух романов и документальной повести о войне в Приднестровье «Дикое поле». Работал в «Литературной газете», вёл поэтическую страницу в газете «Советский цирк», где впервые были опубликованы многие неофициальные поэты. Публикуется в тостых и тонких журналах.

Мария БУШУЕВА. Прозаик, автор литературоведческой монографии " Женитьба" Гоголя и абсурд", нескольких книг прозы, в том числе романов "Отчий сад" (М., 2012), "Лев, глотающий солнце" и др. Публикуется в толстых и тонких журналах и в газетах. Лауреат Фонда Русского Безрубежья.
Марина ВОЛКОВА. Культуртрегер, издатель («Издательство Марины Волковой», Челябинск).

Владимир ГАНДЕЛЬСМАН. Поэт и переводчик, автор пятнадцати книг стихов.

Наталья ГРАНЦЕВА. Поэт, эссеист, волонтер шекспироведения. Автор сборников поэзии и книг исторической эссеистики. Главный редактор журнала «Нева», член редколлегии альманаха «День поэзии». Лауреат литературных премий: Независимой премии «Навстречу дня!» им. Бориса Корнилова (2009), Международной Лермонтовской премии (2012), премии «Югра» (2013). Член Союза писателей Санкт-Петербурга и Союза российских писателей.

Евгений ГОЛУБОВСКИЙ. Журналист, составитель и комментатор многих книг, связанных с историей, культурой Одессы. Родился в 1936 году в Одессе. В штате газет «Комсомольская искра», затем «Вечерняя Одесса» работал с 1965 года. Вице-президент Всемирного клуба одесситов (президент Михаил Жванецкий). 15 лет редактор газеты клуба «Всемирные Одесские новости», последние пять лет одновременно заместитель редактора историко-краеведческого и литературно-художественного альманаха «Дерибасовская-Ришельевская». Лауреат журналистских премий.

Лидия ГРИГОРЬЕВА. Поэт, эссеист и фотохудожник. Создатель синтетического жанра «фотопозия», в котором сочетаются поэзия, философия и видеометафора. Автор многих поэтических книг, двух романов в стихах и книги избранных стихотворений и поэм «Вечная тема» (2013), получившей диплом финалиста на всероссийском конкурсе «Книга года».

Олег ГУБАРЬ. Историк-краевед. Почетный гражданин Одессы, автор более 30 краеведческих и художественных книг и многочисленных публикаций. Почетный член Всемирного клуба одесситов и Европейского интерклуба «Дом Де Рибаса». Входит в редколлегию одесского литературно-художественного, историко-краеведческого альманаха «Дерибасовская-Ришельевская».

Елена ДУБРОВИНА. Поэт, прозаик, эссеист, переводчик. Автор книг поэзии и прозы. В 2013 году Всемирным Союзом Писателей ей была присуждена национальная литературная премия им. В. Шекспира за высокое мастерство переводов. Составитель (вместе с Марией Стравинской), автор вступительных статей, комментариев и расширенного именного указателя «Юрий Мандельштам. Статьи и Сочинения в 3-х томах» (М: Издательство ЮРАЙТ, 2018). Редактор отдела «Литературный архив».

Виктор ЕСИПОВ. Литературовед, историк литературы, поэт, прозаик. Автор пяти книг о Пушкине и поэзии XX века, книги воспоминаний «Об утраченном времени» и трех поэтических книг. Составитель и комментатор книг Василия Аксенова, выходивших после смерти писателя в московских издательствах «Эксмо», «Астрель», «АСТ» в 2012 - 2017 годах, автор книги «Четыре жизни Василия Аксенова» (М.: «Рипол-Классик», 2016)".

Вера ЗУБАРЕВА. Поэт, прозаик, литературовед. Автор монографий, книг поэзии и прозы. Первый лауреат премии им. Беллы Ахмадулиной и ряда других международных литературных премий. Главный редактор журнала «Гостиная». Президент проекта «Русское Безрубежье».

Катя КАПОВИЧ. Поэт, прозаик, дважды лауреат «Русской премии» в номинации проза (2013) и поэзия (2015). Автор девяти книг на русском языке и двух на английском. Публикуется в ведущих журналах.

Надежда КОНДАКОВА. Поэт, автор 11 книг поэзии, соавтор культурологического издания "Пушкинский календарь", получившего президентский грант (1999). Переводит со славянских языков, а также с языков народов СССР и России. Лауреат государственной Премии города Москвы, всероссийской литературной премии "Капитанская дочка", а также ряда общественных премий - премии журналов "Золотой век", "Дети Ра", региональной премии им. С.Т. Аксакова и др.

Владислав КИТИК. Поэт, критик, эссеист. Автор книг поэзии. Публикуется в периодике. Редактор газеты "Черноморец".

Марина КУДИМОВА. Поэт, прозаик, эссеист. Лауреат премии им. Маяковского (1982), премии журнала «Новый мир» (2000), премии имени Антона Дельвига (2010), премии Фонда Русского Безрубежья (2019). Автор книг поэзии и прозы. Публикуется в периодических изданиях. Редактор отдела поэзии журнала «Гостиная».

Елена ЛИТИНСКАЯ. Поэт, прозаик, переводчик. Автор книг поэзии и прозы. Лауреат и призёр нескольких международных литературных конкурсов. Зам. главного редактора журнала «Гостиная». Вице-президент объединения ОРЛИТА. Публикуется в периодике.

Олег МАКОША. Прозаик. Публикуется в периодических изданиях России. Автор книг: «Нифиля и ништяки», «Зы», «Мама мыла рану».

Александр МАРКОВ. Доктор филологических наук, автор более 200 работ по теории литературы и искусства, переводчик.

Ирина МАШИНСКАЯ. Поэт, лауреат литературных премий, главный редактор основанного вместе с Олегом Вулфом (1954-2011) литературного проекта «СтоСвет». Автор десяти книг стихов и переводов, в том числе, книги избранного «Волк» (М: НЛО, 2009) и сборника "Делавер" (М.: АРГО-РИСК, 2017), а также множества публикаций в антологиях и журналах.

Александр МЕЛИХОВ. Писатель и публицист, автор книги «Диалоги о мировой художественной культуре» и нескольких сот журнально-газетных публикаций[3], заместитель главного редактора журнала «Нева».

Евгений МИХАЙЛОВ. Прозаик, автор четырех книг. Публикуется в сборниках и журналах.

Борис ПЕТРОВ. Журналист. В юности был участником нескольких археологических экспедиций. Публикации в сетевых и бумажных изданиях.

Ирина РОДНЯНСКАЯ. Критик и публицист. Печатается как критик с 1956 г. Автор книг и статей о современной литературе, русской классике, русской философии. Заведовала отделом критики журнала "Новый мир". Участвовала в создании знаменитой "Философской энциклопедии" вместе с Сергеем Аверинцевым, Ренатой Гальцевой, Юрием Поповым и другими. Лауреат премии Александра Солженицына за 2014 год.

Игорь СЕРЕДЕНКО. Писатель, учёный, эссеист, автор статей по философии, математике, истории, педагогике др. Пишет прозу в приключенческом жанре, жанре детектива, мистики и триллера. Автор романа «Китайская роза».

Эмиль СОКОЛЬСКИЙ. Писатель, литературный критик. Автор публикаций об исторических местах, литературоведческих очерков и рассказов. Публикуется в периодике.

Евсей ЦЕЙТЛИН. Эссеист, прозаик, культуролог, литературовед, критик, редактор. Автор эссе, литературно-критических статей, монографий, рассказов и повестей о людях искусства. Член редколлегий журналов «Времена», «Слово-Word», «Чайка» (США), «Мосты» (Германия). Редактор публицистического и литературно-художественного ежемесячника «Шалом» (Чикаго, с марта 1997).

Елена ЧЕРНИКОВА. Писатель (проза, драматургия), автор романов "Золотая ослица", "Скажи это Богу", "Зачем?", "Вишнёвый луч", "Вожделение бездны", а также сборников рассказов. Дипломант V Всероссийского конкурса премии "Хрустальная роза Виктора Розова"(2006) в номинации "Лучший радиоведущий". Обладатель медалей "За вклад в отечественную культуру" (2006), "За доблестный труд" (2007), Им. А. П. Чехова (2010), ордена Серебряного Орла "За высоту творческих свершений" (2008).

Игорь ШАЙТАНОВ. Литературовед, литературный критик, доктор филологических наук (1989), профессор, заведующий кафедрой сравнительной истории литератур историко-филологического факультета РГГУ (2008—2017). Автор исследований по вопросам истории английской литературы, русской литературы XIX и XX веков. Главный редактор журнала «Вопросы литературы». Лауреат премии имени А. Н. Веселовского РАН.

Людмила ШАРГА. Поэт, прозаик, эссеист. Автор книг поэзии и прозы. Возглавляет отдел поэзии в литературно-художественном журнале «Южное Сияние». Редактор сайта, основатель и ведущая творческой гостиной «Diligans». Лауреат Фонда Русского Безрубежья (2019). Редактор «Одесской страницы» в журнале «Гостиная».

Валерия ШУБИНА. Прозаик, эссеист, публицист. Автор ряда книг прозы, в том числе «Мода на короля Умберто», «Гербарий огня», и др. Последняя книга «Колыма становится текстом» (2018г.) - монтажный опыт автобиографического повествования.

Михаил ЮДОВСКИЙ. Поэт прозаик, автор книг поэзии, бронзовый лауреат (титул герольда и приз зрительских симпатий) проходившего в Лондоне Международного поэтического турнира "Пушкин в Британии". Первая премия на конкурсе для русскоязычных писателей «Активация слова».

Татьяна ЯНКОВСКАЯ. Прозаик и эссеист. Публикуется в ведущих периодических изданиях на русском и английском языках. Автор книги «Когда душа любила душу. Воспоминания о барде Кате Яровой» (2019).

www.ingramcontent.com/pod-product-compliance
Lightning Source LLC
Chambersburg PA
CBHW050627300426
44112CB00012B/1695